Bian Zhu
Wu Pengcheng

武鹏程 ◎ 编著

LI SHI DE HAI ZHAN
影响历史的
海战

非凡海洋
Fei Fan Hai Yang

海洋出版社
北京

图书在版编目(CIP)数据

影响历史的海战 / 武鹏程编著. —— 北京：海洋出版社，2025.1. —— ISBN 978-7-5210-1363-4

Ⅰ. E19-49

中国国家版本馆CIP数据核字第20246AL532号

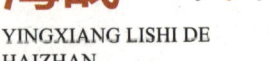

影响历史的
海战
YINGXIANG LISHI DE
HAIZHAN

总 策 划：刘 斌	总编室：（010）62100034
责任编辑：刘 斌	网　　址：www.oceanpress.com.cn
责任印制：安 淼	承　　印：保定市铭泰达印刷有限公司
排　　版：海洋计算机图书输出中心　申彪	版　　次：2025年1月第1版
出版发行：	2025年1月第1次印刷
地　　址：北京市海淀区大慧寺路8号	开　　本：787mm×1092mm　1/16
100081	印　　张：15.25
经　　销：新华书店	字　　数：366千字
发 行 部：（010）62100090	定　　价：68.00元

本书如有印、装质量问题可与发行部调换

前　言

　　从人类小心翼翼驾驶独木船，用木桨划开汪洋碧水，到单桅船出现，四桅船的纵横；从木壳船时代前进到铁甲舰时代，人类伴随着欲望与贸易开始了征战海洋的历程，也书写了一页页血腥与残暴的海战历史。海战是在海上的角逐，无论何时，人类社会的发展都离不开战争的烙印，充满了血腥与悲壮，不同时代背景下，各个国家的海军制造出各具特点的舰船，与敌国在海洋上交战，是智慧、时机、勇气和实力，通过海战全面地展现。

　　本书收录了古今中外不同时期的经典海战。从远古时代的单桅船，人们依靠冷兵器近身搏斗，而后突然出现的"希腊火"，凭借它强悍的杀伤力纵横一时；时代前行，人们钻研发明，铁甲舰船出现，铜墙铁壁般的船体，不需要其他武器，只需一撞，便能令敌军葬身海底；如今水面上体型庞大的航空母舰，水下升降自如的潜水艇，神出鬼没的鱼雷快艇，成为人们捍卫海洋权益的强有力武器。

　　海战中，一个个出色的海军将领，善于发挥己方战舰的优势，隐藏弱点，依靠船坚炮利，称霸海洋。一次又一次的海战，改变着、推动着人类前进的历史，广袤无垠的海洋里，每一朵浪花、每一滴海水里都浸透了血和泪。

　　本书将再现那血肉横飞、炮火弥漫的海战场景，领略海军统帅对于海洋潮汐、水深、风向等气象和地理环境的应用能力，了解海战背后，世界各国海军的装备、战术及科技的发展历程。

目录

远古海战

塞浦路斯海战 有据可查的最早海战 …………… 2
阿拉利亚海战 阻止希腊人向西地中海的渗透 …… 3
三次希波大战 波斯与希腊的三次对决 …………… 4
萨拉米斯海战 波斯帝国和希腊联军角逐 ………… 6
吴齐海战 我国有记录的最早的一次海战 ………… 8
埃吉纳海战 同盟金库的巨款引发的战争 ………… 11
锡包塔海战 雅典出兵决定了战争走向 …………… 12
瑞翁海战 提洛同盟与伯罗奔尼撒同盟的战争 …… 13

皮洛斯海战　《尼西亚斯和约》前后…………… 14
塞诺西马角海战　斯巴达人的战败…………… 15
羊河海战　雅典海军对战斯巴达人…………… 16
希腊远征波斯　亚历山大大帝的计谋…………… 18
米拉海战　罗马人与迦太基人的海战…………… 20
埃克诺姆海战　罗马与腓尼基人的对决…………… 22
亚克兴海战　安东尼与屋大维的决战…………… 23
瑙罗卡斯海战　屋大维与庞培的对决…………… 27

古代海战

菲尼克之战　打开君士坦丁堡的海上航路…………… 29
白江口海战　中日经典海战…………… 30
博斯普鲁斯海战　弓箭和希腊火的妙用…………… 34
都拉斯海战　解围都拉斯…………… 36
争夺西西里岛　诺曼人征服西西里岛…………… 37
崖山海战　宋、元大海战…………… 38
斯勒伊斯海战　英法舰队的角逐…………… 40
基奥贾海战　威尼斯人对热那亚人的挑战…………… 43
君士坦丁堡海战　奥斯曼与东罗马帝国的对峙…………… 47
第乌海战　18 艘打败 2000 艘的海战…………… 49
加莱海战　无敌舰队的失败…………… 51
勒班陀海战
奥斯曼帝国舰队与基督教联合舰队的较量…………… 56
露梁海战　中朝联手灭倭寇…………… 59
玉浦海战　阻击丰臣秀吉的野心…………… 62
金门料罗湾海战　驱红夷…………… 63
多佛尔海战　英国与荷兰的大战…………… 65
洛斯托夫特海战　荷兰的海上悲剧…………… 68
泰晤士河奇袭　荷兰人对英国人的报复…………… 70

特塞尔海战　"海上马车夫"以弱胜强……………71

澎湖海战　收复台湾……………………………74

吕根岛海战　瑞典和丹麦的交火………………77

梅诺卡岛海战　七年战争中欧洲战场首场海战…78

格林纳达海战　北美独立战……………………79

维堡突围战　俄国无一损失的大胜利…………81

圣文森特角海战　两方三国的海上角逐………84

土伦战役　将星的崛起…………………………87

阿布基尔海战　18世纪最惨烈的海战…………90

特拉法尔加海战　英军海战史上的大胜利……93

厄尔巴岛海战　荷兰对英国地中海贸易线的打击…96

唐斯海战　西班牙殖民地保卫战的终结………97

波特兰海战　英荷"三日海战"…………………99

戈格兰海战　打破波罗的海制海权……………100

切什梅海战　远征土耳其………………………101

帕特雷湾海战　袭击阿乌萨港计划的夭折……103

阿索斯海战　封锁达达尼尔海峡………………104

韦桑岛海战　截击商船队………………………105

巴勒莫海战　法国海军一战成名………………106

切萨皮克湾海战　切断英军补给线……………107

近现代海战

卢夫腾岛海战 战列巡洋舰间的交锋 ················· 110

厦门海战 中英厦门之战 ······························· 113

舟山海上奇袭 中英舟山海战 ·························· 115

汉普顿海战 第一次装甲战舰之间的生死搏斗 ······ 117

利萨海战 亚得里亚海铁甲舰的炮战 ··················· 120

梅希约内斯海战 荒漠硝石引发的争端 ··············· 122

马江海战 中国近代海军史上极为惨痛的一战 ······ 126

镇海海战 中法镇海之战 ································ 130

甲午海战 影响中日历史走向的战争 ··················· 133

威海卫保卫战 中日对抗战 ····························· 136

美西海战 美国与西班牙争夺古巴 ····················· 140

对马海战 日本与俄国舰队的较量 ····················· 143

蔚山海战 日俄对战 ····································· 146

赫尔戈兰湾海战 首次海中袭击战 ····················· 147

德国偷袭英国皇家海军巡洋舰
"水下杀手"歼敌记 ································· 150

达达尼尔海峡战役 海陆配合的典范 ··················· 153

英吉利海峡的争斗 德国与英国人的斗智斗勇 ······ 156

日德兰海战 英德制海权的争夺 ························ 158

拉普拉塔河口海战 德国战列舰"自杀"前后 ······ 160

偷袭斯卡帕湾 "皇家橡树"号沉没 ··················· 164

大西洋潜艇战 "狼群战术" ····························· 167

冰天雪中的炮火 北极护航 ····························· 168

偷袭珍珠港 奇袭美利坚 ································ 169

抢占纳尔维克 驱逐舰初露头角 ························ 171

敦刻尔克大撤退 发电机计划 ··························· 175

地中海反潜战 英驱逐舰对抗意潜艇 ··················· 178

意大利人鱼雷战 海战舞台上的奇迹 ··················· 180

| 5

夜袭塔兰托 走向航母时代 …………… 182

马塔潘角海战 闪光计划 ……………… 185

海空围歼超级战舰 击沉"俾斯麦"号 …… 188

瓜岛争夺战 东所罗门海空激战 ………… 191

马里亚纳海战 日本对抗美国的火鸡大捕杀 …… 195

空袭达尔文港 太平洋航母的空中冲突 …… 197

萨沃岛海战 日军的海上屠杀 …………… 199

"不沉战舰"的沉没 英国"Z"舰队的覆灭 …… 201

珊瑚海海战 历史上第一次航母和航母的对决 …… 205

中途岛海战 美日海空大厮杀 …………… 208

泗水海战 保障日陆军登陆占领爪哇岛 ……… 211

巴布亚半岛海战 日本与美澳海军的漫长对峙 …… 213

登陆西西里岛 肉馅计划 ………………… 214

奥古斯塔皇后湾海战
美军"'二战'最出色的轻巡洋舰" …………… 217

闹心的海上歼灭战 被前盟友击沉的舰艇 …… 220

莱特湾海战 世界海战史上规模最大的海战 …… 222

诺曼底登陆战 海战史上规模最大的登陆战役 …… 227

夺取冲绳岛 太平洋战场最后一战 ………… 230

马岛海战 现代海岛争夺战 ……………… 233

远古海战

Ancient Times Sea War

塞浦路斯海战
有据可查的最早海战

世界上第一次有记录的海战是公元前1210年的"塞浦路斯海战"。此战中埃及将塞浦路斯人的舰队全部烧毁，这次海战的经过被刻在一块陶板上，这是世界海战的最早记录。

塞浦路斯的文明可以追溯到公元前9000多年，那时塞浦路斯岛就已经有人类生活。公元前2000年，希腊人来到塞浦路斯岛，希腊文明的到来，使塞浦路斯具有了鲜明的希腊文化特质。后来，埃及、波斯都曾征服过塞浦路斯。

公元前13世纪，地中海东部沿岸居民的大迁移，引起持续数十年的动乱。其中的"海人"和利比亚人结成同盟，对埃及发动进攻。

公元前1210年，埃及属地希泰蒂斯国王苏皮卢利乌玛斯二世率领舰队东进，在塞浦路斯岛以北海域击败利比亚及其盟国舰队，并将其船只烧毁，历史上称之为塞浦路斯海战，这是西方刻在陶板上有据可查的最早的一次海战。

"海人"就是常年生活在海上的种族。

▲ [塞浦路斯岛的尼科西亚城墙]
尼科西亚的城墙是由威尼斯人建造的，主要为了防止奥斯曼帝国的攻击。

2 | 远古海战

阿拉利亚海战
阻止希腊人向西地中海的渗透

腓尼基帝国与伊特鲁里亚帝国分割了西地中海的海洋统治权，强大的雅典帝国也想从中分一杯羹，在公元前540年，腓尼基和伊特鲁里亚两国组成了联军，在地中海的阿拉利亚附近海面和雅典开战了。战后腓尼基和伊特鲁里亚两国各自获得了新的领地，但雅典却未有任何收获。

公元前6世纪，腓尼基人成为西地中海的强大城邦国，并逐渐将势力扩展到北非，在西西里岛、撒丁岛和伊比利亚等地建立了贸易垄断地位。随后伊特鲁里亚人也来到西地中海沿岸，它和腓尼基人成为贸易伙伴和对手，相互交换货物，有机会也会进行抢劫袭击。后来希腊人又参与了进来，在公元前550年左右西地中海的贸易形势发生了改变。

公元前540年，腓尼基和伊特鲁里亚联军与雅典军队在地中海的阿拉利亚（科西嘉岛）附近海面爆发了一场海战。

腓尼基人和伊特鲁里亚人组成的联军拥有120艘战舰，希腊人只有60艘，战争中希腊人有40艘船被击沉，另有20艘船因受损而无法作战。希腊人输掉了这场战役。

战争的结果改变了西地中海的力量平衡：科西嘉岛落入伊特鲁里亚人手中；而腓尼基人则保留撒丁岛，并且继续在直布罗陀海峡封闭希腊航运，经过近百年的扩张，终于发展到了西班牙地区。最惨的就是希腊人，他们没能成功占据西地中海地区。

> 腓尼基是古代地中海世界东岸地区一系列小城邦的总称。位于利万特海岸中部狭长地带，北起阿拉杜斯，南到多尔，长约320千米。公元前12世纪初，腓尼基达到极盛时期。
>
> 腓尼基人是历史上一个古老的民族，自称为闪美特人，又称闪族人。

> 伊特鲁里亚人，亦称伊特鲁斯坎人，是公元前10世纪到公元前1世纪生活在亚平宁半岛中北部的一个民族，位于罗马北部。

◀ [腓尼基人的船]
腓尼基人善于航海与经商，在全盛期曾控制了西地中海的贸易。

远古海战

三次希波大战
波斯与希腊的三次对决

> 古代波斯帝国为了扩张版图而入侵希腊引发三次战争，最后以希腊获胜、波斯战败而告结束。

古希腊由于地形的限制，许多城邦被山脉分隔着，中间只有极少量的陆上交通，所以每一个城邦小国城墙内是朋友，而在城墙外就到处是敌人。随着各城邦人口的增多，为了抢夺粮食，希腊人开始向沿海地区移民和殖民。

波斯是西亚一个奴隶制国家，它是通过不断的征服而发展起来的。到大流士统治时期（公元前522—前486年），波斯已成为世界古代史上第一个横跨欧、亚、非三洲的大帝国。

第一次对决：马拉松战役

波斯帝国对进攻希腊蓄谋已久。它

▲ [马拉松大战的奔跑送信]

在马拉松大战获胜后，一位名叫斐力庇第斯的士兵跑回雅典传信，因为极速跑了42.193千米，报捷后便倒地身亡，而这也是马拉松长跑的来源。

一方面，利用政治外交手段，离间了希腊各个城邦的关系；另一方面，在公元前490年，大流士派出陆、海军共2.5万人，渡过赫勒斯滂海峡沿色雷斯海岸向

▲ [希波之战]

◀ [马拉松战役]

希腊推进。

希腊雅典得知消息,一边动员全城国民应战,另外派出了一名长跑健将斐力庇第斯极速跑了42.193千米,赶往斯巴达求援,但斯巴达人却以祖宗规定月圆之夜才能出兵为由拒绝伸出援助之手。这样的消息对于雅典无疑是最不想听到的,这意味着他们必须独立面对这场战争。

双方军队在马拉松平原展开激战,希腊战士为保卫祖国自由的热情所鼓舞,奋起抗击波斯军队,他们从正面发起佯攻,波斯军队突破了希腊的中线,但在两翼的希腊军队却取得了胜利,他们于是从两面夹攻突破中线的敌人。乘胜追击,一直把波斯军队追赶到海边,波斯军队慌忙登船而逃。

马拉松会战成为古代战争史上以少胜多的范例之一。雅典军于马拉松战役只有192人阵亡,而波斯军则损失了6400人,但这对于庞大的波斯帝国来说并不是重大的打击,因此波斯帝国在此战后仍时刻寻找机会进攻希腊。

第二次对决:萨拉米斯海战

公元前480年春,波斯王薛西斯一世亲率陆军25万人及战舰1000艘再度进兵希腊。在陆地上波斯军突破了温泉关,连克阿蒂克、雅典等城,但是海军却在萨拉米斯海战中惨败,狼狈而归。

第三次对决:海战

公元前479年,波斯王派大将统率50 000大军再度进攻希腊,这次希腊海军统帅特米斯托克利使用空城计,移师海面。波斯再次大败,只能撤回东方。该年,以雅典为首的希腊海军反攻波斯,攻进小亚细亚,使小亚细亚诸希腊城邦脱离波斯的统治。公元前478年,希波战争以双方签订《卡里阿斯和约》而告结束,波斯帝国从此承认小亚细亚希腊城邦的独立地位,并且将其军队撤出爱琴海与黑海地区。

远古海战 | 5

萨拉米斯海战
波斯帝国和希腊联军角逐

萨拉米斯海战是希波战争中双方舰队在萨拉米斯海湾进行的一次决定性战斗。

波斯帝国一直试图征服富庶的希腊城邦，公元前490年，波斯帝国国王大流士一世率海陆大军侵犯希腊，在马拉松被希腊雅典军队击败，大流士一世损兵折将，退回波斯，含恨而终。他的儿子薛西斯一世一直试图复仇，公元前480年，薛西斯一世进行了全国总动员，集结了25万大军，1000多艘战舰，准备将希腊城邦全部拿下，并入波斯帝国版图。

战斗盛况

波斯国王薛西斯一世率100个民族组成的大军，分水、陆两路远征希腊。

▲ [波斯国王薛西斯一世]
薛西斯一世是大流士一世与居鲁士大帝之女阿托莎的儿子。其名字在波斯语中意思是"战士"。

▲ [画有希波战争画面的艺术品]

希腊联军只有陆军 11 万人，海军战舰 400 艘，且被封锁在萨拉米斯海湾内。在波斯舰队通过萨拉米斯海湾的普西塔利亚岛时，希腊舰队呈两线队形突然发起攻击，发挥其船小灵活、在狭窄海湾运转自如的优势，以接舷战和撞击战反复突击波斯舰队。波斯战船体大而笨重，在狭窄的萨拉米斯海湾运转困难，前进不得，后退无路，自相碰撞，乱作一团。经过一天激战，波斯舰队遭到重创，被迫撤退。

此海战的结果是，兵力明显劣于波斯的希腊联军，利用狭窄海湾，沉重打击了波斯军队的来犯。

萨拉米斯海战奠定了以雅典为代表的希腊海洋强国的基础。

战争结果对希腊意义非凡

希腊文明被公认为现代西方文明之母。如果当时希腊战败，那么希腊文明将被东方波斯文明征服。西方文明也将从此中止。自然也不会有后来以古希腊文明为尊的西方文艺复兴。而正是由于希腊取得萨拉米斯海战的胜利，才为取得对波斯战争的全面胜利提供了可能。因此，萨拉米斯海战毫无疑问是拯救了西方文明的世纪之战。同时，萨拉米斯海战是人类历史上第一次以取得制海权为目的的海战。它证明了任何时期制海权都是极其重要的。正是由于控制了地中海制海权，雅典才在战后一跃成为地中海地区的海上霸主。

▲ [萨拉米斯海峡]

萨拉米斯岛与希腊半岛之间有一条长长的水上通道，这条通道东边的狭窄处就是萨拉米斯海峡。在雅典执政官特米斯托克利看来，萨拉米斯海峡是天然的"陷阱"，狭窄的水道加上浅水海域，足以抵消波斯海军在数量上的优势。

▲ [三层桨座战船浮雕]

波希双方都有大量的坚固的三层桨座战船。这种战船非常豪华，总共有三层，整条战船有 200 个桨作为推动力。战船上装备有铜制的撞锤，可以把敌人的中、小型船只撞得粉碎。

吴齐海战
我国有记录的最早的一次海战

非凡海洋大系 影响历史的海战

公元前485年,吴、齐两诸侯国之间的黄海海战,是中国历史上有文字记载以来最早的一次海战,在中国和世界海战史上都具有重要的意义,成为后世研究中国古代水战战术以及古代水(海)战武器装备(如舰船)发展的经典战例。

> 公元前485年,吴国军队攻打齐国。吴王夫差亲率主力由邗沟入淮水北上,直抵齐国南部边界。另派大夫徐承"帅舟师,将自海入齐"(《左传·哀公二》)。从太湖苏州出发,到数百千米外的黄海,与齐国舟师进行了一场海战。这是我国史书记载的第一次海战,也是第一次海陆协同作战。

当时的吴国,拥有今上海、江苏的大部分及安徽、浙江的一部分地区,建都于吴(今苏州市)。齐国位于今胶东半岛,西起黄河,东临大海,北接无棣水(今河北盐山以南),南至泰山。

吴王夫差在击败西边的楚国和南面的越国等强敌之后,经过数年精心准备,于公元前485年春,联合鲁、邾、郯等国,正式出兵北伐齐国。夫差将吴军兵分两路,自己亲率主力搭乘内河战船由邗沟入淮河北上,直逼齐国南部边境。同时,为确保侧翼安全并夹击齐国,分散齐国兵力。夫差派大夫徐承率海师主力舰队出长江口,沿着东海海岸,向陌生的北方齐国大纵深黄海海域驶去,实行远航奔袭进攻山东半岛。获知吴国来犯消息的齐国海军出兵南下,准备在海上迎战吴军海师。中国历史上第一次海战——吴齐黄海海战打响。

双方战船装备比较

当时双方使用的武器装备,主要是蒙冲、大翼船、突冒船、楼船和桥船等。

▲ [吴王夫差像]

8 远古海战

其中主力大翼船长约 23 米，宽约 3.5 米。可装载士兵、船工等共约 91 人。船身狭长，分为两层。下层是库房和船工划桨的地方，上层是作战的士兵。可以运载相当数量的给养和武器装备。具有速度快、机动性好的优点，是当时海战的主力舰只。

蒙冲船体坚固，船首装有坚固的金属冲角，专门用于撞击敌舰。

楼船是一种具有重楼式上层建筑和攻防设施的大型战船，外观似高耸的楼宇，一般被当作水上移动要塞阻击敌军，也被作为旗舰。

桥船则是一种体积小、重量轻、速度快、机动性强的小型舰船，主要用于高速冲阵以掩护大型战舰。

当时的水军配备的武器包括弓弩、长矛、长斧和标枪等，此外还有一种专门用于水战的长钩矛。

春秋晚期，随着技术的进步尤其是冶铁工业的发展使用，滨海的齐国开始大规模造船并组建了专门的水军，这就是中国最早的海军。

而长江流域的吴国和友邻国则组建了内河水师。

齐国战船主要以大型海船如大翼船为主。而吴国由于长期在内河和湖泊作战，因此尽管其水师数量众多，气势逼人，却主要以内河船只为主。

吴齐海战

齐国根据吴国海军远道而来、长途

▲ [中国古代战船：蒙冲]

《释名·释船》描述："外狭而长曰蒙冲，以冲突敌舰也。"由于该战船的形体较长，速度快、机动性也好，可乘人不备，实施攻击。这种战船因船背蒙有生牛皮，以冲击敌船，所以叫"蒙冲"。

▲ [中国古代战船：楼船]

▲ [琅琊台]

远古海战 | 9

奔袭的特点，充分发挥自己对当地海况和岛屿地貌熟悉的优势，决定以逸待劳，集中兵力在家门口的黄海海域伏击吴军舰队。

首先，齐军散布谣言，声称齐军畏惧强悍的吴军不敢迎战，造成吴国海军极为骄横轻敌，他们浩浩荡荡杀到黄海琅琊台海域，此时黄海琅琊台海域风高浪涌，很多内河水师出身的吴军士兵晕船。齐国海军舰队抓住时机，从上风方向向吴军舰队发起猛烈冲击。近300艘巨大的海船分成3个阵列直插吴军舰队。齐军水兵用强弩、带火的弓箭借着风势攻击吴军战船，吴军战船顿时成为一片火海。

齐军完成了对庞大的吴军舰队的分割包围后，双方进入最惨烈的接舷战、白刃战。同时，齐军十余艘大型战舰在轻型高速舰艇的掩护下，包围了吴军舰队旗舰"余皇"号。"余皇"号是一艘巨大的楼船，高耸于水面，可以装载数百人，有厚重的木板防护，具有强大的防护能力和战斗力。但问题是，"余皇"号这种体积庞大的楼船属于典型的内河战船，不适合作为海战舰船使用。面对齐国重兵包围，"余皇"号上的吴军进行了顽强的抵抗，但已无力挽救败局。此时，吴军舰队损失过半，士兵死伤无数。为不致全军覆没，身中数箭的吴军主将徐承率剩余舰船拼死突出齐军重围，向南撤退而去。齐军则没有进行追击，而是在打扫战场后押着俘虏和战利品返航。

至此，这场吴齐海战以吴军的惨败和齐军全胜告终。海军在黄海惨败使吴军被迫全线撤退，吴国对齐国的第一次远征无果而终。

吴齐海战，作为拥有延续数百年之久的强大的航海经验和先进的航海科学技术的齐国，其在海战中胜出，最重要的海船建造技术等方面远强于长期居住在内河水域下的吴国。吴国无论是在国土面积、经济实力还是在人口数量、自然资源以及工业生产力等方面都远远弱于齐国。这种贫弱的国力，如果是支撑一场短期战争是完全可以的。但如果要支撑起与强国的旷日持久的大规模长期战争是不可想象的，失败也在所难免。

▲ [弓]

▲ [弩]

埃吉纳海战
同盟金库的巨款引发的战争

埃吉纳海战是雅典率提洛同盟舰队与反对者埃吉纳和科林斯之间爆发的海战,雅典方取得胜利。

希波战争期间,公元前478年以雅典为首的一些希腊城邦结成军事同盟,因盟址及金库曾设在提洛岛,故称"提洛同盟",也称"第一次雅典海上同盟"。雅典当政者成了事实上的盟主,同时主掌着该同盟金库储存的巨款以及同盟者每年交纳的基金,任意支配,甚至侵吞滥用。这样一来,雅典与一些参加同盟的城邦之间就产生了矛盾。

掌管和统帅同盟舰队的大权归于雅典,其军事实力不断增长。雅典凭借这支强大的舰队,对同盟者的抵制与反抗,动辄施以武力。

公元前467年雅典对纳克索斯岛,公元前465年对萨索斯岛,均曾派出舰队进行过弹压。公元前459年后,斯巴达曾多次干涉雅典和其他不驯服的同盟者之间的斗争。埃吉纳与科林斯两城邦也加入了反对雅典霸权的行列。但雅典以强大的军事实力作后盾,有恃无恐,于公元前458年派遣列昂多拉蒂斯指挥雅典同盟舰队,在埃吉纳近海(今萨罗尼克湾)与埃吉纳和科林斯两城邦的联合舰队进行了海战,并取得了胜利。

▲ [提洛同盟金库遗址]

公元前3000年,提洛岛就有人居住于此,到公元前10—前9世纪,这里已经成为一处繁荣昌盛的贸易城市与朝圣中心,是仅次于德尔斐的神谕发布地,享有"圣岛"之美称。

锡包塔海战

雅典出兵决定了战争走向

非凡海洋大系 — 影响历史的海战

公元前433年，科基拉舰队在锡包塔岛附近海面，与科林斯舰队发生海战，当科基拉舰队败退时，雅典出兵阻止科林斯舰队，使科基拉舰队免于覆灭。

公元前435年，由于在原科基拉殖民地爱皮丹努斯的控制权上发生了争议，科基拉与其母邦科林斯之间发生了战争并以科基拉大胜而告终。在战后的两年里，科林斯不断扩充海军实力，这一行动引起了科基拉的极大恐慌。

科基拉宣布与科林斯断绝关系，并请求雅典政府给予援助。在雅典当政者看来，科基拉是意大利至西西里贸易航线上的重要一环，若能控制科基拉舰队，即可掌握爱奥尼亚海的控制权。由于科林斯与斯巴达等城邦同雅典敌对，所以雅典同意出兵支援。

公元前433年，科基拉舰队在锡包塔岛附近海面，与科林斯舰队发生海战。当科基拉舰队开始退败时，雅典派出的分舰队（30艘战船）投入战斗，阻止科林斯舰队扩大胜利成果，使科基拉舰队免于覆灭。

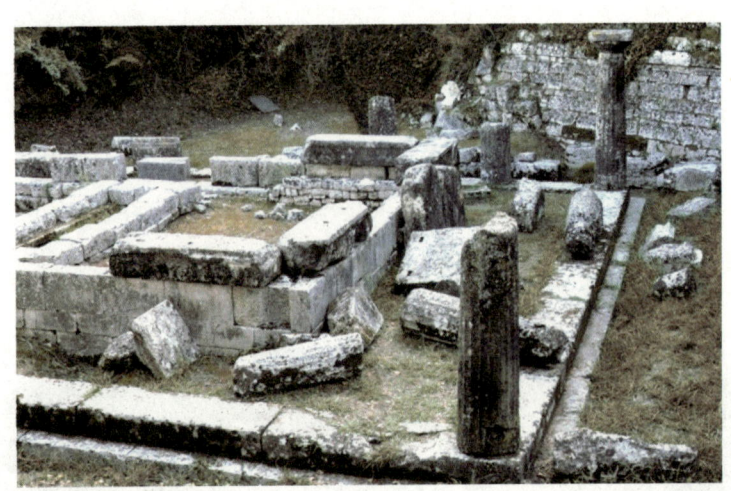

▲ [科基拉岛的寺庙遗址]
建于公元前700年左右。

因为雅典的出兵使斯巴达也卷入了无法化解的仇恨漩涡之中，他们各自号召盟友为霸权而战，为更多的奴隶和财富而战，这便是之后的伯罗奔尼撒战争，其得名于以斯巴达为首的联盟。

> 科林斯位于伯罗奔尼撒半岛的东北，临科林斯湾，是希腊本土和伯罗奔尼撒半岛的连接点。同时又是穿过萨罗尼科斯和科林西亚湾通向爱奥尼亚海的航海要道。它不仅是贸易和交通要地，同时也是战略重地。有旧科林斯和新科林斯之分，旧科林斯主要指希腊罗马时期的一个古希腊城邦，约在现在科林斯市的内陆8千米处。新科林斯则指的是现在的科林斯市。

12 远古海战

瑞翁海战

提洛同盟与伯罗奔尼撒同盟的战争

公元前429年，以雅典为首的提洛同盟与以斯巴达为首的伯罗奔尼撒同盟之间多次开战。瑞翁海战就是其中的一次战役，此战中强大的斯巴达人以45艘桨船对战雅典方，因战术不当而战败。

公元前431—前404年，以雅典为首的提洛同盟与以斯巴达为首的伯罗奔尼撒同盟间发生战争。

斯巴达国王阿尔奇丹指挥斯巴达陆军先发制人，攻占已被放弃的阿蒂卡城，逼近雅典首府。

雅典执政官伯里克利采用的战略是：在陆上实施防御，而在海上实施进攻。他将居民撤到雅典至比雷埃夫斯之间的"长墙"内，而令海军在南希腊沿海一带频频袭扰敌人。

公元前430—前429年，雅典城发生瘟疫。公元前429年，伯里克利因染上瘟疫而死，由克龙接管雅典政权。他派出一支分舰队（20艘三层桨船），由佛尔缪指挥，控制科林斯湾。

而斯巴达方以45艘三层桨船袭击。双方舰队在佩特雷湾的瑞翁（又称哈尔基斯）水面发生海战。斯巴达分舰队虽在兵力上占优势，但因使用的战术和队形失误，结果被佛尔缪分舰队打败。

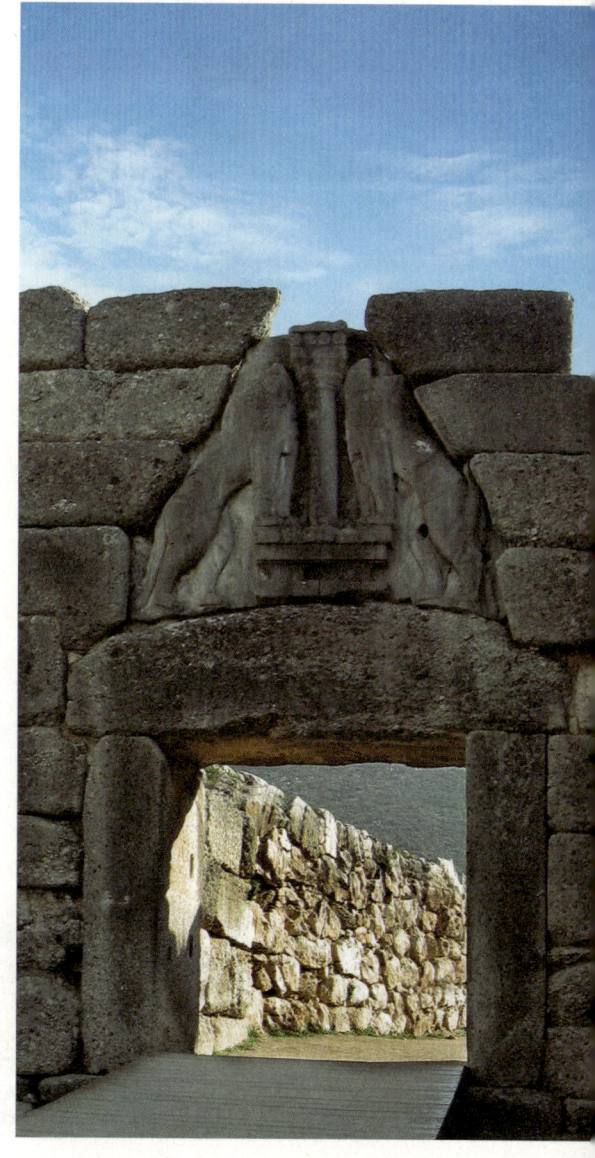

▶ [伯罗奔尼撒半岛上的狮门]
迈锡尼卫城的狮子之门在一块三角形的大石板上刻着一根柱子，两旁有一对狮子相对而立，造型粗壮有力，是西方最早的纪念碑装饰雕刻。

皮洛斯海战
《尼西亚斯和约》前后

非凡海洋大系 影响历史的海战

雅典人势力的扩张,引起了斯巴达人的恐惧,双方在斯巴达的皮洛斯发生了一场海战,这场战争不仅让双方主帅都丢了性命,同时也扫去了走向和平的障碍。

▲ [狄摩斯提尼]

在伯罗奔尼撒同盟与提洛同盟战争期间,提洛同盟中的狄摩斯提尼于公元前425年指挥雅典陆军和舰队,联合进攻伯罗奔尼撒半岛西南部的皮洛斯海港。

守卫军斯巴达人企图把雅典军队赶下海去,但未能成功。

狄摩斯提尼首先在该港附近夺取一个登陆场,而且筑垒设防。

斯巴达人派遣一支420人的重步兵,抢占了位于皮洛斯海港入口附近的斯法克特里亚岛。

雅典主帅克龙率领分舰队立即将斯法克特里亚岛严密封锁起来。经过77天的封锁,岛上的斯巴达军队全部投降。

此后,双方又多次交战,互有胜负。特别是公元前422年10月,克龙统帅的雅典军队和布拉西达斯统帅的斯巴达军队在安菲波利斯进行决战,双方的主帅——克龙和布拉西达斯都战死,消除了走向和平的主要障碍,遂于公元前421年4月11日签订了有效期为50年的《尼西亚斯和约》。

◀ [皮洛斯的老渡口]

皮洛斯,希腊港口城市,在伯罗奔尼撒半岛西南,濒临爱奥尼亚海,外有岛屿屏障,是天然良港。

14 | 远古海战

塞诺西马角海战
斯巴达人的战败

塞诺西马角海战导致长达 27 年的伯罗奔尼撒战争第一阶段中,斯巴达人在海上不敌有强大舰队的雅典人。

在公元前 415—前 413 年的西西里战争中,雅典远征军被以斯巴达为首的科林斯联军打败。雅典舰队损失战船约 200 艘,被俘约 7000 人,指挥官也丧命于此役。此战导致了雅典日趋被动,斯巴达大军逐渐进驻雅典城以北地区。为了扭转战局,雅典大力建造战船,重建海军,希望能重新夺回海上优势。

经过两年的准备,雅典又建立一支新的舰队,公元前 411 年,亚西比德指挥雅典舰队共 76 艘战船驶至小亚细亚半岛西北部的塞诺西马角附近,与斯巴达海军激战,史称塞诺西马角海战。此战中,雅典舰队打败斯巴达 86 艘战船,并俘获

▲ [亚西比德]

古雅典将军、政治家。苏格拉底的生死之交。聪明而注重自我的雅典人的典型,在反对斯巴达战争和亚提尼亚战役(公元前 418 年)中遭到败绩。后鼓动民众议会作出决议,发动对西西里的冒险远征。临战前被控渎神罪(可能被诬)。途中被缺席判处死刑,遂投靠斯巴达。导致雅典远征失败,后因遭斯巴达人猜忌,遂去波斯活动。公元前 407 年返回雅典任将军,逐渐扭转战局。因一次小战失利,被剥夺职务,逃亡小亚细亚。后被波斯人杀害。

了 21 艘敌舰。

从战役的意义上来看,这次海战从海上入侵、海上封锁、海上作战都达到了相当的规模,证明制海权的重要性,对日后的欧洲军事思想产生了深远的影响。

◀ [公元前 500 年左右,雅典三层划桨战船]

雅典人的三层划桨战船长约 37 米,由 170 名桨手在三层高的船两边划动,速度可达到 13 千米/小时。

远古海战 | 15

羊河海战

雅典海军对战斯巴达人

公元前405年夏，以雅典为首的提洛同盟与以斯巴达为首的伯罗奔尼撒同盟在羊河口海域进行了海战。凭借斯巴达名将莱山德的卓越指挥，斯巴达人成功地终结了持续了27年的内战——伯罗奔尼撒战争，取得了这场战争的最终胜利。

称雄于东地中海70余年的雅典帝国，虽然在伯罗奔尼撒战争前期和中期的陆战中屡遭败绩，甚至在远征西西里岛时还蒙受了全军覆灭的惨败，但由于拥有强大的海上实力，斯巴达人在公元前411年和公元前410年的两次海战中都损失惨重，不得不主动向雅典求和。雅典人在这种情况下本可光荣地结束这场旷日持久的战争。可是雅典当权者不顾国家财力、人力的枯竭和陆战中多次失败的现实，不肯结束战争。斯巴达人只得卧薪尝胆，寻机转败为胜。公元前407年，斯巴达海军悍将莱山德临危受命，接管斯巴达海军的指挥权。莱山德在波斯援助下，在短短数年内，就使斯巴达舰队的数量增加了一倍，达到了200艘的规模。

公元前405年夏末，莱山德指挥斯巴达海军，以迅雷不及掩耳之势，攻占位于赫勒斯滂海峡附近的雅典属地拉姆普萨科城，切断了雅典的补给线。雅典将军科农率180艘战船尾追而至，停泊于北岸的羊河河口，与拉姆普萨科城隔海相望，准备与斯巴达海军决一死战。莱山德见敌人来势凶猛，决意先退避三舍。

> 伯罗奔尼撒联盟是以斯巴达为霸主组织起来的，并由同盟的委员会所控制，委员会由两部分组成。一部分是斯巴达的公民大会，另一部分是同盟大会，每一个结盟的城邦，不论城邦的大小和强大与否，在同盟大会中都有一个投票权。

> 公元前478年，雅典组织中希腊、爱琴诸岛和小亚细亚的一些城邦形成新的同盟，同盟金库设在提洛岛，故名"提洛同盟"。它的目的原是为继续对付波斯联合作战，后成为雅典称霸工具，又称"雅典海上同盟"。公元前454年同盟金库迁到雅典。公元前404年，由于在伯罗奔尼撒战争中战败，雅典被迫解散提洛同盟。

◀ [斯巴达名将莱山德]

莱山德（？—公元前395年），古希腊斯巴达海军统帅。出生在斯巴达一个没落的贵族家庭。公元前407年，莱山德就任斯巴达海军统帅之职，终于得到了施展军事才能的机会，并在最后战胜雅典，结束了伯罗奔尼撒战争。

▲ [斯巴达勇士头盔]

▲ [青铜盾牌]

日落时分,骂了一天的雅典海军才驶回羊河口停泊,并上岸造饭。莱山德确知敌人已上岸休息后,才让在岸边严阵以待的士兵解散吃饭。一连4天,雅典人天天如此,骄横之气日盛,以为斯巴达人害怕出战,完全没有想到敌人采取的是一种故意示弱的策略。然而,战争很快就分出了胜负。第5天傍晚,叫骂了一天的雅典人离去时,莱山德急令一艘侦察船尾随其后,行前向船长交代任务,并把一块擦得锃光瓦亮的青铜盾牌交给他,然后命令全军上船,准备一声令下立即出击。那边雅典人麻痹大意,靠岸后即把战船停在海边,蜂拥上岸吃饭,并嘲弄斯巴达人贪生怕死。斯巴达侦察船见如此情况,立即返航,用青铜盾牌向莱山德发出可以出击的信号。莱山德看到信号后,拔出佩剑向羊河口方向一挥,200艘三列桨战船如离弦的箭向敌人驻地驶去。科农酒后突然发现海面上有大批战船向己方扑来,知道大事不好。他一边大叫着:"敌人来了!快上船!"一边拼命地向指挥舰跑去,在斯巴达海军赶到之前一共才集中了9艘战船,其余还散布在海边上。科农见抵抗也无济于事,匆忙率领9艘战船逃走,开往塞浦路斯。莱山德没伤一兵一卒俘获雅典战船170余艘,取得了彻底打垮雅典舰队的决定性胜利。

斯巴达海军通过羊河海战的胜利切断了雅典的海上物资供应,并封锁了比雷埃夫斯港。公元前404年4月,雅典终于被迫投降,伯罗奔尼撒战争至此结束。伯罗奔尼撒战争也成为希腊从繁荣走向衰落的一个历史转折点,雅典自希波战争以来的海上霸权宣告结束。

▲ [雅典将军科农]

远古海战

希腊远征波斯
亚历山大大帝的计谋

非凡海洋大系 影响历史的海战

亚历山大大帝在继承王位之后,开始了气势恢宏的远征,经历的大小战役不计其数,但在对波斯的战争中,亚历山大大帝发现了己方的一个致命缺点,那就是没有海军,而波斯有着一支强大的海军。优秀的统帅往往能够掩盖自己的弱点,看亚历山大大帝如何解决这个难题。

▲ [亚历山大大帝雕像]

公元前336年,亚历山大大帝刚登上王位就显示了其卓越能力和统治手段,仅用了一年时间,他就统治了整个希腊半岛,成为希腊各城邦的共主,拥有了一支强大的军队,公元前334年他开始远征波斯。

在格拉尼库斯战役中,亚历山大大帝击溃了波斯人,声威大震,也就是在此战中,亚历山大大帝发现波斯拥有一个绝对的优势,那就是波斯帝国拥有一支强大的海军力量,而希腊在萨米拉斯海战后再也没能集结起大规模的海军。波斯帝国可以利用他们的海军优势,肆无忌惮地从海上绕到亚历山大军队的背后,袭击亚历山大大帝军队后方的补给线。亚历山大大帝也没有办法短时间内集结起一支海军,那么他要怎么才能解决这个难题呢?

亚历山大大帝发现无法从海面上消灭波斯舰队,他就想发挥陆地优势,对波斯海军进行一次釜底抽薪式的打击。在一次对波斯人的战役后,他没有乘胜

▲ [亚历山大大帝硬币]

追击,而是掉转军队稳定后方,同时他进行了一次沿海岸线方向的远征,从土耳其出发,然后一路向南先后攻击叙利亚、巴勒斯坦,最后进入埃及。这次远征的目的就是清除地中海东岸的波斯港口,这等于拔除了波斯舰队的根基——这些港口原本是波斯舰队的补给地和维修地,这使得波斯舰队在整个地中海东部找不到一个合适的港口,因而波斯舰队尽管没有被消灭一艘战舰,却再也无法威胁亚历山大的补给线。

接下来,亚历山大大帝利用 4 万步兵 7 千骑兵,在高加米拉会战中重创了波斯帝国的 20 万大军,波斯帝国因为海军无法对亚历山大大帝的军队造成威胁,虽然兵力远胜于亚历山大大帝,但在亚历山大大帝历 7 个月的连续打击下慢慢地被蚕食,亚历山大大帝一边往前进攻,一边巩固占领的区域,维护对海港的占领,同时也惩罚那些顽固的抵抗者。使得波斯帝国大败,大流士三世在逃亡途中被手下杀死,亚历山大大帝击败了大流士三世的继承人柏萨斯,并将他斩首,随后灭亡了波斯帝国。

亚历山大大帝不仅利用骑兵打击了海军,同时他还派人沿着波斯人航行过的地方,绘制海岸图形,为陆军打海军提供了非常好的方法,而他的做法在后来的陆海对战中也经常被使用。

> 扑克牌上的梅花 K,就是亚历山大大帝,他 20 岁继位,在横跨欧洲、亚洲、非洲的辽阔土地上,建立起一个西起希腊、马其顿,东到印度河流域上游,南临尼罗河第一瀑布,北至中亚的药杀水(今锡尔河)的以巴比伦为首都的庞大帝国。

> 亚历山大大帝 13 岁时成为希腊哲学家亚里士多德的学生。亚里士多德不仅教给他知识,而且还培养了他对其他国家和民族的兴趣。

远古海战

米拉海战

罗马人与迦太基人的海战

非凡海洋大系 影响历史的海战

本不擅长海战的罗马人，发奋图强，利用"乌鸦式战舰"钩住迦太基人的战舰，把陆军士兵送到迦太基人的舰船上，进行近身战，使迦太基人大败。

迦太基人在强大的海军支持下，占领了地中海上很多的战略要地，如西西里岛、直布罗陀海峡和西班牙，成为雄霸地中海的霸主。

迦太基在最为强大的全盛时期，却遭遇到了一个致命的对手，这个对手和以往的地中海国家不同，它有着近乎疯狂的扩张欲望和异常顽强的征服意识，甚至史无前例的最终把整个地中海变成了自己国家的内湖。这个对手就是威震世界古代史的罗马帝国。

依靠海战，打败罗马帝国

公元前 264 年，罗马与迦太基的战争正式爆发。战争中，强悍的罗马陆军一再击败迦太基陆军。但是，在决定性的海上战场，罗马始终处于劣势。作为举世闻名的航海民族腓尼基人的后裔，迦太基有着优良的航海传统，拥有当时一流的海军舰队，而罗马人并不擅长海战。因此，在战争开始的一段时间，罗马始终败给迦太基。

"乌鸦式战舰"应运而生

公元前 260 年，罗马人决定集中力量建立一支强大的海军以扭转海上劣势。罗马人开始建造有 5 层划桨的大型战舰，这明显强于迦太基海军的 3 层划桨战舰。

▼ [乌鸦式战舰]

船上架设约 12 米长的吊桥，使用吊桥是通过控制吊杆的顶部滑轮，系在桥头的绳索通过滑轮可以将吊桥吊起、放下。当敌船接近时，突然放下吊桥，桥底的铁钩便会牢牢钉在敌船的甲板上，这样可以登上敌舰甲板上打一场陆战。由于吊桥形状酷似乌鸦嘴而得名"乌鸦吊桥"，装备这种接舷吊桥的战舰被罗马海军命名为"乌鸦式战舰"。

20 | 远古海战

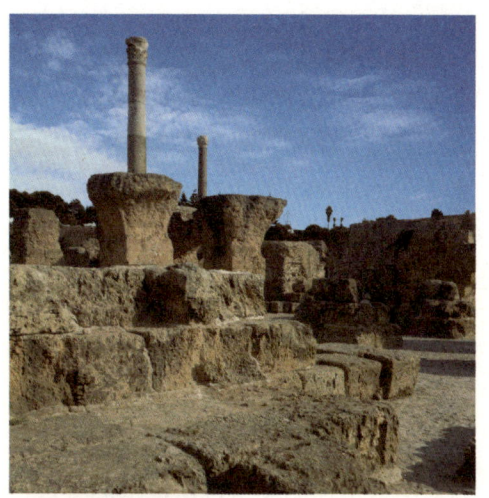

▲ [迦太基古城遗迹]

迦太基古城位于突尼斯城东北 17 千米处,是迦太基的首都。今天看到的迦太基残存的遗迹多数是罗马人在占领时期重建的。从残存遗迹可知当时工程之浩大,设计之精确。

不仅如此,还针对士兵不擅长海战的特点,在战舰船头安装有铁钩,船舷两侧装接舷吊桥,因为吊桥的形状酷似乌鸦嘴,因此又被称为"乌鸦吊桥",而这种战舰则称为"乌鸦式战舰"。

经过一系列的准备后,由杜伊利乌斯率罗马舰队渡海南下,前往迦太基的海外殖民地西西里岛。

米拉海角海战

两军在西西里米拉海角附近遭遇,罗马海军与迦太基海军的大规模战争打响了。罗马舰队主将为杜伊利乌斯,迦太基舰队主将为汉诺。战斗中,迦太基人依仗其希腊式战舰航速快、机动性好、

迦太基人通过拥有庞大的船队,国民也善于航海,所以其通过海路贩运奴隶、金属、奢侈品、酒和橄榄油等的商业活动很活跃。

人员训练有素的特点,企图采用撞击战术,用舰艏冲角撞击罗马战舰。而令迦太基人没想到的是,这正是罗马人所想要的。罗马战舰并没有像迦太基人想象中的那样躲闪,反而掉转船头以舰艏逼近迦太基战舰。当两舰靠近后,罗马人立即放下舰艏的"乌鸦吊桥"钩住迦太基战舰。同时,早已准备多时的罗马陆军重装步兵立即通过"乌鸦吊桥"冲上迦太基战舰。迦太基战舰上都是水兵和划桨手,他们早已经习惯撞击战和在远处用弓箭等远射武器对战的海战模式,更何况迦太基人本来就不是强悍的罗马陆军的对手。一时间,迦太基战舰上到处刀光剑影,鲜血迸溅。迦太基水兵的惨叫声响彻整个战场。罗马舰队大获全胜,迦太基海军损失战舰达 50 艘,剩余的迦太基战舰落荒而逃。

随着罗马人海军技术的日益精湛,罗马人侵入了迦太基国土,迦太基从此一蹶不振,彻底丧失了地中海制海权。而此时迦太基国内又爆发内战,内外交困的迦太基被迫向罗马求和,赔款 32 000 塔兰特,并将整个西西里岛割让给罗马。

◀ [迦太基博物馆雕像]

在迦太基古城附近有一座现代化博物馆,馆内保存并陈列着大量珍贵的历史文物。1978 年,联合国教科文组织将迦太基古城遗址列入第一批"世界文化与自然遗产"的名单中。

远古海战

埃克诺姆海战
罗马与腓尼基人的对决

罗马人发明了"乌鸦式战舰"后实力大增,罗马海军于是扬帆地中海,向腓尼基人发起挑战。

罗马人发明了"乌鸦式战舰"之后,凭借士兵们的单兵格斗技巧和勇猛,希望打破腓尼基人对地中海的海上霸权。

公元前256年,由罗马执政官列古鲁斯率领250艘军船护航的80艘货船渡海远征腓尼基。当这支部队来到西西里岛的埃克诺姆角附近海面时,遭到了由汉诺和汉米尔卡指挥的腓尼基船队的袭击。

由350艘战船组成的腓尼基船队与罗马海军展开了大战。

罗马舰队分成4个分队,列成楔形队形,腓尼基船队也分成4个分队,列成单横队形。两军接近后,罗马人靠"乌鸦式战舰",采用接舷战术,靠近敌船后立即放下接舷吊桥,钩住敌船甲板,官兵迅速通过吊桥冲上敌船与敌人进行白刃格斗。腓尼基水手不是罗马士兵的对手,经过激烈战斗,腓尼基船队败退,罗马海军击沉了腓尼基约90多艘战船,己方损失24艘,大获全胜。

通过此次海战,罗马人初步掌握了地中海中部的制海权,为进军腓尼基本土创造了有利条件。

◀ [列古鲁斯的坚持——18世纪画]

亚克兴海战
安东尼与屋大维的决战

公元前31年9月2日，安东尼与屋大维的舰队在希腊阿卡纳尼亚北部近亚克兴角的爱奥尼亚海海域爆发了一场大海战。屋大维的舰队由玛库斯·维普撒尼乌斯·阿格里帕指挥，而安东尼的舰队则由他的爱人克利奥帕特拉七世支援。战役以屋大维的胜利告终，促使他后来成为罗马帝国的统治者。

亚克兴海战是罗马共和国的马克·安东尼与古埃及托勒密王朝法老克利奥帕特拉七世联军与屋大维之间爆发的一场决定性战役。

兵力对比

公元前32年，安东尼率领6万步兵、1.5万骑兵、15万海军水兵、500艘战船（其中一半是埃及海军）直扑雅典。而此时屋大维也做好了充分准备，他动员所有的军队和船只，总计有步兵8000人、

▲ [马克·安东尼]

马克·安东尼是古罗马著名的政治家和军事家，关于他最广为流传的就是他与埃及艳后克利奥帕特拉的故事。

▲ [盖乌斯·屋大维]

盖乌斯·屋大维是罗马帝国的开国君主，元首政制的创始人，统治罗马长达40年，是世界历史上最为重要的人物之一。

他是恺撒的外甥孙，公元前44年被恺撒指定为第一继承人并收为养子。恺撒被刺后登上政治舞台。公元前30年，他平息了企图分裂罗马共和国的内战，后被元老院赐封为"奥古斯都"，并改组罗马政府，给罗马世界带来了两个世纪的和平与繁荣。公元14年8月，在他去世后，罗马元老院决定将他列入"神"的行列。

▲ [安东尼银币]

▲ [屋大维金币]

远古海战

远古海战 | 23

非凡海洋大系 影响历史的海战

公元前37年，安东尼与埃及女王克利奥帕特拉七世结婚，并公然声称将罗马东方行省部分地区赠予她和她的子嗣。公元前36年，屋大维坐镇意大利与东方的安东尼对峙。屋大维趁机怂恿元老院和公民大会宣布安东尼为"祖国之敌"，并向埃及女王宣战。

骑兵1.2万人、战船400艘。其中陆军由他亲自率领，舰队则由阿格里帕指挥，他们分别集中在意大利东南部布伦西和塔兰托港。

屋大维舰队的战船上装备有一种叫"钳子"（也叫"乌鸦嘴"）的新武器，这是把一块跳板外面包上铁皮，一头装有铁钩，另一头拖有绳索，进攻时，用弩炮把"钳子"投射出去，用铁钩把敌舰拖近船舷作战。由于"钳子"有铁皮包着，敌人既无法砍断跳板，又无法割断后面的绳索。这种武器可发挥屋大维军队陆战实力强大的优点，是海军武器的一大进步。

而安东尼的战船则比较庞大，有的战船高出水面3米以上，有多层桨架，每支桨最多需10人划动。船上装有旋转的"炮塔"。船的两侧备有木材"装甲"，以防敌舰冲撞。安东尼的舰队共分8个支队，每个支队有一小队侦察船伴随。整个舰队分别配置在希腊西部海岸一带，主力位置在亚克兴海角。它位于普雷佛扎城以南，安布腊基亚湾狭窄出口处南岸。

炽烈的火焰映红了海面

公元前31年9月2日正午，大战也

▲ [弩炮]
发明弩炮的是希腊人，真正把弩炮推向巅峰的却是罗马人。最早建立正规军事体制的罗马帝国极为重视弩炮的制造。

许多西方学者相信，弩炮的出现对古罗马共和制的瓦解产生了不可忽视的推动作用。一种武器改变了社会格局。

▲ [机械投石器]
安东尼的士兵使用的机械投石器，是根据一种野驴和它的强大弹踢能力命名的武器，能够发射更大的石块。虽然这种武器也采用有弹性的动物肌腱，但是投石器是威力更大的迷你弹弓，用来发射装满圆石头或者易燃土球的桶。虽然它们没有弩炮那么精准，但是它们威力更大。

随风而至。安东尼和阿格里帕同时向对方战船侧翼迂回。不一会儿开始交战,安东尼的士兵不断用机械或手投掷巨石、弩箭和带倒刺的铁标枪。

阿格里帕率领左翼战船,充分发挥船体轻、机动性好的优点,避开安东尼舰队的远程矢石攻击,猛烈撞击敌舰,尝试将其击沉。

一次不成,立即退回,重新组织再次撞击。双方舰船互相撞击,海面上,大船、小船混杂在一起,喊声、号角声和船板破裂声交织在一起,战斗十分激烈。

屋大维舰队用弩炮把"钳子"投射出去,铁钩死死拖住敌舰,敌人砍不断跳板,够不到绳索,船上的步兵则趁机踏着跳板跳到对方甲板上,用长矛、短剑杀死敌人,海战顿时变成了陆战。一番混战之后,屋大维命令舰队撤离敌舰,改用火攻。不一会儿,千万支火箭、扎着火把的标枪和发射器射出的涂有柏油的木炭块,从不同方向飞向安东尼的战船。霎时,安东尼的一些战船燃起熊熊大火,炽烈的火焰映红了海面。

古老的埃及托勒密王朝就此覆灭

安东尼的旗舰也被敌舰的"钳子"死死钩住了,他急忙爬上另一艘战船,带着残存的40艘战船逃走了。这时,夜幕已经降临,屋大维的舰队因为没带风

远古海战

▶ [埃及艳后克利奥帕特拉七世]

埃及艳后克利奥帕特拉七世是托勒密王朝的最后一任法老。有人说她是"尼罗河畔的妖妇",是"尼罗河的花蛇",是世界上所有诗人的情妇,是世界上所有狂欢者的女主人;罗马人对她痛恨不已,因为她差一点让罗马变成埃及的一个行省;埃及人称颂她是勇士,因为她为弱小的埃及赢得了22年的和平。

她先吸引了恺撒,直至成为罗马实际上的"第一夫人",恺撒遇刺后即返回埃及,又与罗马统帅安东尼相好。而后安东尼与恺撒养子屋大维争夺罗马统治权。

远古海战 | 25

帆,而且也看不清整个战场,所以就没有追赶。第二天,没能逃走的安东尼的一些战船全部投降。安东尼的陆军看到海军大败,也都投奔了屋大维。自此,战争以屋大维的全胜而结束。

逃回埃及的安东尼从此一蹶不振,不问军政大事。公元前30年夏,屋大维进攻埃及,安东尼伏剑自杀。不久,埃及女王也自杀身亡,古老的埃及托勒密王朝就此覆灭了。

罗马才是帝国的中心

亚克兴海战,实际上是以屋大维为首的西方文明与以安东尼为首的东方帝国的较量。屋大维的取胜,奠定了埃及只是罗马的一个行省的地位,而罗马,才是帝国的中心。

亚克兴海战导致曾经无比发达的埃及王朝走向覆灭,从此埃及不再是一个独立的国家,这种局面一直延续到近代。罗马帝国北起多瑙河,南到非洲(包括埃及在内的北非一带),西起比利牛斯半岛,东到两河流域和小亚细亚半岛,形成了古代史上一个最庞大的帝国,地中海都成了罗马帝国的内湖。

▲ [玛库斯·维普撒尼乌斯·阿格里帕]

古罗马政治家、将军。屋大维的密友、女婿和助手。万神殿建造者。

阿格里帕出身寒微,公元前45年参加恺撒军队,赴西班牙作战。公元前44年恺撒遇刺后追随屋大维,为其主要军事助手,屡建战功。公元前39年任高卢总督。公元前37年任执政官。后任海军统帅,对部队严格训练,同时改进舰船以增强承受敌舰撞击的能力,并发明了弹射搭钩。公元前36年在米拉海战和瑙罗卡斯海战中,击败庞培之子绥克斯都·庞培的舰队。公元前31年在亚克兴海战中,对敌舰队和陆军分别实行海上包围和海上封锁,击败安东尼和埃及女王克利奥帕特拉七世。罗马帝国建立后,任执政官和东部行省总督等要职,经常代理朝政,对帝国的巩固及罗马城的建设做出了贡献。

> 托勒密王朝或称托勒密埃及王国。是在古代马其顿君主亚历山大大帝死后,其将军托勒密一世所开创的一个王朝,统治埃及和周围地区。
>
> 托勒密王国建立者托勒密一世在公元前305年自立为国王并宣称自己是埃及法老。托勒密王朝统治埃及直到公元前30年埃及女王克利奥帕特拉七世(埃及艳后)兵败自杀为止,历经275年。

瑙罗卡斯海战

屋大维与庞培的对决

通过和腓尼基人的战争,罗马人认识到了制海权的重要,此时罗马帝国两个杰出的人物庞培与屋大维之间爆发了冲突,双方各有胜负,彼此都在等待最后的决战。

庞培经过之前多次海战,全歼了屋大维的海军,使罗马上下震骇,于是在公元前36年,屋大维向安东尼借了120条战船,准备开启与庞培的最后决战。

对于此战,屋大维信心满满,这是由于在他借的战船中,有10艘是当时最高级的三层桨座大船,不仅如此,屋大维还得到了一名历史上非常优秀的海军将军——阿格里帕,他不但作战勇敢,而且非常有智慧,他发明了一种类似钳子的新式海军武器,这种武器叫作"远程乌鸦"。

公元前36年,屋大维与庞培在西西里岛的瑙罗卡斯附近海域遭遇,阿格里帕指挥屋大维舰队300艘战舰与庞培的舰队展开决战。双方舰船数量相当,阿格里帕充分发挥新武器"远程乌鸦"的"钳子"作用,钩住一艘艘敌舰,使其被动挨打。经过一天的激战,阿格里帕指挥的屋大维舰队战胜了庞培,击毁、击沉庞培的船只约283艘,其剩余的船只也都有损伤。

此战,不仅使庞培的海军几乎全军覆灭,而且使屋大维在罗马元老院的号召力得以加强,赚足了政治砝码。

▲ [乌鸦吊桥]

远古海战 | 27

古代海战
Ancient Sea War

菲尼克之战
打开君士坦丁堡的海上航路

阿拉伯人凭借其强大的海军舰队，开始了东征西讨的侵略过程，不但打败了当时强大的拜占庭帝国，而且还打开了通向君士坦丁堡的海上航路。

公元7世纪，阿拉伯人沿着地中海的南海岸和东海岸，开始侵略沿途国家。

公元640—641年，阿拉伯人几乎未遇任何抵抗就占领了埃及；647年侵入拜占庭在非洲的领地；648年占领塞浦路斯群岛；652年袭击西西里岛；654年又占领了罗得岛。

公元655年春，阿拉·伊木·萨德率领由200艘战船组成的强大的阿拉伯舰队，驶向君士坦丁堡，当舰队航行到小亚细亚半岛的安塔利亚湾西南菲尼克海面时，遭到拜占庭舰队的阻击。

拜占庭皇帝君士坦丁二世亲自指挥500艘战船，猛烈攻击阿拉伯舰队。阿拉伯舰队由于寡不敌众，很快陷入困境。在这紧要关头，在分析形势后，阿拉伯人决定对占据优势的拜占庭舰队展开反击。阿拉伯舰队的旗舰用抓钩勾住一艘拜占庭的大帆船，水手们跳上敌船进行肉搏战。随后，阿拉伯人便以自己的战船作为浮动堡垒，组织突击队登上敌舰，去逐个地加以歼灭。

结果，拜占庭舰队大败，君士坦丁

▲ [在约695年，倭马亚王朝的两枚硬币，基于拜占庭原型]

拜占庭帝国（395—1453年）即东罗马帝国，是一个信奉东正教的帝制国家。

公元7世纪，阿拉伯处于倭马亚王朝时期，它是阿拉伯帝国的第一个世袭制王朝，也是阿拉伯历史上最强盛的王朝之一。

二世仓皇逃走。

菲尼克海战以兵力处于弱势的阿拉伯舰队战胜拜占庭舰队而结束。阿拉伯海军取得巨大胜利，打开了通向君士坦丁堡的海上航路。

白江口海战

中日经典海战

白江口之战,亦称白村江之战,是唐朝历史上很有名的战役之一。是约在公元663年,唐朝、新罗联军与日本、百济联军于白江口发生的一次海战。

当时的朝鲜半岛上存在着三个纷争不断的国家分别是:高句丽、百济、新罗,高句丽是其中实力最强大的一个,一直想吞并其他两国,但又担心大唐是背后黄雀,为了一探刚刚建立的大唐国的虚实,高句丽派来了使者,但是当时的唐高祖李渊并没有给予重视,因此高句丽在自己的领土内屯兵积粮,建立起了严密的防唐阵线。

太宗征高句丽并灭了百济

643年,高句丽攻打新罗,新罗不敌,向大唐求救,太宗李世民御驾亲征,共率领陆军6万余人,水军4万多人,进入辽东半岛以后,在短短几天之内,就攻陷了高句丽的多座城池,而唐军因

▲ [五盔坟墓穴壁画]
高句丽晚期的贵族墓葬五盔坟,因为五座巨大的覆斗形封土墓连成一片,"五盔坟"因此得名。

▲ ［高句丽王城遗址——吉林通化］

古代海战

当地变冷早、草枯水冻，而且粮食将尽，所以班师回朝，公元660年左右，高句丽和百济联合屡次侵犯新罗，新罗再次求救于大唐。

此时唐高宗在位，他命苏定方率水陆大军13万人渡海作战，唐军依旧势如破竹，先后攻下了百济的多座城池，百济军主力元气大伤，百济国王携带皇室众人仓促逃跑，唐朝便在这里设立了都督府，标志着百济正式灭亡。

百济旧部求助日本

大唐与新罗联军灭了百济后,主力撤回,留下1万多人马在百济镇守。见此机会,百济的旧部主将鬼室福信向日本献上金银珠宝及让日本仇视的大唐士兵,同时要求把在日本做人质的百济王子接回去拥立为王,并请求日本出兵相助。

日本一直就有侵占他国国土的嗜好,百济的求助,正中日本人的下怀,双方一拍即合。

中日兵力对比

为了远征百济,日本先后派出了四批援军,领兵的将领全都是日本的老牌贵族,像苏我氏、物部氏、三轮氏和吉倍氏,而且很多将领跟朝鲜半岛都有千丝万缕的联系,曾经出使过朝鲜半岛。

而此时在朝鲜半岛的唐军不到两万人,舰船数目也比日本少得多。

唐军战舰只有170艘,日本的战舰有1000多艘,虽然日军数量众多,但以小艇居多,无论攻击性能、防御能力,还是武器装备,都远远不及唐军。

唐军战舰很多都是蒙冲巨舰,配备各种应不同海战需求之用的战船,甚至还有专门用来火攻的战船,配备火器,称之为火舰。

相比之下,大唐兵力数量虽然不及日本,但是战斗力日本和大唐比起来简直就是萤火虫跟月亮争光。

白江口海战打响

公元663年,在白江入海口,大唐与新罗联军开始向百济复国军发动猛攻。与日本、百济联军爆发了一场大规模的海战。

唐军的蒙冲巨舰就像是铜墙铁壁,日本战舰无异于以卵击石,纷纷破碎。唐军轻松化解了日军的一次一次的攻击。

唐军战舰上装有拍竿,加上船体的高度,对着日舰一顿狂拍,结果可想而知。

实力如此悬殊的战争,更像是一场屠杀。交战不久,日军就开始溃逃。唐军主帅刘仁轨下令鼓足风帆向日本舰队冲去。先是施放火箭,然后追上去挥动拍竿,把日本战舰一一拍沉。日本军舰由于密度太大,唐军的火箭几乎是箭无虚发。

直至这场海战结束,日军战船全部被焚毁,数万日军被杀或溺死。

白江口之战,日本大败。此后数百年日本一直不间断地派使臣(遣唐使等)

▲ [邮票——遣唐使船]

日本1975年8月30日发行"船舶"系列邮票——遣唐使船。

向唐朝拜师学艺，逐渐形成其一整套政治、经济、文化制度，日本数百年间几乎就是唐朝的一个"具体而微"的翻版模型。直到1592年，丰臣秀吉侵略朝鲜，近一千年间日本未敢再对中国叫板。

在此次战役中，唐朝水军充分发挥自身优势，将兵力、船舰皆数倍于己的日本水军打得大败，堪称一次以少胜多的经典水战。此次战役是中日两国作为国家实体进行的第一次交战，也是东北亚地区已知较早的一次具有国际性的战役，以唐朝、新罗联军胜利的最终结果基本上奠定了此后1000余年间东北亚地区的政治、经济与文化格局。

古代海战

▲ ["黑石"号复原模型]

这是唐代时期的沉船"黑石"号的复原模型，是1998年于印度尼西亚勿里洞岛海域发现的，船内装载着运往西亚、北非的中国货物。可见当时唐朝造船业之强大。

博斯普鲁斯海战

弓箭和希腊火的妙用

非凡海洋大系 影响历史的海战

> 科技不仅是第一生产力，也是第一战斗力。在博斯普鲁斯海战中，拜占庭帝国使用"希腊火"打败了古罗斯帝国的舰队。

古罗斯帝国是俄罗斯的前身，据说是维京人后裔。古罗斯帝国是东欧君主制国家，掌权者称为大公，又因首都设在基辅，所以在19世纪为了表明这一统治时期就称为"基辅大公"。

战争爆发于古罗斯帝国的基辅大公雅罗斯拉夫统治时期，他于1043年派儿子弗拉基米尔统帅海军舰队进攻拜占庭，舰队由400艘战船组成，水手约2万人，舰队浩浩荡荡地通过黑海，在博斯普鲁斯海峡入口处突然出现。

拜占庭帝国国王君士坦丁十一世帕里奥洛格斯获悉后，派泰奥托罗坎率舰队进行反击。弗拉基米尔得知敌舰队出动后，将罗斯舰队在博斯普鲁斯海峡入口附近排成一线。拜占庭舰队也将自己的战船列成一线，与之对阵。

> 在希腊火的起源上，拜占庭人流传着一个传说：帝国的创立者查士丁尼大帝，为了恢复昔日罗马帝国的容光而憔悴，并向上帝虔诚地祈祷；上帝被他深深地打动了，遂派一个天使，用耳语把希腊火的神秘配方传授给了他。

> 据说，希腊火最初于公元668年由叙利亚建筑师、工程师、炼金术士加利尼科斯发明并将配方带到君士坦丁堡，在此后800年中成为拜占庭帝国的秘密武器。

▲ [雅罗斯拉夫]

34 | 古代海战

▲ [拜占庭帝国使用希腊火壁画]
拜占庭的一艘船使用希腊火对付叛军。

拜占庭主帅泰奥托罗坎首先命令两艘大型战船冲入敌阵，其他船只随在其后进行冲杀。交战中，拜占庭人使用弓箭和"希腊火"等武器杀伤敌人和焚毁敌船；罗斯人主要是强行靠上敌船进行接舷战斗。

在希腊人的威胁下，罗斯舰队逐渐失利，最后战败。

败逃的一些罗斯战船撤至黑海沿岸隐蔽，拜占庭舰队派出 24 艘战船追击。结果，这 24 艘战船反被包围，大部被歼，5 艘被俘。

博斯普鲁斯海战的结果虽然是拜占庭舰队靠"希腊火"战胜罗斯舰队，但是拜占庭舰队在获胜后轻敌，反而在追击败逃的罗斯舰队时，被罗斯舰队反包围。这可谓是海战史上的一次笑话。

希腊火是拜占庭帝国所发明的一种可以在水上燃烧的液态燃烧剂，为早期热兵器，主要应用于海战中，"希腊火""希腊火药"或"罗马火"只是阿拉伯人对这种恐怖武器的称呼，拜占庭人自己则称之为"海洋之火""流动之火""液体火焰""人造之火"和"防备之火"等。根据文献记载，希腊火多次为拜占庭帝国的军事胜利做出贡献，一些学者和历史学家认为它是拜占庭帝国能持续千年之久的原因之一。

希腊火的配方现已失传，成分至今仍是一个谜团，而据当时受希腊火所伤的十字军记述："每当敌人用希腊火攻击我们，所做的事只有屈膝下跪，祈求上天的拯救。"这足以说明希腊火的威力。

古代海战 | 35

都拉斯海战

解围都拉斯

诺曼人在东征西讨之际将目标转向东,准备进攻拜占庭,他们包围了都拉斯,都拉斯经过大半年的准备,终于将诺曼人打败,从而将都拉斯城解围。

8世纪时,诺曼人入侵法国,公元911年时,罗洛建立了诺曼底公国。

诺曼人迅速向南扩张,从拜占庭人手中夺取了意大利南部的大片土地。在1059年的宗教会议上,诺曼人的领袖罗贝尔·吉斯卡尔承认了罗马教皇的封建特权。为了回报诺曼人,罗马教皇封罗贝尔·吉斯卡尔为公爵。

1066年,诺曼底公爵成为英国国王,自此历代英国国王都享受了海峡群岛统治权,此时也是诺曼公国进行疯狂侵略的时期。

诺曼人于1072年攻占了阿拉伯人的巴勒莫港城,不久就从阿拉伯人手中夺取了整个西西里岛。此后,诺曼人的舰队开始向东发展,准备进攻拜占庭。

> 巴勒莫今为意大利西西里首府,又译帕勒摩,是位于西西里岛西北部的港城。历经腓尼基人、古罗马人、拜占庭帝国、阿拉伯帝国、诺曼人、神圣罗马帝国、西班牙王国、那不勒斯王国、西西里王国和意大利王国的统治,巴勒莫所承载的文化记忆,让人悠然神往。
> 巴勒莫旧城区中心西南隅矗立了1200年的诺曼皇宫,将诺曼、拜占庭和阿拉伯的建筑风格共冶一炉。

1080年,诺曼底公爵率领陆、海军部队在亚得里亚海的东南海岸登陆,包围了当时属于拜占庭领土的都拉斯。拜占庭联合威尼斯组织一支60艘战船的联合舰队,于1081年在都拉斯附近海面与诺曼人的舰队交战,并将其打败,从而使都拉斯城得到解围。

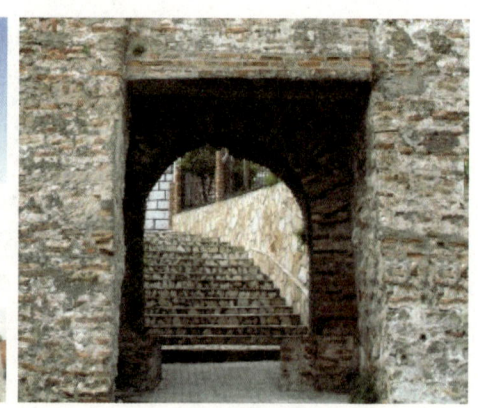

▲ [都拉斯古城堡和古城墙]
都拉斯是欧洲最古老城市之一,于公元前7世纪建城。

> 神圣罗马帝国，全称为德意志民族神圣罗马帝国或日耳曼民族神圣罗马帝国，是962—1806年存在于西欧和中欧的封建帝国。

▲ [西西里岛——军事城堡]

古代海战

争夺西西里岛

诺曼人征服西西里岛

西西里岛的战略位置决定了它将不断被侵略并反侵略，从公元1130—1302年，这里从来没有平静过。

西西里岛处于地中海中心，其战略位置使其成为各国抢夺的重点。

11世纪后半叶，诺曼人征服了南意大利和西西里岛。后于1130年，诺曼人罗哲尔二世将两地合并，称为西西里王国。1194年"神圣罗马帝国"霍亨斯陶芬王朝皇帝亨利六世，因联姻取得西西里王位。1268年，法兰西安茹伯爵查理得到教皇支持，打败霍亨斯陶芬王朝，入主西西里王国。

1282年3月30日，西西里首府巴勒莫人民发动起义，击败了驻岛的法兰西军队。在起义者上层人物的策应下，阿拉贡国王佩德罗三世率舰队占领了西西里岛。查理在意大利半岛南部的那不勒斯重整舰队，以期夺回西西里岛。

1284年，阿拉贡的舰队在卡拉布里亚以西海面，打败了查理的那不勒斯舰队。1285年，洛格指挥的阿拉贡舰队，在帕拉莫斯（阿拉贡王国东北部）附近，击败了法兰西舰队。1287年，阿拉贡舰队在那不勒斯以西海面，再次打败查理的舰队，并俘获其战船24艘。由于安茹伯爵查理的舰队接连失败，西西里王国遂不复存在。此后，南意大利被称为那不勒斯王国，而西西里岛则转属阿拉贡王朝（正式确定归其统治为1302年）。

古代海战 | 37

非凡海洋大系 影响历史的海战

崖山海战
宋、元大海战

宋元崖山海战，是1279年宋朝军队与蒙古军队在崖山进行的大规模海战，也是古代中国少见的大海战。

崖山位于今广东江门市新会区南约50千米的崖门镇，银洲湖水由此出海，也是潮汐涨退的出入口。东有崖山，西有汤瓶山，两山之脉向南延伸入海，如门束住水口，就像一半开掩的门，故又名崖门。

宋端宗赵昰死后，他的弟弟7岁的卫王赵昺登基做皇帝，年号"祥兴"。赵昺登基以后，任命陆秀夫为丞相。张世杰护卫着赵昺去崖山，准备继续抗元。

祥兴二年（1279年）正月，元军将领张弘范率元军浩浩荡荡陆续抵达崖山，对南宋张世杰部形成三面包围之势。

面对巨大压力，张世杰昼夜苦思破敌之策。有幕僚向张世杰建议应该先占

◀ [赵昺]
宋少帝赵昺陵坐落在深圳蛇口开发区内，一度被历史所遗忘。

赵昺（1272—1279年），即宋怀宗（1278—1279年在位），宋朝最后一位皇帝，1279年3月19日，崖山海战后，左丞相陆秀夫背着时年8岁的赵昺在崖山跳海而死，南宋在崖山的10万军民也相继投海殉国，宋王朝覆亡。

领海湾出口，保护向西方的撤退路线。张世杰为防止士兵逃亡，否决此建议，并下令尽焚陆地上的宫殿、房屋、据点；又下令将千余艘宋军船只以"连环船"的办法用大绳索"一"字形连贯在海湾内，并且将赵昺的船也安排在军队中间，以振奋军心。

元军见此情景，以小船装载茅草和

▲ [江门宋元崖门海战文化旅游区]
江门宋元崖门海战文化旅游区位于广东省江门市新会区古井镇官冲村崖门古战场，景区大门的造型是一艘古代船只的船体。

[张弘范]

张弘范(1238—1280年),字仲畴,易州定兴人,蒙元初期的将领,名将汝阳王张柔之第九子,曾参加过襄樊之战,后跟随元帅伯颜侵攻南宋。

元军鸣金交战,一时间连破7艘宋船。宋师大败,元军一路打到宋军中央指挥船。这时张世杰见大势已去,便准备带赵昺突围,不料被丞相陆秀夫拒绝。眼看就要被俘,陆秀夫不愿做元军俘虏,遂背着年仅8岁的小皇帝赵昺跳海而死。南宋最后一位皇帝死去,宋朝最终还是覆灭了。

> 张世杰还想侍奉杨太后寻求赵氏的后代而立位,再图后举;但杨太后在听闻宋帝赵昺的死讯后亦赴海自杀,张世杰将其葬在海边。

膏脂等易燃物品,乘风纵火冲向宋船。但令元军意想不到的是宋船皆涂渊泥,并在每条船上横放一根长木,专门抵御元军的火攻。

元朝水师火攻不成,又以水师封锁海湾,依靠水陆军断绝宋军淡水及砍柴的道路。被逼之下的宋军将士只得吃干粮十余日,饮海水解渴,导致众多士兵消化不良、上吐下泻。宋军将领张世杰率领众军与元军依然僵持,元军张弘范以张世杰外甥性命,要挟张世杰三次,均招降不果。

张弘范将其军队分成四支部队,在宋军的东、南、北三面皆驻一军;张弘范自领一军与宋军作战并发动总攻信号。

崖山海战,是宋朝末年与元军的一次战役,这场战争直接关系到南宋流亡朝廷的兴亡,是一场以少胜多的大战,相传宋元双方投入军队20余万人,激战22天,南宋大败,南宋皇室和军民或战死或蹈海殉国,崖门水面浮尸遍海。

[南宋张世杰]

张世杰(?—公元1279年),涿州范阳(今属河北范阳)人。宋末抗元名将,民族英雄。太傅,枢密副使,封越国公。与陆秀夫、文天祥并称"宋末三杰"。先后拥立南宋二帝,誓不降元,最终兵败崖山海战,因飓风毁船,溺死于平章山下。

古代海战

> 传说在6月23日这一天,少帝赵昺正往崖山爬,突然天降暴雨。身边人并没有带防雨工具,因此全部被淋湿了,赵昺的龙袍也是湿嗒嗒的。雨过天晴之后,宫女连忙将赵昺的龙袍放到行宫外面的山橘树上晾晒。等到龙袍干了宫女去收时,才发现绣在龙袍上的金龙都不见了。宫女慌忙去报告杨太后,杨太后很悲痛,认为这是不祥之兆。群臣也很恐慌,急令宫女去四处寻找。宫女又回到了晒龙袍的山橘树旁,小心翼翼地拨开山橘树的树枝。惊奇地发现龙袍上的金龙都缠绕在山橘树的枝干上。每一根枝干都有一条金龙。宫女看到十分高兴,赶紧用手去抓金龙。但是每次碰到金龙,金龙就变成了山橘花的纹理。一连几次都是这样。无奈之下,宫女只能回去禀告太后。杨太后听后十分沮丧,认为金龙要留在崖山,就不再让人去打扰它。
>
> 从此以后,崖山一带的山橘树,每条树干上都有像龙一样的花纹,这也就是新会崖山的特产——蟠龙山橘。
>
> 将赵昺轶事变成传说,这或许是人们对南宋小朝廷最后的一丝同情。

斯勒伊斯海战

英法舰队的角逐

非凡海洋大系　影响历史的海战

斯勒伊斯海战为英法百年战争揭开序幕。在这次战役中，法国海军舰队受到沉重打击，使法军无法跨过海峡入侵英国，导致之后的战役大多发生在法国本土。

英法战争的隐患从1328年法王查理四世去世时就出现了。当时英格兰国王爱德华三世提出继位要求，但是经法国贵族议会裁决，查理四世的堂兄、安茹伯爵腓力六世继承王位，从而开始了法国历史上的瓦卢瓦王朝。英格兰国王爱德华三世因没能继承法国国王的宝座而心中非常气愤，发誓要夺回王位。

> 英王爱德华三世是法王腓力四世的外孙。腓力四世去世后，他的第三个儿子继位，史称查理四世。1328年，查理四世去世，没有留下任何男性后代。

战前准备：结盟他国，建立海军

1337年，已成为欧洲最强大国家的法国提出收回原封给英王的法兰西领地

▲ [让·傅华萨《编年史》中战争缩影（局部）]

40 ｜ 古代海战

[爱德华三世纪念币]
一枚1354年的黄金贵族硬币，正面的爱德华坐在船上，纪念战斗。

古代海战

阿奎丹的要求。早就觊觎法国王位的爱德华三世以此为契机向法国宣战。爱德华三世先后与法兰西以北的佛兰德和罗马帝国达成默契，同时在军事上加紧了准备。想要顺利地渡过英吉利海峡，必须要有一支强大的海军。早在13世纪末，爱德华一世就建立了3支舰队，到爱德华三世时，英格兰海军已经非常强大了。

腓力六世获知英军来犯

1340年6月23日，英王爱德华三世率领大小舰船250余艘，从泰晤士河出发，南下进攻法兰西。

这支舰队大舰可载百人以上，小船也能装20余人，而且船体吃水都不深，行动灵便。

得知英军来犯，法王腓力六世提前准确地掌握了英军登陆的地点和进攻的方向。

当英舰还在海上航行时，腓力六世就已命令法国海军将领奎里特、贝胡奇特和热那亚籍将领巴尔巴尼罗率领舰队，悄悄地集结于英王爱德华三世军队将登陆的斯勒伊斯港，准备出其不意地打击英舰队。

一个误会引发了仓促迎敌

英国爱德华三世的舰队经过一夜航行，于6月24日清晨逼近斯勒伊斯港。伫立在旗舰上的爱德华三世隐约看到了港口林立的船桅，发现有法军埋伏，此

▲ [英海军战舰]

历代佛兰德伯爵都致力于抵制法国国王的过度影响，并通过外交和联姻手段逐渐扩大了自己的统治区域。埃诺、那慕尔、贝蒂讷、讷韦尔、欧塞尔和勒泰勒等大小领地先后被佛兰德伯国兼并。

古代海战 | 41

时再想乘虚而入已不可能，就此退回去更是遭世人耻笑，唯有鼓起勇气决一雌雄。此时，天已经有了霞光，早晨的海面，逆光而行，对英军甚是不利，爱德华三世便命令船队呈"之"字形，先向东行，以便在向敌军冲锋时，利用流向的改变制造有利时机。

埋伏在港内的法舰却误以为英舰放弃了进攻斯勒伊斯的企图。3位指挥将领的意见发生了分歧，有人主张主动进攻；另两位却希望在港内消极防御。结果，主张进攻的分队便出海迎敌。

有弓箭手配合的海战

交战之初，双方都用弓箭手远距离放箭攻击。英长弓要优于法弓箭，它弓身大、射程远、射速快，具有更强的穿透力。在海战最初的对攻阶段，法舰队即已处于下风。但担当法舰队主力的诺曼人将士勇猛无比，他们冒着如雨点般射来的弩箭，奋力摇橹向前冲击，力争尽快靠上英舰，展开肉搏。战争异常激烈。

战争僵持中，佛兰德伯爵忽然出面支持英军，这使英格兰人勇气大增，乱箭齐射，刀枪并舞，法军终于顶不住了，最后有160余艘舰船被摧毁。法国海军的3名指挥官：奎里特战死，贝胡奇特被俘，巴尔巴尼罗率20余艘快船逃向外海。英格兰取得了海战的胜利。

这场胜利，使英格兰夺取了制海权，控制了英吉利海峡，打通了进军法兰西的通道。在英法百年战争的前80多年里，

▸ [公元12世纪的港口印章]

公元12世纪，英吉利海峡、北海和波罗的海沿岸各港贸易兴盛。从这些港口印章的图像可看到当时船的形象，还可看到水手们在船上作业的情况，如攀登上桅的横桁系扎帆布、起锚和操舵等。

▴ [腓力六世]

从腓力六世的生平来看，他不能算作一位成功的统治者，虽然他是瓦卢瓦王朝的第一任国王，但是他跟卡佩王朝的所有统治者一样，不断追求收回和扩大法国的领土，过于激进的政策让他的政治生涯不断遇到的困难。

诺曼人又称"维京人"。诺曼人指定居在法国北部（或法兰克王国）的维京人及其后裔。

英国军队一直处于主动，不能不说与这场海战的结局有关。

基奥贾海战
威尼斯人对热那亚人的挑战

基奥贾海战是威尼斯与热那亚在公元1378—1381年爆发的第三次威热战争中的重要战役，由威尼斯获得了最后的胜利。

威尼斯与热那亚两个海权强国从黑暗时代就由与君士坦丁堡的贸易发展起来，因此也为了贸易在东地中海发生过数次冲突。在第二次威热战争中，热那亚被威尼斯重创，因此欠下米兰大笔的债务，但热那亚很快就还清了债务。同时，威尼斯虽然在财务上也逐渐从战争的损失中恢复，但却面临着北方匈牙利的威胁，被迫放弃了许多土地。

热那亚的盟友主要为了匈牙利及帕多瓦。匈牙利的国王拉约什一世从威尼斯手中征服了达尔马提亚，并在公元1379年从陆路给予威尼斯北方直接的威胁。而帕多瓦则是在卡卡雷西家族的领导下切断了威尼斯与西方的联系。此外，阿奎莱亚和奥地利公爵利奥波德三世也站在热那亚这边。

对于这两个国家而言，第二次威热战争的结束，只不过是下一场大战爆发之前的休战期——热那亚人与威尼斯人彼此都很清楚，地中海只能有一个霸主，不是你死，就是我亡。

1379年12月21日深夜，在孔塔里尼总统坐镇旗舰压阵下，威尼斯海军将

▲ [基奥贾小镇]

基奥贾小镇有"小威尼斯"的美誉，从地貌到建筑乃至生活传统都是不折不扣的"迷你"版威尼斯。

古代海战 | 43

领维托·比萨尼率领34艘桨帆船、60艘客货船与商用帆船及百余艘贡多拉小舟，载运了上千吨的石头、6000名水手和弩弓兵，悄悄地从威尼斯出航，不点灯也不吹号，钻过热那亚人不清楚的狭窄水道，开向亚得里亚海。

当时威尼斯城遭到了热那亚军近4个月围城，由于基奥贾水道遭到堵塞，因此热那亚军把攻击重心摆在中央的利多岛水道与北方的幕拉诺水道，但因为威尼斯人拔除了潟湖中所有标示水深的标柱，经过几次不太成功的攻击，热那亚也仅能在利多岛和基奥贾站稳桥头堡而已。热那亚海军司令官皮耶托·多利亚对于攻陷威尼斯势在必得，他不惜把舰队集中到威尼斯涡湖里，打算用来架成一道可以直取威尼斯市街的陆桥，因此在这个时间点有半数以上的热那亚船都停泊在潟湖内。

当晚，威尼斯将领塔德欧·杰士汀尼带领1000诱敌部队突袭基奥贾，他们发射火箭、敲锣打鼓甚至用大炮轰炸，这使热那亚军突然被惊醒，他们把所有的兵力都赶往潟湖南边的基奥贾增援，完全没注意到比萨尼的舰队已经绕到了背后。

22日凌晨，比萨尼下令全体舰队自沉，堵塞利多岛水道与幕拉诺水道，全体水手与陆战队员登陆利多岛，热那亚守军突然遭受来自背后的猛击，猝不及防下全部被推入海中，威尼斯军收复利多岛。破晓时分，皮耶托·多利亚错愕地望向亚得里亚海——威尼斯人用堵塞船，封死了所有通往亚得里亚海的水道。一夜之间，原本要来包围威尼斯的热那亚舰队，反过来成为了被包围者。

热那亚军慌忙展开突围战，亚得里亚海上残余的十余艘大帆船也从外侧赶来支援，而岸边的帕多瓦军也往基奥贾方面增援，看到热那亚军打算确保基奥贾，爆破掉自沉于此处的阻塞物，让水道恢复畅通。于是威尼斯市民军划着贡多拉小舟赶往基奥贾，在这里与热那亚联军展开了激战。

经过10天的攻防战，意图接近水道的热那亚工兵都被威尼斯弩手射杀，但是威尼斯人也在连日惨烈肉搏之下死伤惨重，正当双方都濒临极限之际，一支由18艘战船组成的新舰队突然出现在亚得里亚海上，朝威尼斯驶来。如果来的是威尼斯舰队，那么就可解基奥贾之围；但倘若到的是热那亚舰队，恐怕威尼斯人已达极限的士气就要崩溃瓦解了。不过，这支充满了热那亚式风帆商船的舰队，却悬挂着红底金狮子旗。

1380年1月1日，与比萨尼一起号称威尼斯双璧的卡罗·詹诺舰队返航威尼斯。詹诺舰队的参战，彻底奠定了威尼斯的胜利，亚得里亚海残存的热那亚舰队全灭，威尼斯掌握了制海权。

即使看到舰队被消灭，但是皮耶托·多利亚率领热那亚人顽强抵抗，而威尼斯军则逐步压缩包围圈，并不急于进攻，他们切断了帕多瓦通往基奥贾的

▲ [都灵王宫旁的骑士雕像]

都灵王宫是萨伏依王朝皇室的居住地,于 1646 年由卡洛·埃马努埃莱二世建造。12—19 世纪期间,都灵是萨伏依王朝的首都,因而王宫中保存有当时贵族生活方式的大量证据。王宫建筑风格奢华,各个房间都按照萨伏依王朝贵族的口味进行了装饰,其中有很多的钟表、瓷器、银器及各种古代家具。宫殿门的门廊之下的皇家军械库还藏有大量 16—17 世纪的武器。

道路,缓缓地将遭到围困的热那亚－帕多瓦联军逼入绝境。

被困在潟湖与岸际之间沼泽地的热那亚军很快陷入士气衰竭的绝望境地,而匈牙利盟军屡次尝试从外部攻破包围网,帕多瓦城也以河运方式抢运物资通往包围圈内,但却因为斗志高扬的威尼斯人奋战不懈而徒劳无功。

古代海战 | 45

非凡海洋大系 影响历史的海战

皮耶托·多利亚以飞箭传书联络帕多瓦人，请他们派出使节前往热那亚求援，热那亚人非常清楚，唯有击溃威尼斯舰队，才有可能解除包围网，因此热那亚本国从1380年1月底就加派了一支由39艘船组成的舰队赶往亚得里亚海。4月初，热那亚增援舰队来到威尼斯外海，但是卡罗·詹诺却当着热那亚残兵的面，硬生生地把这支远道而来的舰队摧毁殆尽，胜负仅仅在一下午之内就分出来了，热那亚军最后的一丝希望也化为泡影。

最后皮耶托·多利亚自暴自弃地提剑带领士兵们向基奥贾作最后的冲锋，他被威尼斯的大炮击毙，没有留下完整尸首。在司令官战死后，潟湖内的热那亚残军于1380年6月24日投降，结束了将近一年的基奥贾战役，威尼斯海军取得了胜利。

威尼斯人扣押了4000余名热那亚战俘，挟战胜之威砸钱雇用欧陆各地佣兵击溃了帕多瓦军、匈牙利军，并派遣舰队扫荡亚得里亚海上残存的热那亚舰队。足智多谋的维托·比萨尼于1380年8月13日不幸战死于海上遭遇战，时年56岁。

卡罗·詹诺接替了比萨尼的位置，他带领舰队消灭了大半热那亚海军，并开往西地中海持续给热那亚施加压力。威尼斯暗中的盟友米兰大公也展开了行动，米兰威胁热那亚若不停战，则将出兵热那亚；在帕多瓦和匈牙利败退，全国损失六成以上的舰艇和海军兵员，多利亚兄弟战死，背后又出现了米兰威胁的绝境下，热那亚不得不接受战败的现实。

米兰委托关系良好的萨伏依伯国进行调停，威尼斯与热那亚派出特使，在萨伏依境内的都灵进行和谈。大出热那亚人的意料之外，威尼斯提出了相当宽大的，甚至可以说是自杀性的退让条件，来取得一个立即有效的和平协议。

基奥贾海战使威尼斯摧毁了热那亚及其联盟的海上势力，取得了地中海的制海权，同时也为后来的《都灵和约》打下了基础。

《都灵和约》乍看之下对威尼斯不利，但它结束了威尼斯与热那亚之间长期的战争。因此，对热那亚来说，这最多只能算是惨胜而已，热那亚的舰队受到了严重的损失，之后再也没有完全重建回来，而且热那亚本身也陷入了与其他城邦的战争及内乱当中。而威尼斯则是在之后数十年间收复了失土，且更重要的是，威尼斯独占了地中海的贸易，并利用其利益来壮大自己。

《都灵和约》分为四个独立的部分。其中规定：

在威尼斯与匈牙利的条约中，威尼斯每年需付7000金币给匈牙利。

而匈牙利则是不许让船只在流入亚得里亚海的河流上行驶，达尔马提亚的商人不许向威尼斯购买超过35 000金币的货物；忒涅多斯岛交由萨伏依伯国托管，并赶走上面的居民，威尼斯承诺不支持塞浦路斯。

威尼斯与帕多瓦的条约中要求双方必须交出占领的领土。而威尼斯与第里雅斯特的条约则是第里雅斯特可以付出贡金换取自由。

君士坦丁堡海战
奥斯曼帝国与东罗马帝国的对峙

古代海战

1453年，奥斯曼帝国发起灭亡东罗马帝国（也称拜占庭帝国）的攻城战，此战是当时比较典型的一次要塞攻防战，也是世界历史上一次令人震撼的战役。

1453年初，奥斯曼帝国苏丹穆罕默德二世亲率步兵7万多，骑兵2万多，战舰320艘，从海陆两面包围并企图占领君士坦丁堡，彻底灭亡拜占庭帝国。

君士坦丁堡位于博斯普鲁斯海峡西岸的一个海岬上，整个城市呈三角形，北面是金角湾，南面是马尔马拉海，沿海地区筑有防御工事，金角湾有两层城墙。城外是一条深30多米的壕沟。城内驻军仅9000人左右，海上有一支由20多艘大帆船组成的舰队。

4月6日，奥斯曼帝国军队在穆罕默德二世的率领下，在博斯普鲁斯海峡和金角湾之间铺设一条长1.5千米的圆木滑行道，将80艘轻便帆船拖上海峡岸边，用人、畜和滑车拉过山头，再从斜坡上滑进金角湾。又在金角湾最窄处架设浮桥，在桥上配置了火炮。

5月29日，奥斯曼帝国军队从海陆两面对君士坦丁堡发起总攻，一面在金角湾用火炮破坏防御工事和袭击防守船只；在西面，指挥数万军队用火炮、攻城锤和投石器猛烈攻击城墙，从多处突入城堡。

君士坦丁堡军民在皇帝君士坦丁

▲ [苏丹穆罕默德二世]

奥斯曼帝国第七代君主，被称为"征服者"、"两地两海的主人"。是一位典型的马上帝王，在位期间进行了26次远征，最大的成绩是1453年攻陷了君士坦丁堡，终结了千余年之久的拜占庭帝国。

非凡海洋大系 影响历史的海战

◀ [君士坦丁十一世]

君士坦丁十一世帕里奥洛格斯，是拜占庭帝国的最后一位皇帝。君士坦丁十一世出生于拜占庭帝国首都君士坦丁堡，是曼努埃尔二世皇帝的10个孩子中的第八个，约翰八世的弟弟。他的童年大部分时间在君士坦丁堡度过，在父母的监管中生活。早年曾为拜占庭帝国希腊伯罗奔尼撒半岛莫雷亚的领主，在1437年至1439年间，君士坦丁十一世在首都担任摄政。他在1443年入侵雅典大公国，迫使佛罗伦萨公爵缴付赔款，然而他的胜利并不长久，奥斯曼人很快干预并把他的军队逐回莫雷亚半岛。1448年他回到君士坦丁堡即位，但是这时已经无力回天。

十一世帕里奥洛格斯率领下浴血奋战，誓死保卫城堡，但终因寡不敌众，弹尽粮绝，城堡最后陷落，延续了上千年的拜占庭帝国至此灭亡。

君士坦丁堡是一个古希腊城市，也为现今土耳其伊斯坦布尔的旧名，相传是从墨伽拉来的殖民者于公元前667年建立的。

1453年5月，奥斯曼帝国军队攻入君士坦丁堡。从这年起，君士坦丁堡改名为伊斯坦布尔。不久，奥斯曼人迁都于此。

君士坦丁堡虽已改称伊斯坦布尔，但西方仍有不少人习惯称之为君士坦丁堡，这样就形成了交错相称的情况，但正式名称应该是伊斯坦布尔。

▲ [战火留下的君士坦丁堡古城墙]

48 | 古代海战

第乌海战
18 艘打败 2000 艘的海战

第乌海战是葡萄牙与埃及（由马穆鲁克苏丹王朝、赞默林王朝和古加拉苏丹王朝三支部队组成）、奥斯曼帝国的联合舰队之间爆发的海战。经过此战，让世界知道了葡萄牙。

葡萄牙人在海上的活动日益活跃，东、西方交易基地从地中海移到了大西洋沿岸，这严重影响了威尼斯商人和奥斯曼君主的利益，他们决定要好好教训一下葡萄牙人，这使葡萄牙人新建立的殖民地岌岌可危。

在 1505 年，应航海家达·迦马的建议，葡萄牙国王派出一支船队，以加强在东非和印度新建立的殖民地，由堂·弗朗西斯哥·德·阿尔梅达任指挥官。

双方兵力

葡萄牙舰队由阿尔梅达率领，拥有 18 艘船、1800 名葡萄牙战士和 400 名印度科钦土兵。他们的船有四根桅杆，上面挂三角帆及横帆，这样能使船的动力更强，可在顺风和逆风中快速行驶。他们在船上的多层甲板上安放了重型火炮，侧舷两头也安装了许多火炮，有娴熟的炮手操纵，并且葡萄牙人的战船坚固异常、功能优良，小型船舶根本不是它的对手。

▲ [达·伽马]
瓦斯科·达·伽马（约公元 1460—1524 年），开辟西欧直达印度海路的葡萄牙航海家，早期殖民主义者。他是从欧洲绕好望角到印度航海路线的开拓者。生于葡萄牙锡尼什，卒于印度科钦。青年时代参加过葡萄牙与西班牙的战争，后到葡萄牙宫廷任职。

由马穆鲁克苏丹王朝、卡利卡特的赞默林王朝、古加拉苏丹王朝以及奥斯曼帝国组成的联合舰队有船 2000 艘，战士 20 000 名，但其中只有 12 艘大船，其他的都是单桅帆船。联合舰队在数量上占绝对优势，信心满满地要把葡萄牙人完全干趴下。

战争结果

1508 年，阿尔梅达率领舰队，跨过印度洋抵达印度的第乌城，与联合舰队相遇了。

战役打响后，阿尔梅达将 18 艘战船

非凡海洋大系 影响历史的海战

▲ [1729年刻板画《第乌城》]

首尾相连排成一排，形成坚不可摧的海上堡垒。

联合舰队利用数量优势，扑向葡萄牙人，葡萄牙人的18艘船则一起发射火炮，将联合舰队的小舟纷纷击沉。

最终，联合舰队伤亡过半，只能撤退，而葡萄牙人只有几十人受伤，从此阿拉伯人丧失了在印度洋的制海权，印度洋沿岸的东非、阿拉伯半岛、印度等区域先后被葡萄牙、荷兰、法国和英国殖民。此战也掀开了风帆炮舰的新时代。

▲ [马穆鲁克的骑兵]

马穆鲁克的原意是"奴隶"，因为音译的不同，也被译为"马木留克"，马穆鲁克是中世纪服务于阿拉伯哈里发的奴隶兵，奥斯曼帝国时期，马穆鲁克建立的埃及马穆鲁克王朝长期与奥斯曼帝国为敌，直到1517年被奥斯曼帝国苏丹塞利姆一世击败。

在世界海战历史中，第乌海战只是一次规模不大的战役，但是此战的意义却是重大的。此战对东方国家落入被侵略的命运起了决定性的作用。

加莱海战

无敌舰队的失败

英西加莱海战也被称为格拉沃利讷海战，是英西战争的组成部分。该事件最重要的影响之一是，无敌舰队的失败被视为上帝支持英国新教改革的一个标志。西班牙此役后不得不暂时放弃在英国沿岸登陆的企图。英国舰队由于这次胜利，打破了西葡帝国在大西洋上的制海权，从而能对西班牙沿岸进行劫掠性的侵袭，英国开始掌握主动权。

1559年1月15日，伊丽莎白一世加冕为英国女王后，英国通过圈地运动、血腥立法、海外掠夺，特别是把海外贸易与赤裸裸的海盗行为结合在一起，获得了迅速发展，同时有着强烈的向外扩张欲望。

16世纪，封建的军事殖民帝国西班牙在西半球不可一世，垄断了许多地区的贸易，其殖民势力范围遍及欧、美、非、亚四大洲。据统计，公元1545—1560年间，西班牙海军从海外运回的黄金达5500千克，白银达24.6万千克。到16世纪末，世界贵重金属开采中的83%为西班牙所得。为了保障其海上交通线和其在海外的利益，西班牙建立了一支拥有100多艘战舰、3000余门大炮、数以万计士兵的强大海上舰队。

英国的扩张，势必同西班牙发生矛盾。当时英国的海上实力并不强大，难以与西班牙海上舰队相匹敌，只能靠海盗头子德雷克、豪金斯和雷利等组织的海盗集团在海上袭击、拦劫西班牙运载金银的船只，进行海盗活动。而腓力二世却拥有一支庞大的舰队——"无敌舰队"。

为了消灭英国这个竞争对手，腓力二世扩编了"无敌舰队"，由梅迪纳·西多尼亚公爵担任舰队总指挥。这支庞大的舰队由重型军舰和其他类型舰船128艘、火炮近3000门以及2万多名精锐的

▲ [弗朗西斯·德雷克]

德雷克拥有"海上魔王"之称，他同时也是一个极富争议性的人物，既是一名贵族，被授予英格兰勋爵，又是一个横行无忌的海盗，打破了西班牙控制大西洋的局面。而德雷克海峡，就是由他发现并以他名字命名的。

古代海战 | 51

非凡海洋大系 影响历史的海战

▶ [伊丽莎白一世]

伊丽莎白一世小时候亲眼看见自己的母亲被父王亨利八世处死,因而对婚姻心怀恐惧,甚至有点心理变态。国外的王子向她求婚都会被骗到英国处死。因为她觉得那些人并不是真的爱她,而是奔着英国的王位来的。最后女王终身未嫁,是英国历史上著名的"童贞女王"。

伊丽莎白一世女王在450多年前就卖过"爱国奖券",可算是奖券领域的鼻祖了。当时英国财政吃紧,有好几个港口需要整修,要加税得通过国会这一关,要有钱人捐输又做不到。为了筹措财源,女王就叫史宾赛爵士筹划卖奖券。不过,奖券卖得不好,所以后来就停办了。

水兵编成。

1558年5月,"无敌舰队"预定驶往敦刻尔克,舰队先装载了西班牙驻在尼德兰的军队,然后驶往距伦敦不远的泰晤士河河口,企图让搭载的海军陆战队登陆,直逼伦敦。

为了反击西班牙海军舰队和陆战队,保卫伦敦,英国立即着手建立了一支大型舰队,由德高望重的海军总司令霍华德海军上将亲自指挥。这支舰队由各型军舰和运输舰197艘以及火炮6500门编成。舰上人员大部分是英国各城市委派来的海盗和长期从事海上贸易的经商人员。全体水手都曾经在商船或渔船上有过良好的航海训练,并且经常参与海上掠夺西班牙船只。一些有名的航海家和大海盗头子都加入了舰队。另外,英国舰队使用的舰船轻巧、灵便,无论航海性能还是战斗性能都普遍优于自己的对手。英国的作战企图是:避免全面海战和大规模交手,而要在西班牙大舰队的翼侧和后方积极出动,连续不断地攻击其分舰队或单只军舰。

与此相反,西班牙舰队的战船体大笨重,船身像楼宇一样高耸,航行极不灵活。西班牙还死死抱住传统的接舷战术不放,仍然准备采用横阵战术,实施接舷肉搏。"无敌舰队"各战船上装备的火炮数量虽少,但其重量也不轻,每门炮的弹丸重量要比英军的重约3千克。另外,西班牙舰上装的大多是笨重的火炮,只有少部分是中等射程的加农炮及阻击敌军登船的轻型武器。而英海军的大部分火炮射程都较远。总之,西班牙"无敌舰队"在打击力量方面占有优势,而英国舰队则在战舰的机动性和射程方面压倒对方。

1588年5月,"无敌舰队"在梅迪纳·西

> 对于西班牙来说，自然不允许其他国家分享他来自殖民地的利益。
>
> 而西班牙国王腓力二世起初勾结英国天主教势力，企图把信奉天主教而流落在英国的苏格兰女王玛丽扶上英国王位。当英国的天主教徒在西班牙的怂恿下谋刺伊丽莎白一世而另立玛丽时，伊丽莎白一世趁机处死了玛丽。腓力二世谋算不成，就只能用武力征服英国。

多尼亚公爵的率领下，从里斯本起锚出航。英国舰队在霍华德海军上将的率领下，也于6月24日登上征程。

7月20日，英国舰队与"无敌舰队"在艾地斯东和孚威之间的海面相遇。由于距离不是很近，所以一整天的时间，西班牙人都不曾发现英国舰队已经悄悄地逼近了。

第二天，西班牙"无敌舰队"才有所察觉，并开始调整阵容。西多尼亚立即命令长蛇般的各分舰队，拉开作战的架势。月亮升起来了，高高地挂在天空，"无敌舰队"还在紧张地调整部署。明亮的月光将"无敌舰队"的位置和行动清楚地暴露给了英国舰队。突然，8艘英国军舰从普里茅斯港口驶出，向"无敌舰队"左舷侧疾驰而来。西班牙人认为，这是英国舰队主力的前卫，大军还在后面。其实，霍华德已经率领50多艘舰船，顺风向艾地斯东以西驶来，距离"无敌舰队"很近了，只是由于黎明前的黑暗，"无敌舰队"竟然没有发现任何可疑现象。

次日拂晓，西多尼亚才发现大批英国舰船摆在对面，并开始准备攻击了，而自己正处于逆风的位置，这个不利态势让西多尼亚惊呆了，他不得不马上升起王室的旗帜，发出全面准备战斗的紧急信号。

英军占尽"天时"和"地利"的有利条件，即顺风而行，因而首先赢得了主动权。它们列成纵队，一面向前行驶，一面开炮射击。其炮火的猛烈程度是海战史上前所未有的。猛烈的炮火使"无敌舰队"的一些舰船完全丧失了战斗能力，一部分舰船长官已经感到心惊胆战，舰队的军心开始动摇。恐惧的心理状态，使"无敌舰队"根本无法进行有力的还击，因而渐渐感到支持不住。这次战斗，是两国舰队之间第一次正式交手，"无敌舰队"便在精神上受到巨大的冲击。就连总指挥西多尼亚也承认："敌人的舰只轻快而灵活，对它们真有无可奈何之感。"

遭受重大打击的"无敌舰队"企图驶往维特岛，建立前进基地。而英国舰队始终咬着"无敌舰队"，双方激战不休，互有损失。26日黄昏，西班牙"无敌舰队"残部抵达加莱附近海域，在加莱与格里斯尼兹岗之间投锚，英国舰队也已经赶来。鉴于"无敌舰队"弹药空虚，英国舰队便大胆地在敌舰长炮射程之内投锚，甚至一些英国舰只出入到敌舰轻武器射程的边缘线上，穿来穿去，随心所欲，而西多尼亚却无可奈何。此刻，西班牙"无敌舰队"只能祈望神灵的出现来阻止英国人的攻击。西多尼亚公爵一筹莫展，

古代海战

不知该采取什么对策时，一场更大的灾难又降临到西班牙"无敌舰队"残部头上。

28日晚，8艘英国火船顺流而下，向西班牙舰队锚地迅速漂去。这些火船像一条条火龙直撞西班牙战船，顿时，熊熊烈火笼罩了"无敌舰队"，到处浓烟滚滚、火光冲天。西多尼亚公爵本来就不熟悉水战，这下更慌了手脚，慌乱中又下达了"砍断锚索"的错误命令。他原意是想使舰队中各船拉开距离，躲过火船，然后再集结各船。谁料，这个错误的决定使部下更加恐慌，急忙择路逃命，整个舰队乱作一团。一些木壳船被大火点燃。在混乱中，许多船只由于只顾夺路奔逃，结果相互碰撞，甚至互相打了起来，全舰队开始溃散。

好不容易躲过了火船，扑灭了大火，西多尼亚命令所属各分舰队向加莱集中，但只有少数舰只执行了他的命令，大多数舰船损毁严重，由于刚才砍去两只锚，只靠剩下的一只铁锚已经系留不住，于是沿海岸向东北方向漂去。西多尼亚无可奈何，只好带领旗舰，随着大多数舰只漂流而去。其时，英舰队各船上的弹药已剩不多，西班牙舰队各船的弹药更是所剩无几。

此时发生的情况，霍华德观察得清清楚楚，狡猾善变的德雷克见状没有草率收兵，"无敌舰队"正以杂乱无章的队形驶向敦刻尔克方向，这样它就没有可能再回到加莱了。霍华德立即命令舰队全速追击。在高速航行中，英国舰队

▲ [西班牙国王腓力二世]

腓力二世的执政时期是西班牙历史上最强盛的时代。在腓力二世统治下，西班牙的国力达到巅峰，历史学家常认为这段时间为哈布斯堡王朝称霸欧洲时期。腓力二世雄心勃勃，试图维持一个天主教大帝国，但最终未能成功。

与"无敌舰队"的距离逐渐缩短。考虑到自己的弹药也不是十分充足，霍华德命令舰队尽量靠近敌人，在保证弹无虚发、全部命中的最近距离上，开始实施炮击。此时，"无敌舰队"已经没有弹药储备了，英国舰队抓住他们这个弱点，连续不断地向敌舰发射大大小小各种炮弹。"无敌舰队"只有后退，而无招架之功。

第二天上午9时，双方舰队在格南费里尼斯角接火。英国舰队紧追不舍，步步紧逼，而"无敌舰队"各舰彼此距离拉得更大了，秩序也更加混乱。英国舰队的各式舰载火炮巧妙配合，相互支援，打得有章有法。海战一直持续到下午6时，突然风向转变，霍华德及时命

令舰队摆脱战斗,"无敌舰队"乘此机会,退出英吉利海峡。

在整整一个星期的交战中,"无敌舰队"耗费了10万多发大型炮弹,而英国舰队却无一艘舰只遭到重创,只是阵亡了1名舰长和20余名水手。与此相反,仅仅格南费里尼斯一战,"无敌舰队"即死伤1400余人。

8月7日,"无敌舰队"停泊在加莱附近。子夜时分,英国舰队追赶上来,并展开了强大的攻势。"无敌舰队"为躲避英国舰队的攻击,仓皇撤离作战区域。

8月8日,在格拉夫林子午线上,英国舰队又紧逼"无敌舰队"的50多艘军舰,以优势的兵力发起了攻击。这一次遭遇战,"无敌舰队"被击沉16艘军舰,而英国军舰虽有一些创伤,但无一艘被击沉。

惶恐不安的西多尼亚集中起"无敌舰队"的残余舰只,从北面绕过不列颠群岛向西班牙驶去。英国舰队取得了胜利,但由于一些舰船受创,加之弹药严重不足,霍华德命令停止追击。

"无敌舰队"向西班牙返航的途中损失极大。由于加莱海战中许多舰船被英军击沉、击伤,水兵侥幸逃上岸后,绝大部分又被英军剿杀;有一些舰船虽然未被重创,但其乘员因受伤、饥饿和断水等原因,死亡者数以千计;另有一些残余舰只在苏格兰海岸附近被狂风恶浪打散,英军仅仅在爱尔兰西海岸就生

▲ [加莱海战英国战船上装备的火炮]

据悉,从16世纪沉没的英国战舰"伊丽莎白"号上发现的沉船大炮可被誉为英国第一种"大规模杀伤性武器",是当年大不列颠夺取海上霸权的最好见证。虽然这几门16世纪的沉船大炮模样都十分原始,但却证明了伊丽莎白时代英国海上军力之强。这种大炮发射的炮弹能以接近音速的速度飞行,其打击力度足以击穿敌人100码以外大型帆船上的实心橡木船板。

考古学家称,这种大炮是从一艘名为"伊丽莎白"号、于1592年沉没的英国战舰上发现的;它不仅装备有铸铁打造的枪械,就连使用的弹药也是高标准的。牛津大学海洋考古学家曼森·邦德说:"以前从没有测试过这一时期的这一种类的枪械,并且结果让我们感到十分惊讶。大炮测试显示,这种炮的炮弹出膛速度近乎完美,能够达到接近音速;并且打出的炮弹能轻易击穿4英寸的实心橡木。"

伊丽莎白一世时代的英国海军建立了统一规格的大炮,这些大炮能同时发射杀伤力极强的排炮。即便在200年之后,纳尔逊将军在海战中仍然在使用这种大炮。伊丽莎白一世时代的英国海军实现了人类在海上作战的飞跃,并使英国的海上作战能力大大超越了当时其他海上强国。

俘了5000多名被海浪涌到该处的西班牙水兵。

西班牙"无敌舰队"在加莱海战的失败,严重削弱了西班牙的海上战力,此后,西班牙被迫放弃了在英国沿海登陆,入侵英国本土的企图。英国舰队则由于赢得了这次海战的全胜,夺取了大西洋上的制海权,从而能够有力地对西班牙沿海进行掠夺性的侵袭,并为以后争夺西班牙在美洲的殖民地打下了基础。

勒班陀海战

奥斯曼帝国舰队与基督教联合舰队的较量

1571年，在奥斯曼帝国的强大海军向欧洲发起进攻时，由西班牙殖民帝国、罗马教廷和威尼斯组成的基督教联合舰队与奥斯曼帝国舰队在勒班陀海角发生了一场大战。最终奥斯曼帝国海军损失惨重，彻底失去了进军欧洲的能力，这场战役与查理曼大帝抵御摩尔人的多尔城战役并称为保卫天主教的两大战役。

勒班陀海战标志着桨船时代的结束，以及风帆战船和舰炮时代的到来。

基督教联合舰队与奥斯曼帝国舰队战前准备

基督教联合舰队司令由唐·胡安担任，他是西班牙国王腓力二世的异母兄弟，在24岁时已是一个在陆地和海上有着丰富成功经验的将领。

基督教联合舰队约有200艘桨帆战舰，多半来自威尼斯和西班牙，少部分是教皇的和热那亚、萨吾伊和马耳他的。

▶ [唐·胡安画像]

唐·胡安（唐·约翰或唐·璜）是西班牙国王卡洛斯一世和芭芭拉·布隆伯格的私生子。刚出生就被交给一个巴塞罗那贵族抚养。1559年腓力二世带他第一次与隐居的父皇见面，赐名奥地利的唐·胡安，算是认祖归宗。西班牙帝国全盛时期的将军。1571年领导西班牙无敌舰队取得勒班陀海战胜利。1578年1月在布拉奔大胜革命军，几乎全歼了尼德兰军队。同年10月，因染病死于尼德兰让布卢郊外。

钉爪吊桥

▲ [桨帆战舰]

非凡海洋大系 影响历史的海战

古代海战

海上人员共有 4.4 万,包括桨手和 2.8 万名士兵,三分之二的供应由西班牙供给。

奥斯曼帝国的舰队由阿里·巴夏指挥,大约有 250 艘桨帆战舰,5 万名水手和 2.5 万名士兵。

当时作战的大型桨帆战舰是狭长形的平底船只,与古希腊和罗马时代的战舰差不多。但在过去安装撞角的水线上方,安装了一个 5.5 米长的钉爪吊桥。

许多基督教联合舰队士兵装备有火绳枪,这种枪是滑膛枪的前身,而土耳其人此时仍用弓箭。所有的桨帆战舰都装有火炮。威尼斯人带来 6 艘加莱赛船,这种船虽然行动迟缓但在甲板上和舷侧均装有火炮。

唐·胡安奋勇冲杀并杀死了阿里·巴夏

有经验的海军将领都知道,桨帆战舰海战风险极大——风向稍微改变,或

▲ [火绳枪]

火绳枪就是靠燃烧的火绳来点燃火药,故名火绳枪。火绳枪在火器发展史上具有里程碑的意义,是现代步枪的直接原型。火绳枪的出现也改变了战争的形态,伴随着火绳枪的发展,人类的战争从冷兵器进入到热兵器时代。

者一个小小的错误,都可能让整个舰队侧边朝上,毁于一旦。

1571 年 9 月中旬,基督教联合舰队从墨西拿海峡出发,渡海来到希腊海岸,在勒班陀附近展开。他们已知道土耳其人在那里调动了舰队准备战斗。

◀ [重型堡垒战舰]

这种堡垒战舰除了前方,侧面也装备了大炮,故能向各个方向开火。但这种漂浮的枪炮平台行动特别慢,所以必须把它们拖到适当的位置,列于其他船只前面。

古代海战

非凡海洋大系 影响历史的海战

10月7日早上，基督教联合舰队的监视哨观察到阿里·巴夏的分舰队正在进入帕特拉斯湾，专门等待对方进入自己的杀伤范围。

唐·胡安对古老的海战形式进行了改革，专门安排重型堡垒战舰行进在分舰队的前面。当奥斯曼人的舰只向前推进时，他们必须绕过这些浮动堡垒。这些堡垒舰则可以用舷炮猛击敌人。

双方的战阵靠近以后，火炮就开始射击。但每艘舰上的前炮仅发射了两至三发，战斗就变成了短兵相接的混战。特别是在中路，双方使用撞角撞击，钩爪钩住敌船，强行登上对方的舰船，在甲板上进行厮杀。

经过4小时激战。奥斯曼帝国舰队惨败，阿里·巴夏及3万名将士战死，8000人被俘，损失舰船230艘。基督教联合舰队损失将士1.5万人、舰船13艘。勒班陀海战后，奥斯曼帝国海军遭到毁灭性的打击，本来拥有约300艘战船的奥斯曼帝国舰队只剩下百余艘战船，其中很多受到重创。

基督教联合舰队虽然获胜，但由于同盟国家互不协调，未能把奥斯曼帝国势力逐出东地中海。奥斯曼帝国只是暂时失去了地中海的海上霸权。之后土耳其人只用了一冬季便重建了舰队，而且舰船数量比战前还有增加。

在这次战役后，人们发现以风帆作动力的战船更具机动力，更适合用于作战；此外，人们也发现火器的使用在海上战争中越来越重要。这使得欧洲的帆船开始出现改变及发展，更逐渐开发出以火炮为主力武器的战术，影响了日后海上战争的发展。

> 勒班陀海战前夕传来法马古斯塔被攻克，塞浦路斯已全境沦陷的消息，奥斯曼人把所有守军都残忍处死或卖做奴隶，基督教堂被毁，坟墓也被刨开洗劫，这些骇人听闻的新闻更加激发了基督教联合军队的斗志。

▶ [勒班陀战役 - 油画]
此画是西班牙画家胡安·卢纳的代表作，完成于1887年。色彩丰富，表现的是西班牙人的英勇，在画面左上角全身盔甲的就是指挥官唐·胡安。

露梁海战

中朝联手灭倭寇

丰臣秀吉结束了日本群雄割据的战国时代，统一全国，继而制定了征服朝鲜、吞并中国、迁都北京的侵略计划，露梁海战便是发生在其侵略朝鲜期间的最后一场战争。1598年，丰臣秀吉病死后，完全掌握制海权的中朝联军，决定在朝鲜半岛以西海域设伏，打击或全歼日本撤退部队。

露梁海战，是发生于公元16世纪末的一场海战，是朝鲜壬辰卫国战争最后的一场海战，交战双方为明朝与朝鲜联军和日本军队的岛津立花一部。

丰臣秀吉发动了侵朝战争

明万历年间，也即日本文禄元年（1592年）正月，丰臣秀吉突然发布出兵朝鲜的命令。丰臣秀吉的野心不止于朝鲜，他最终的目的是要征服明朝，甚至想要将帝国的版图扩大到印度、东南亚。万历二十年（1592年）4月13日，

▲ [大阪城内丰臣秀吉塑像]

木下秀吉即丰臣秀吉。丰臣秀吉（天文六年二月六日—庆长三年八月十八日，即1537年3月17日—1598年9月18日）是日本战国时代、安土桃山时代大名、封建领主，继室町幕府之后，近代首次统一日本的日本战国三英杰之一。原姓木下，之后将丹羽长秀和柴田胜家的名字各取一字并改姓羽柴。他是1590—1598年期间日本的实际统治者，担任关白，后担任太政大臣，获赐氏姓丰臣，被称为"太阁"。

◀ [朝鲜国王李昖]

朝鲜纯祖李昖，出生于1790年，在其父亲正祖离世之后，便成为朝鲜的君主。

古代海战 | 59

非凡海洋大系 影响历史的海战

> 明朝与朝鲜联军指挥官分别为：陈璘（中国）、邓子龙（中国）、李舜臣（朝鲜）。日军指挥官：小西行长、岛津义弘等。战争结果以中朝联军获胜而结束。

丰臣秀吉发动了侵朝战争，日本侵略军乘大小舰船700余艘，由对马岛渡海，翌日晨在釜山登陆，分北、南、中三路发起进攻。朝鲜国王李昖遣使向明朝求援，明朝廷决定发兵援朝抗日。

1592年12月23日，李如松率领明军入朝参战，侵朝日军被压缩在东南沿海的顺天、泗川、南海一带。1598年8月，丰臣秀吉病死，遗命军队从朝鲜撤军。

双方战斗力悬殊

中朝联合水师在露梁海面以800艘战船包围500艘日本战船；日本战船以体型较小的关船居多，另有一部分体型较大的安宅船。构造简单，性能较差。装备的武器为铳（即原始的滑膛枪炮）、枪、弓矢、倭刀等。而中朝联合水师，战船的种类有福船、楼船、栢槽、沙船、苍船、铜绞艄、海舫、八喇虎等。战船的武器精良，除弓、弩、刀枪、矛等冷兵器外，还有大量火器，如佛郎机炮、虎蹲炮等。据史料记载，当时明军火炮的射程最远可达3000米，而日军的只有100～200米。

▲ [明朝指挥官陈璘]

陈璘（1532年1月27日至1607年），一说出生于1536年或1543年，字朝爵，号龙崖，韶州翁源县（今广东省韶关市翁源县）人，明朝将领、抗倭英雄。

陈璘先于嘉靖末年屡平广东贼兵，万历二十六年（1598年），陈璘出征朝鲜，于露梁海战中痛击日军，大败石曼子（岛津义弘），立下援朝第一功。万历二十八年（1600年），参与播州之役，先击破杨栋梁军，后歼灭四牌、七牌贼军，攻破青龙囤，致使杨应龙自焚。晚年又平定苗民，为边境治安立下功勋。

万历三十五年（1607年）死后，赠太子太保，荫封为百户。

▲ [朝鲜指挥官李舜臣]

公元1577年，34岁的李舜臣武举登科，自此开始军旅生涯。他刚直不阿、一生忧国忧民，追求正义，47岁任全罗左道水军节度使（朝鲜王国皇家海军全罗左道舰队司令）后，积极操练水军，构筑防御阵地，并创建了铁甲战舰"龟船"，防范倭寇的进犯，最后在露梁海战中不幸中弹牺牲。

▸ [楼船]

楼船是一种具有多层建筑和攻防设施的大型战船，外观似楼，故曰楼船。汉代大型战舰"楼船"高十余丈。三国时东吴建成五层战船，可载兵3000人，到明代水军已经广泛使用这种舰船。楼船不仅外观巍峨威武，而且船上列矛戈，树旗帜，戒备森严，攻守得力，宛如水上堡垒。

▸ [佛郎机炮]

佛郎机炮是15世纪后期至16世纪初期流行于欧洲的一种火炮，佛郎机炮来源于15世纪的鹰炮。整炮由三部分组成：炮管、炮腹、子炮。开炮时先将火药弹丸填入子炮中，然后把子炮装入炮腹中，引燃子炮火门进行射击。佛郎机炮，能连续开火，弹出如火蛇，又被称为速射炮。当时是由葡萄牙人传入中国的，明代称葡萄牙为佛郎机，所以就将此炮命名为佛郎机炮。

截杀日本退兵

1598年11月，日军由蔚山出逃，明军分道进击。就在日军将领加藤清正撤退之时，提督水师陈璘派遣副将邓子龙偕同朝鲜名将李舜臣联合出击，在露梁海上截击想援救小西行长的日军援军。

邓子龙年逾七十，仍然意气风发，率三巨舰向日军进攻，并自为前锋，与日军决战，杀伤无数，但其他战舰却误掷火器于邓子龙的战舰，使战舰起火，结果邓子龙无路可退，壮烈牺牲。李舜臣领兵来援，率龟甲船冲入敌阵，也不幸身中流弹而亡，其侄子李莞手持军旗继续战斗。随后副将陈蚕、季金等领军赶至，夹击日军，日军则因为成功让小西行长脱困而且战且退，而得以逃脱登岸的日军又被明军歼灭，大批日军焚溺而亡。此时明军夹攻小西行长，并夺取桥寨，陈璘率领舰队一同攻击，焚烧日战舰百余艘，同时击退了日军救援舰队。此战日军死伤惨重，大败而归。

中国明朝派出军队抗日援朝，取得露梁海战胜利。这次战役给侵朝日军以歼灭性重大打击，对战后朝鲜200年和平局面的形成起了重要的作用。

▸ [虎蹲炮]

为了便于射击，把炮摆成一个固定的姿势，很像猛虎蹲坐的样子，故得名。虎蹲炮射程500米左右，虽然不远，但轻便灵活，适用于山地作战，可以大仰角发射和大量装备基层部队，与现代的迫击炮有异曲同工之妙。

非凡海洋大系 影响历史的海战

玉浦海战
阻击丰臣秀吉的野心

丰臣秀吉的野心伴随着入侵朝鲜而愈见增长，玉浦海战是朝日之间的一次水上战役，朝鲜水军大败日本水军，打破了日军无敌的神话。

丰臣秀吉的侵略军在入侵朝鲜时，在大明帝国的援朝军到来之前，并未受到多少抵抗，但这不包括朝鲜将领李舜臣的海军。

1592年5月4日，当时的朝鲜全罗道左水使李舜臣，统率75艘舰船驶出全罗南道丽水港，准备对日军发动进攻。

▲ [李舜臣]

李舜臣字汝谐，号德水。朝鲜京畿开丰（今朝鲜半岛开城）人，李氏朝鲜时期名将，为抵抗日本入侵立下汗马功劳。

日军则派藤堂高虎率领50艘木制战船迎战。5月7日，朝鲜水师偷袭日军，日军被杀个措手不及。一轮激战过后，日军损失惨重，被朝鲜水师消灭了26艘战船，剩下的舰船只得仓皇逃跑。李舜臣继而在合浦、赤珍浦海面再歼灭余下的日军。

5月9日，这场海战最终结束。从此朝鲜水师掌握了制海权。玉浦海战中朝鲜水师共歼灭日舰44艘，而日军伤亡则不计其数，相对而言，朝鲜水师只是伤亡了很少的兵力，舰船更是丝毫无损。

玉浦海战是壬辰战争爆发以来朝鲜军队的首场大捷，因此大大振奋了朝鲜军民抗敌的决心，并使日军输送兵力和粮食辎重至朝鲜半岛从此变得困难，因为日军在此战后丧失了大半制海权。

▲ [首尔战争纪念馆——复原龟船]

62　古代海战

金门料罗湾海战

驱红夷

在金门料罗湾海战中，明朝水师投入战船150多艘，士兵几万人，荷兰方面则投入了当时最强大的几艘带加农炮的战船，还有刘香的50多艘海盗船，最终明朝水师战胜了荷兰和刘香的联军。

明荷金门料罗湾海战发生于明朝崇祯六年（1633年），明朝水师对决荷兰东印度公司与海盗刘香的联军，明朝水师以郑芝龙为前锋，以绝对劣势兵力击败了兵力处于优势的荷兰与刘香联军。

1633年的荷兰，虽然还没有从西班牙的统治中独立，但航海和贸易已获得极大发展，已处于其历史上著名的"黄金时代"发端期。荷兰为夺占中国对外贸易权，禁止西班牙人、葡萄牙人介入与中国交易，打开与明政府的贸易通道，与明朝政府爆发冲突。荷兰海军方面共有9艘主力战舰，均为盖伦船，这是一种极为优秀的帆船，通常拥有两层或多层甲板。为了追求更强的火力，西方在船舶设计方面开始追求更大的船型。盖伦船则成为这一造船思想指导下的产物。舰队由普特曼斯指挥，此外还包括海盗刘香带来的50艘海盗船。

当时的英语中称中国战船为"junk"，被音译成"戎克船"。明军水师装备的是清一色的"戎克船"，足有50艘之多，此外还有将近100条满载着硫黄硝石和稻草等物的火船。

海战的起因是荷兰方面为夺占中国对外贸易权，禁止西班牙人、葡萄牙人介入与中国交易，荷兰方面认为以先进的大炮、性能优异的快速战舰击败中国十拿九稳。

▲ [郑芝龙]

郑芝龙活跃在东南沿海为海商兼海盗，以民间之力建立水师，周旋于东洋及西洋势力之间，明政府既无力剿灭郑芝龙，又为了利用这支海上势力与荷兰人抗衡，而多加招抚。

明代后期进口的红夷大炮是欧洲在16世纪初制造的一种舰载加农炮，明代后期传入中国，也称为红衣大炮。所谓"红夷"者，红毛荷兰与葡萄牙也。因此很多人认为红夷大炮是进口荷兰的，其实当时明朝将所有从西方进口的前装滑膛加农炮都称为红夷大炮，明朝官员往往在这些巨炮上盖以红布，所以讹为"红衣"。

非凡海洋大系 影响历史的海战

▲ [17世纪的加农炮]

加农炮的名称是从英文"cannon"音译而来的，原意是"长圆筒"。最早的加农炮起源于14世纪的欧洲。17世纪后，为了提高炮弹射出炮口时的初速和火炮射程，人们开始制造身管较长的火炮，并把这种火炮称为加农炮。

明崇祯六年（1633年），中国北方长年干旱、中原和东部发生数次特大地震、北方瘟疫流行。除江浙闽粤一带受灾影响后仍然恢复生产外，在北方，特别是李自成造反地区，部分灾区赤地千里、饿殍遍野，百姓吃树皮甚至饿死，以及因为饥饿而抢劫杀人、抢县衙时有发生。这是料罗湾海战时期的中国国情。

1633年10月22日黎明，得到可靠情报的明军水师主力150艘战船悄悄开到了金门岛南部的料罗湾口，在那里，正停泊着荷兰—刘香联合舰队的全部主力。当发现明军来袭时，荷刘舰队摆成一个荷兰战舰居中，海盗船四散策应的防御阵形，明军舰队则在料罗湾东南角展开，以郑芝龙部队为先锋，顺东风采取了两路突击、黑虎掏心的战术。按照事先布置，明军主力部队全部直奔荷兰舰队，只以辅助部队对付海盗船。同时，他们采用了荷兰人在欧洲战场从未见过的打法——火海战术。明军150艘战船中，只有50艘是炮舰，其余100条小船为清一色的火船，随着一声令下，在大船火炮掩护下，100条火船蜂拥而上搭钩点火。

欧洲人使用火船一般最多只有几条，荷兰人从来没有遭遇过这种火船铺天盖地蜂拥而上的场面。一阵喧嚣过后，参战的全部9艘荷兰大型战舰中，两艘刚一开战就被火船搭住焚毁，另外两艘则在炮战中被硬碰硬的击沉，此外又被俘一艘，其余几艘全部在受重创后逃走。刘香参战的50艘战船则全军覆没在料罗湾。

金门料罗湾海战是即将灭亡的明王朝与国力蒸蒸日上的荷兰之间进行的一场大海战。大明水师在船只、火炮都不如人的情况下，打败了装备精良的荷兰海军，此战也奠定了郑芝龙、郑成功父子称雄海洋的基础。战后凡航行在东亚地区的船只，都必须花钱购买郑芝龙的令旗，否则将被抢劫。而荷兰人也必须每年向明朝船队缴纳12万法郎的进贡，才可以保证在远东水域的安全。

64 古代海战

多佛尔海战

英国与荷兰的大战

多佛尔海峡由于重要的交通位置而成为多次海战的主战场，尤其是在英国与荷兰之间，由于海上霸权的转移，多佛尔海峡就成了众矢之的。

古代海战

多佛尔海峡是英吉利海峡最为狭窄的地方，从多佛尔海峡到法兰克的加来不过30千米，体力好的人甚至可以游泳横穿多佛尔海峡。这个海峡是交通枢纽，关系到英荷双方的国家命运，所以多佛尔海峡成为英荷双方首当其冲的战场。

英荷第一次多佛尔海战

1652年5月，英荷两国舰队首次在多佛尔海峡发生对峙。当时英国海军将领布莱克率领20多艘舰船在多佛尔海峡巡逻，正遇上荷兰海军上将特罗普，他正率领42艘荷兰战舰为商船护航。于是布莱克按照常规要求荷兰海军降军旗并向英国国旗致敬。

心高气傲的特罗普立即拒绝了布莱克。于是布莱克毫不客气地下令向荷兰战舰开炮，双方由此进行了一场持续4个多小时的炮战，荷兰损失了3艘战舰，布莱克的旗舰"詹姆斯"号中弹70余发。多佛尔海峡炮战发生后，双方随即于7月8日正式宣战。英国海军随后封锁了多佛尔海峡和北海，拦截荷兰商船；荷兰则开始组织舰队护航，双方由这种封锁反封锁的方式逐渐爆发一系列的海战。

不管此时战争的胜负如何，但英国

▶ [多佛尔海峡一角]
多佛尔海峡（又被称为加莱海峡）位于英吉利海峡的东部，介于英国和法国之间，是连接北海与大西洋的通道。此地海峡资源丰富，盛产鲱鱼、英国多佛白悬崖青鱼、比目鱼。矿藏有石油、天然气，它在历史上曾经对欧洲资本主义国家经济发展起过重大作用，有"银色航道"之称。

古代海战 | 65

▲ [1660年英国议会就《航海条例》在13个殖民地实施的辩论]

对荷兰的长期封锁，导致荷兰这个严重依赖海上贸易的国家几乎陷于崩溃的边缘。

英荷第二次多佛尔海战

1663年，英国组建了"皇家非洲公司"，开始向荷兰在非洲西岸的殖民地发起攻击，并于次年将荷兰人从这里驱逐出去，英国取代荷兰人开始了象牙、奴隶和黄金贸易。

1664年4月，英国派遣一支海军远征队占领了荷兰在北美的新阿姆斯特丹，并改名为纽约。

英国一系列的攻势终于激怒了荷兰人。1665年2月22日，荷兰正式向英国宣战。

> 英国一贯将多佛尔海峡视为领海，因此所有经过这个海峡的其他国家舰船都需要降旗以示尊重。

第二次英荷战争爆发时正值英国斯图亚特王朝复辟，1660年查理一世之子查理二世被立为国王。查理二世为了继续打击荷兰，颁布了一个更加富有进攻性的新《航海条例》，英国在海外向荷兰殖民地展开了新的攻势。但此时的英国海军在经历常年内战后，外债高筑，海军军费也屡遭拖欠，海军实际军费不及预算的2/3，导致士气低落、舰船保养不足，战斗力明显下滑。

相反，荷兰在第一次英荷战争中战败后，并没有一蹶不振，而是一直养精蓄锐，战争开始后，荷兰人的奇袭最终第一次英荷战争是英国走上世界霸权之路的起点。在这场战争中英国海军不仅战胜荷兰，迫使后者承认《航海条例》，更重要的是，为筹措军费采用的财政安排和融资手段是日后英国财政革命的先声。

导致英国惨败，1667年7月31日，两国签订了《布雷达和约》，英国重新放宽了《航海条例》，放弃了在荷属东印度群岛方面的权益，并归还了在战争期间抢占的荷属南美洲的苏里南。荷兰也做出了让步，承认英国拥有哈得孙河流域和新阿姆斯特丹，并承认西印度群岛为英国的势力范围。

英荷第三次多佛尔海战

第三次英荷战争最后发展成欧洲战争，共打了5场战役。法国、丹麦、瑞典、西班牙等国均被卷入战争。因此，第三次英荷战争已经不局限于海上，而是一场海上和陆地同时进行的战争。

英荷的三次战争中，荷兰虽弱但面对大国和强敌，表现得非常杰出，荷兰在军事上也并没有输掉战争，但是由于其国土太小，且人口少，根本无法与英国、法国、普鲁士等国家展开旷日持久的对抗，因此，荷兰在战后日渐衰落，英国在战争中获得霸权，而且凭借良好的工业经济基础，率先进行资本主义革命，在18世纪末逐渐取得世界霸主的地位。

▲ [恢复的17世纪的荷兰战船]

17世纪的荷兰战船，长度多在130、145、160阿姆斯特丹尺（1阿姆斯特丹尺＝28厘米）。可以搭载40门以上的火炮，其火药与火炮总重可达100吨。尤其是著名的"七省"号，建造于1665年，是当时荷兰舰队的主力舰，参加过多次海战。

英国为了支持海军，最早开始征收消费税的商品包括烟草、酒类以及丝绸和皮毛等进口奢侈品，其后扩展至肥皂、淀粉、纸张、盐、肉以及纺织品等普通生活用品。饱受批评的壁炉税和人头税也是英国人向荷兰人学来的。

詹姆斯一世的儿子查理一世统治时期，爆发了英国资产阶级革命，查理一世被推翻，英国成为没有国王和上议院的共和国。1660年，斯图亚特王朝复辟。詹姆斯二世企图在国内恢复天主教并迫害清教徒，引起广泛不满，导致"光荣革命"爆发，詹姆斯二世逃离英国。奥兰治亲王威廉和他的妻子玛丽（即威廉三世，1689—1702年在位；玛丽二世，1689—1694年在位）应邀前来统治英国。他们死后无嗣。根据英国国会于1701年通过的王位继承法，王位由詹姆斯二世的另一个女儿、玛丽的妹妹安妮继承（1702—1714年在位）。1714年安妮女王去世，亦无嗣。王位传给斯图亚特家的远亲汉诺威的乔治，即为乔治一世。

洛斯托夫特海战

荷兰的海上悲剧

洛斯托夫特海战是在第二次英荷战争期间，英荷双方舰队在英格兰东海岸外的洛斯托夫特展开的一场海战。这次海战中，纵火船起到了异乎寻常的作用。根据这次海战的经验，海上强国开始缩减舰队中的雇佣商船并建造专用军舰。

随着英国海军力量逐步强大，开始蚕食荷兰在世界各地的经济贸易殖民地。1664年4月，一支英国海军舰队占领了荷兰在北美的新阿姆斯特丹，并将其重新命名为纽约；而在非洲地区，则组织"英国皇家非洲公司"开始进攻荷兰在非洲西岸的殖民地，并将荷兰人从这里赶走；1664年8月，荷兰收复了被英国占领的原荷属西非据点；1665年2月22日，荷兰正式向英国宣战，第二次英荷战争爆发，1665年6月13日两国之间爆发了洛斯托夫特海战。

> 约克公爵是贵族的头衔，通常被授给英国国王的第二个儿子，除非该头衔由一个前任君主的儿子所拥有。
>
> 约克是在英国北部的主要城镇，而且约克郡是英国的最大的郡。

> 纵火船是18世纪以前海战中常见的作战舰艇。在18世纪之前，战舰火力（包括16世纪、17世纪的舰炮）尚不足以击沉敌军的大型舰只，舰队指挥官们需要威力足以摧毁敌舰的辅助武器配合舰炮取得战果。

▲ [油画描绘的洛斯托夫特海战]

▶ [路易十四时代的法国纵火船]

从舰尾的纹饰及其火炮数量看来，这应该是由一艘由旧式的巡航舰改装而成的纵火船。专门建造的法国纵火船多为 200 至 300 吨的轻便小船，搭载 10 门左右的轻型火炮（多为 3.6 千克以下加农炮）作为自卫武器。又因为这是一种寿命较短的自毁式武器，船匠并不会为之设计华丽的首尾纹饰。图中展现了纵火船最为重要的两处特征。其一乃是最后两门舷炮间的船舷门，这便是在钩住敌舰后船员离舰的出口。这样的开口两舷各一，船员由此从船只内部直接登上划艇，避免从舰面撤离可能受到的枪炮杀伤。其二乃是小划艇上第三名乘员右手上方的方形小开口，撤退完毕的船员正是从这个小口点燃导向火药和引火物的引线的。

兵力对比

荷兰海军因名将德·勒伊特此时正远征非洲未能返回，而由沃森纳尔和奥普丹指挥，约有战舰 103 艘，11 艘纵火船以及 7 艘通信船，合计 4900 门炮，2.1 万人。

英国海军舰队总司令是约克公爵，拥有战舰 109 艘，其中有 50～90 门火炮的战列舰为 35 艘，武装商船 21 艘，纵火船 21 艘，以及小型船只 7 艘，合计 4200 门炮，2.2 万人。

从兵力数量上看，英、荷双方差距不大，但英国海军在舰艇大小与火炮威力方面都要优于荷兰海军。

战争过程

洛斯托夫特海战从拂晓开始，双方激战持续 12 小时，多次出现接舷格斗和纵火船攻击等战术，但由于英国舰队的炮火更强劲，使荷兰舰艇遭到了巨大损失。荷兰旗舰在关键时刻起火爆炸，奥普丹海军上将当场阵亡，失了主帅的荷兰舰队开始仓皇退却。当时英军有可能全歼荷兰舰队，但因延误追击，使敌军得以逃走。

洛斯托夫特海战后，英国舰队向北欧进发，企图俘虏停在挪威卑尔根港内的 70 艘荷兰商船，此时正巧，荷兰名将德·奈特回国，率领荷兰舰队驶往挪威，护航停在卑尔根港内的商船队回国，其中仅有 10 艘因为风浪掉队而为英国海军俘获。

洛斯托夫特海战作为第二次英荷战争的一部分，在战争的初期保住了英国的优势地位，并对荷兰舰队造成了重创，使得荷兰处于只能维护交通线的被动态势。

> 在这次海战中，纵火船起到了非常重要的作用，表面看来，纵火船的作用非常类似于现代海战中鱼雷巡逻艇所起的作用，具有极其猛烈的攻击能力，船体都较小，实施攻击要求具备许多条件，但现代舰船具有相对的可靠性，这在一定程度上是由于装甲舰优于老式战舰，使其易于操纵；鱼雷给敌舰造成的损坏有瞬时性，它的攻击在瞬息之间即可确定其成败，但是，纵火船要达到目的则需要一定的时间；鱼雷和纵火船都是彻底摧毁敌舰，而不是使其丧失活动能力或者使其降服。

泰晤士河奇袭
荷兰人对英国人的报复

英、荷一共进行了三次战争,那为何第二次战争匆忙结束,签订了《布雷达和约》?原因正是英国停泊在泰晤士河的19艘巨舰,遭到了荷兰舰队的炮击,无奈下只能赶快结束了第二次海战。

▲ [伦敦泰晤士河上的伦敦桥]

比起地球上的一些大江大河,泰晤士河虽然不算长,但它流经之处都是英国文化精华所在,或许可以反过来说,泰晤士河哺育了灿烂的英格兰文明。

1667年6月19日,德·勒伊特率领荷兰舰队航行到泰晤士河口。趁黑夜涨潮之时,先遣舰队顺潮流进入泰晤士河,一路炮击,很快占领了英国希尔内斯炮台,夺取了贮存在此地的近5吨黄金以及大量木材、树脂等物资。之后又横冲直撞,寻找并击毁发现的英国舰船,一些最好的军舰被俘虏作为战利品带回本土。

22日,荷兰舰队长驱直入到达查塔姆船坞。

据说当时英国在此停泊了19艘巨舰,每舰都在1000吨以上,荷兰舰队进入船坞后打掉了岸上的炮台,登陆部队四处纵火,并拆除或毁掉了河上障碍,荷兰舰队横行了三天,最后全部安全返航。之后,德·勒伊特封锁泰晤士河口长达数月。

这次奇袭给英国造成了近20万镑的损失,更使皇家海军蒙受了奇耻大辱。英国遭此大败,加之瘟疫和伦敦大火双重灾难,已无力再战。奇袭加速了英荷两国的谈判进程。这就是前文中所讲到的第二次英荷海战结束的前因。

▲ [特塞尔海战中受挫的英法联军]

特塞尔海战
"海上马车夫"以弱胜强

特塞尔海战发生于1673年8月21日,是在第三次英荷战争期间,由英法联合舰队和荷兰舰队在特塞尔岛附近进行的一场海战。

1652—1676年,英荷之间多次爆发战争,荷兰作为当时的海上强国,以"海上马车夫"的名号纵横多年;而后起新秀英国,依靠海盗打击荷兰收效颇丰,于是有点膨胀,对荷兰步步紧逼。

双方兵力对比

1673年8月,英法联合舰队企图登陆特塞尔岛,组织了一支约2万人的军队,在鲁珀特亲王的率领下驶往荷兰。这一次联合舰队准备充分,拥有120艘舰船,鲁珀特将联合舰队分编为三个分队,同时仔细研究了荷兰时任海军上将德·勒伊特的战术,并制定了相应的对策。

而德·勒伊特仅拥有75艘主力舰和30艘纵火船,实力对比上明显弱于英法联合舰队。

战争结果

德·勒伊特趁夜色,指挥舰队利用风向,成功插入英法联合舰队与海岸之间的缝隙,在夜幕下隐蔽,直到拂晓时分,才主动向英法联军发动进攻。

双方战斗可谓空前激烈。但由于法

古代海战 | 71

非凡海洋大系

影响历史的海战

▶ [德·勒伊特]

德·勒伊特是荷兰历史上著名的海军上将，英荷战争中的灵魂人物，他在与英法联军作战中，赢得过多场胜利，并在1672年的灾难年中拯救了国家。

▼ [鲁珀特亲王]

鲁珀特亲王是英国著名的战士、将军、科学家、运动员、殖民总督和业余艺术家。早年他是一个勇敢的骑兵，晚年他是一个成熟的舰队司令。

国分舰队的水兵训练不足、作战消极。况且，法国指挥官德埃斯特雷本想以数量上的优势包围荷兰舰队，但被荷兰海军突破了舰队的战列线，使得法国分舰队陷入了混乱。或许是为了保存实力，法国分舰队就此退出了战斗。

英方见法国舰队退出了战斗，自认孤军很难取胜，登陆作战失败，只能被动地退出了战斗。

此战双方都未有战舰被击沉，但严重受创的船只不计其数。英法联军损失了2000多人，荷兰方面伤亡了1000多人。此后，荷兰暂时消除了海上威胁，取得了制海权，大批东印度公司护航船安全返回。

英国虽然未取得这次海战的胜利，但是也使荷兰的海上霸权有所动摇和削弱。

▲ [特塞尔战役]

特塞尔战役后,鲁珀特亲王声称:"法国舰队对这次失败应负全责。"而英国历史学家坎·贝尔曾高度评价了荷兰在这场海战中的成功:"荷兰,因其舰队司令精明强干,使他们在这次战斗中取得了巨大的成功。他们使完全被封锁的港口重新开放并战胜了一次可能的入侵,而使敌人放弃了所有入侵的想法。"

◀ [特塞尔岛]

特塞尔是荷兰北荷兰省的一个岛屿,是弗里西亚群岛中最大和人口最多的岛屿,也是这个延伸至丹麦的群岛中最西端的一个岛。

古代海战 | 73

澎湖海战

收复台湾

澎湖海战是在清康熙二十二年（1683年），福建水师提督施琅率水师于澎湖海域歼灭明郑水军主力，收复澎湖、台湾，统一中国的作战。

> 郑经字贤之、元之，号式天，昵称锦舍，台湾的统治者，郑成功长子，袭封其父延平郡王的爵位。

> 郑克臧幼名钦，人称钦舍。为郑经庶出长子，郑经之妾昭娘所生。1681年（永历二十五年，康熙二十年）正月，郑经病危时授郑克臧监国剑玺。郑经去世后郑氏宗室和郑克塽的岳父冯锡范不愿由郑克臧继承延平郡王之位，打算拥立其弟郑克塽，便说服郑成功之妻董氏在北园别馆（今台南开元寺）废掉继位不到三日的郑克臧，但是郑克臧不肯交出监国剑玺。冯锡范等便诬陷郑克臧不是郑经亲生，派人将其绞死。

1681年3月16日，台湾郑氏政权的第二代领导人郑经病死，其长子郑克臧监国嗣位。然而，仅仅两天之后，侍卫冯锡范就绞杀了郑克臧，拥立了自己的女婿、年仅十二岁的郑经次子郑克塽，史称"东宁之变"。

台湾从此进入了冯锡范的掌控之中，随后便展开了一场大清洗，在一片血雨腥风之后，许多曾是郑克臧近臣的官员被杀，内耗惨烈。

▶ [蓝理]

蓝理，清朝康熙年间的平乱名将。表字义甫，号义山，福建漳州漳浦县赤岭畲族人，自幼习武，精通刀、枪、矛等各种兵器。有关志传描述他身材魁梧，能力举八百斤，足追奔马，还能拽马尾倒行。

> 郑克塽幼名秦，人称秦舍，字实弘，号晦堂，郑经次子，郑成功之孙。1681年郑经及陈永华相继去世，重臣冯锡范联合郑经从弟等发动政变，绞死监国郑克臧得逞，立年仅十二岁的郑克塽为延平郡王。

> 冯锡范，号希范，明末清初福建龙溪人，生于晋江县，郑成功工官冯澄世之子。郑成功去世后，郑经嗣位，辟为侍卫，从往台湾征郑袭，靖内难，颇立战功，从此备受信任，成为台湾明郑时期的主要将领，与陈永华、刘国轩并称为台湾三杰。康熙二十年，郑经去世后，冯锡范与郑哲顺等人发动东宁之变，罢黜监国郑克臧，并将其绞死。以董太妃令，立郑经次子郑克塽，独揽台湾军政大权。1683年，清廷攻陷台湾，冯锡范劝郑克塽降顺，封忠诚伯爵，隶汉军正白旗。

古代海战

▶ [刘国轩]

刘国轩，字观光，福建省龙岩市长汀县四都镇溪口村人，明郑时期重要的军事将领。

1654年，投到郑成功之下，后来参与1659年郑成功围攻南京之战、1661年郑成功收复台湾等战役。1683年在澎湖海战担任统帅，却被施琅击败。同年归顺清朝。

仕清之后的刘国轩在天津为官，政绩卓著。终年65岁。康熙帝追赠他为光禄大夫、太子少保。

古代海战

台湾郑氏集团政变的消息，被清朝福建总督姚启圣上书康熙帝，由此，康熙帝作出了"进取台湾"的决策。

1683年7月8日，施琅奉帝命从铜山岛出发，姚启圣也拨3000人同施琅出征（清军24 000人，大鸟船70艘、赶缯船103艘、双帆居船65艘），当晚清军在八罩岛过夜。

7月10日，施琅以速度快的鸟船当做先锋进攻娘妈宫。台湾郑军主帅刘国轩统领将士2万余人，战船200余艘，自己在娘妈宫港口督战。当时受风势阻挠，清军大军不敢前进，只有以清名将蓝理为首的7艘舰船突入郑军之中。

交战不久后开始涨潮，一些清军船只被海水冲向岸边，郑军趁势将舰队分成两翼包围清军。

▲ [施琅]

施琅，字琢公，福建晋江人，清朝初年著名将领，曾历任清军副将、总兵、福建水师提督，加太子少保衔等要职，深得康熙帝的信任。施琅擅长治军，尤其精通海战，所辖部队以作战迅速、勇猛、果断著称，故人送"海霹雳"的响亮绰号。

古代海战 | 75

> 施琅——一位300多年来争议不断的人物,有人认为,施琅成功荡除台湾割据政权,将其纳入中华行政版图,是一位了不起的爱国英雄;也有人认为,施琅两次投降清政权,甘愿为外族统治者卖命,是"民族"败类。

施琅见状赶紧突入郑军,想解救被围困的船只,却被郑军包围。施琅在交战中被火铳射伤右眼,不过没有失明;施琅受伤后只能暂时撤离战场,到西屿附近的八罩岛上修整军队。

刘国轩得知清军在八罩岛休息,亲自率舰队进攻却被施琅击退。施琅趁势于7月12日先派战船攻取澎湖港外虎井屿、桶盘屿。

7月16日,施琅决定将舰队156艘船分三路发起总攻,剩下约80艘当后援部队。清军顺着风势发射各种火器,并且以数船围攻郑军一船,郑军全面崩溃,此战共毙伤郑军12 000人,俘5000余人,击毁、缴获战船190余艘。

刘国轩见大势已去,率领残余部队从北面吼门退往台湾,澎湖各岛郑军都向施琅投降。清军阵亡329人,伤1800余人,船只无一损失。

施琅占领澎湖后,于降清将卒中拣选刘国轩亲信,往台湾招抚,后来在刘国轩大力主张下,郑克塽于1683年9月5日向施琅投降,郑氏王朝正式灭亡。台湾并入了大清的版图。

澎湖海战是清朝为了消灭郑氏王朝所发动的战争,虽然郑军一度击退清军,但最后仍然由清军获胜。澎湖被占领后,郑氏王朝已无力抵抗清军,只得投降,结束了在台湾22年的统治,台湾也因此成为清朝的领土。

▲ [施琅与将军罐]
此款青花四季花卉海云纹将军罐是当年施琅所钟爱的一款陈设瓷器,藏品通高58.5厘米,口径为20.7厘米,底径31厘米。

吕根岛海战
瑞典和丹麦的交火

吕根岛海战中瑞典和丹麦的舰队兵力相当,但是丹麦切断了瑞典海军的供给线,使瑞典方无法补充兵员,无法供给战需物品,从而导致战争失败。

吕根岛是德国最大的岛屿,位于德国东北部的波罗的海,曾经是海盗的栖身之处,那里有许多有裂缝的很深的山洞,可以作为海盗收藏宝贝的场所,一度被人们称之为"海盗湾"。北方战争期间,瑞典和丹麦的舰队在波罗的海西南部频繁进行海战。1715年8月,两国舰队又在吕根岛附近海面相遇。

双方均有20艘主力战船,丹麦一方由海军上将加斯特·尤艾尔指挥,瑞典舰队由海军上将斯帕雷任司令官。

双方都排成纵队开始交火。不时有战船因被击伤而退出队列。在丹麦方面每有主力战船退出队列时,总有巡航战船去替补它的队位。双方各被击伤战船多艘,均死伤600余人,但两军皆无一艘战船被击沉。两军实力均衡,战争进入僵持阶段。

> 北方战争一般指大北方战争(1700—1721年),又称为第二次北方战争,是俄罗斯帝国为了夺取波罗的海的出海口及与瑞典王国争霸的战争。

一个月后,丹麦舰队在吕根岛附近抛锚,以切断瑞典通往斯特拉尔松(今德国北部)的运输线。

三个月后,普鲁士与丹麦联合,并增援330艘海岸巡逻船,载运1.25万名步兵、5000名骑兵、5200匹战马和一支辎重车队,在斯特拉尔松北面的吕根岛登陆成功。这是一次计划周密的水陆两栖作战行动。由于海上交通线已被完全切断,瑞典最后被迫投降。

▲ [普鲁士军队登陆吕根岛]

> 丹麦海军经过苦战终于获得了胜利,海军上将加斯特·尤艾尔走出舱门登上甲板,想分享一下官兵们欢庆胜利的喜悦,突然一颗炮弹恍若从天外飞来,不偏不倚击中尤艾尔的脑袋,直接把尤艾尔永远地送进了罗斯基尔德大教堂。如今,墓碑的一侧悬挂着他生前的佩剑,而下方墙上就豁然镶嵌着那颗夺走尤艾尔生命的黑黝黝的炮弹。

古代海战 | 77

梅诺卡岛海战

七年战争中欧洲战场首场海战

这场战争是七年战争中欧洲战场的首场海战。战争爆发后不久，英法两军在梅诺卡岛相遇，最终法国人赢得战斗并在之后夺取梅诺卡岛。

1756年4月中旬，由拉加利·索尼埃侯爵指挥的装载着1.5万名法国士兵的150艘运输船和12艘战舰，从土伦港起航准备在梅诺卡岛登陆。

由于情报混乱，英国海军部迟迟才派海军上将约翰·宾爵士率领装载一个火枪手团的运输船队和13艘战舰前往地中海拦截。5月19日，英国舰队接近梅诺卡岛，还没来得及和岸上部队取得联系，就发现了法国舰队，当时海面浓重的大雾伴随大风，因而无法作战。

20日，当晨雾消散时，法国舰队在东南方约12海里处再次出现，当时风力柔和，风向为南—西南。约翰·宾召回正在进行侦察的护卫舰编队后，发出信号要舰队组成战斗队形，向东南方的敌人驶去。

> 交战后英国海军上将约翰·宾无心与拉加利·索尼埃侯爵率领的法国舰队作战，在其后举行的一次军事会议上，他判定他的兵力不足以再度发起攻击及援救要塞，因此回师直布罗陀海峡，使梅诺卡岛陷于敌手。此次失利在英国激起公愤，纽卡斯尔公爵作出许诺"立刻对宾进行审判，即行绞杀"。宾在朴次茅斯港他自己的旗舰上举行的军事法庭接受审判，因玩忽职守罪被一支海军枪队执行枪决。
>
> 此事被法国作家伏尔泰在《老实人》中加以讽刺：英国人发现"为了鼓励他人"，时时有必要枪毙一个舰队司令。

英法舰队在此激战了一番，约翰·宾在关键时刻，没能及时援助受到攻击的前卫分队，英军前卫分队和后卫分队之间的联系被切断，英军顿时大势已去。

该战以英国舰队失败而告终，英国守军虽拼命坚守了一个多月，梅诺卡岛最终还是落入法国人之手。

▲ [地中海最好的天然良港：梅诺卡岛]

格林纳达海战
北美独立战

北美独立战期间，英法两军在格林纳达海岛附近爆发大战，因英国指挥官的错误判断，导致了此场海战的失败。

▲ [波士顿惨案]

波士顿惨案是1770年3月英国殖民当局屠杀北美殖民地波士顿人民的流血事件，5名美国人被英国军队杀死，由于被殖民者的奋起反抗，导致事件恶化，该事件导致5年后的美国独立战争爆发。

> 美国独立战争（1775—1783年）或称为美国革命战争，是大英帝国和其北美十三州殖民地的革命者，以及几个欧洲强国之间的一场战争。始于1775年4月的莱克星顿枪声，1776年7月4日大陆会议通过了由托马斯·杰斐逊执笔起草的《独立宣言》，宣告了美国的诞生。

> 约克敦，独立战争前是繁华的商港，1781年在这一带进行了决定独立战争胜负的战斗。

1770年"波士顿惨案"之后，英国加强了对北美殖民地的统治。在反对英国殖民统治的北美独立战争期间，法国于1778年对英宣战的主要目的之一，便是乘机夺取英国在西印度群岛的殖民地。

1778年4月15日，法国海军中将德埃斯坦伯爵，率领12艘战列舰和5艘快船驶往美洲。数月之后，停泊在古尔德岛和卡诺尼卡特岛之间。在北美独立战争期间，纽约是英国力量的中心，法舰占领了锡科奈特和西部航道，并且准备支援美国陆军进攻英国工事。

1779年6月，法国军队在列斯群岛的格林纳达岛登陆。法国海军上将命令运输船只和25艘主力战船停泊在该岛的圣乔治港湾。6月，德埃斯坦伯爵受命率领全部战舰出发进攻格林纳达，7月占领了该岛。

古代海战 | 79

在此期间，英国海军中将拜伦得到军情后，便率领一支庞大的携载部队的运输舰船和21艘战列舰，想要救援格林纳达。途中获知法国另有舰队也已经到达格林纳达，但他仍继续驶向那里。

7月6日拂晓，拜伦率领21艘主力战船绕到了格林纳达岛的西北，此时法国舰队列成整齐的队形迎战。由于清晨视线不清，加上法国舰队队形混乱，拜伦无法判断出法军的船队数量，从而低估了法军的战斗力。

英国舰队受到重创，进攻序列大乱。拜伦又重新整理队形，继续进攻。尽管法舰没有组成很好的战斗队形，可他们的动力却几乎没有遭到任何损失，而英国舰队由于指挥不当，已有7艘舰严重受损，其中4艘（"蒙茅斯"号、"格拉夫顿"号、"康沃尔"号和"狮"号）丧失了作战能力。

到下午3时，队尾的3艘舰落后了很远，加上航行缓慢的受创舰队，可想而知英国舰队的困难局面。10艘左右未受损伤的战舰不得不减速以适应受伤舰船的航行速度。

此时，法军有25艘战舰，而由拜伦领导的英军舰船只有17艘，与之相比既慢又不灵巧，并且分散于法国舰队的上风及下风，既要保护位于上风的运输船队，又要照顾处于下风的3艘失去战斗能力的舰船，英军在战术上困难重重。

直到中午，双方皆伤亡兵员1000余人，英军没有取得明显战绩，拜伦遂率队撤离。

格林纳达于1498年8月15日为哥伦布发现，命名为"Conception"，1609年被英国占领，1650年沦入法国之手，1762年又被英国夺回，1779年法国再度占领，1783年依《凡尔赛条约》正式划归英国版图。1958年起逐渐获得自治。1967年为大英国协之会员国，内政自主，外交国防由英国代掌，1974年2月7日宣布独立，1979年3月13日左派人民革命党发动政变，废止宪法，解散国会。1983年10月13日副总理柯尔联合陆军司令奥斯汀发动政变，美国与加勒比海国家，应总督史恭之吁请出兵干预并平定内乱，由总督任命9人临时政府治理国事，1984年12月3日国会大选，由三派联合的新国家党以14比1多数获胜。

▲ ["康沃尔"号]

长船是在维京长船的基础上发展而来的，长约几十米，看起来身形狭长，空间不大。但就是这种船具备了很强的海上战斗力，它具有敞开的甲板，舷外装有桨架，主要靠划桨推进，它也装有桅，在顺风的时候可以使用帆。这种船不受风向的限制，在海面上行动灵活，可快可慢。在加莱海战中，英国舰队就是大量地使用了长船，利用长船的速度较之西班牙"无敌舰队"的笨拙，才掌握了战局的主动性。当时的长船具有完整的甲板和撞角，接舷作战的能力也很强，加之火炮上的优势，使得英国人更加具备战略优势。

格林纳达海战后，法国降服了格林纳达岛的英国陆军并迫使他们放弃了约克敦。

维堡突围战
俄国无一损失的大胜利

维堡突围战是1790年俄罗斯与瑞典争夺波罗的海的战争中的一场海战,此战中俄罗斯击败了瑞典。

土耳其和瑞典向俄国开战

1787年,土耳其要求俄国归还克里米亚半岛,还要承认格鲁吉亚为土耳其的属地,并对出入海峡的俄商船进行检查。俄国拒绝了土耳其的要求,土耳其遂出动军队对俄开战。土耳其出动了20万军队和一支强大的舰队对俄开战,但被俄军击溃。

第二次俄土战争的爆发,瑞典国王古斯塔夫三世觉得这是一个千载难逢的机遇,也对俄国宣战,俄瑞战争爆发。

▲ [演员国王古斯塔夫三世]

古斯塔夫三世热爱文学与艺术,他不仅是剧作家,还成立了瑞典皇家歌剧院、瑞典皇家芭蕾舞团,现如今每年都会颁发诺贝尔文学奖的瑞典学院也是他创办的。

克里米亚岛历史悠久,在公元前1000年左右就孕育了人类文明。公元前438年,这里曾建立了与雅典关系良好的博斯普鲁斯王国,向雅典提供谷物等商品。公元前15年,克里米亚称臣于罗马帝国。在此后长达10多个世纪中,克里米亚半岛相继被哥特人、匈奴人、可萨人、拜占庭金帐汗国占领。1783年,俄国正式将整个克里米亚半岛纳入自己的版图。

俄土战争是指17—19世纪俄国与奥斯曼土耳其之间为争夺高加索、巴尔干、克里米亚、黑海等进行的一系列战争,其中重要的战役有10次。

格鲁吉亚:13—14世纪被蒙古鞑靼人和帖木儿先后入侵。15—17世纪初,格鲁吉亚出现了许多独立的公国和王国。16—18世纪格鲁吉亚为伊朗和土耳其两国的争夺对象。1801—1864年,格鲁吉亚各公国先后被沙皇俄国兼并,改为梯弗里斯和库塔伊西省。1918年德国、土耳其和英国军队侵入格鲁吉亚。

非凡海洋大系 影响历史的海战

俄国遭受南北夹攻

俄国遭受土耳其和瑞典南北夹击，俄国力图避免两线作战，但无济于事。在腹背受敌的情况下，俄以二线兵力在北部实施防御，把主力放在南部，以对付土耳其。

瑞典红山炮台附近一战失利

俄军波罗的海舰队一部，7月上旬，奉令出海寻歼瑞典舰队。

瑞典国王古斯塔夫三世和主帅制定的战略目标是掌握波罗的海制海权和夺取圣彼得堡，为此拟订了详细的作战计划，根据这项计划，胜负的决定权在海上。

1790年7月3日，瑞典国王古斯塔夫三世率领舰队在红山炮台附近一战失利，此后便被俄国舰队封锁在维堡湾。

俄国和瑞典舰队对峙

俄国舰队的主力（奇恰戈夫海军上将率领的分舰队——战列舰18艘，巡航舰7艘以及其他舰只）与瑞典舰队的主力（卡尔·南曼兰海军元帅率领的分舰队——战列舰19艘，巡航舰12艘，辅助船7艘）对峙。

此外，俄国利用剩余兵力制订了一系列的封锁行动计划：

波瓦利申海军少将的中队、哈内科夫海军少将的中队和克罗温海军中校的中队封锁了北航道；

▲ [俄国国王：叶卡捷琳娜二世]

叶卡捷琳娜二世得知捷报后，笑得花枝乱颤。她根据古斯塔夫三世说他要把圣彼得堡元老院广场上的彼得大帝铜像打翻，并到彼得罗巴普洛夫大教堂去做战胜俄罗斯的感恩祈祷的牛皮，创作了一个剧本《倒霉的骑士》，无情地讥讽了古斯塔夫三世一番。

叶卡捷琳娜二世在位时期治国有方、功绩显赫，使俄国成为名副其实的欧洲最强大的国家。其才干与名气也闻名海内外，成为俄国人心目中仅次于彼得大帝的一代英主，被尊称为"叶卡捷琳娜女皇"，也被尊称为"大帝"。

列日涅夫少将的中队封闭了东南海口；

科兹利亚尼诺夫海军中将的桨船舰队位于维堡湾北部；

纳索·济根中将率俄国桨船舰队从喀琅施塔得出航，封闭了最后一个东海口。

6月21日夜间，纳索·济根的舰队开始进攻被封锁在维堡湾的瑞典舰队，经过5小时战斗，击沉和俘虏敌船各2艘，迫使瑞典舰队撤至比斯科普斯岛的后面。

6月22日晨，瑞典舰队企图借助东风从北航道突围，随后便向封锁此处的俄国波瓦利申中队和哈内科夫中队发起攻击。瑞典舰队主力突围成功，驶向斯维亚堡。

俄国舰队未及时组织对瑞军追击，尽管如此，俄国海军还是在戈格兰岛海区俘获了瑞典海军的"索菲娅·马格达利娜"号旗舰，在斯维亚堡附近俘获了"雷特维桑"号战列舰。

俄国在维堡海战的胜利，标志着瑞典"北欧海盗国"衰落，俄罗斯以海洋强国的身份出现在了波罗的海。

▲ [奇恰戈夫海军上将]

帕维尔·瓦西里耶维奇·奇恰戈夫，俄国海军上将。1799年任波罗的海舰队分舰队司令。1802年任俄国副海军大臣、1807年为海军大臣。1809年晋升为海军上将，他喜欢科学，主张解放农奴。也是1812年卫国战争时期的南方第三集团军司令。

> 俄土战争断断续续持续241年，平均不到19年就有一次较大规模的战争，是欧洲历史上最长的战争系列，奥地利、英国、法国、波兰、罗马尼亚、保加利亚等国也先后参与其中。战争的结果是俄国扩大了疆土，土耳其逐渐衰落。

圣文森特角海战

两方三国的海上角逐

非凡海洋大系 — 影响历史的海战

圣文森特角海战是英国海军与西班牙海军在 1780 年的美国独立战争和 1797 年的法国大革命时期进行的两次海战,都是英国海军取得胜利。

18 世纪末,欧洲处在剧烈的动荡中。1789 年,法国爆发革命,推翻了君主制,大批法国贵族逃往国外。1793 年 1 月 21 日,法国皇帝路易十六被送上了断头台,法国陷入与欧洲各国的战争中。

拿破仑·波拿巴突然挥师南下

西班牙与法国结盟,给法国人的皇帝拿破仑·波拿巴提供了率军进攻奥地利的机会。为了挫败法军的进攻,英国海军派遣纳尔逊率领一支分舰队打击法军的海上补给线,他成功地破坏了法国同意大利之间的所有海上贸易,取得了巨大的成效。然而,拿破仑突然挥师南下,一路打向热那亚和来亨,打乱了英国海军的作战计划,英国海军主帅杰维斯海军上将不得不撤销海上封锁,并命令纳尔逊掩护英国人员从来亨撤至艾尔巴。

▲ [圣文森特角之战]
理查德·布里奇斯绘于 1881 年。

▶ [拿破仑·波拿巴]

法兰西第一共和国的第一执政,在巴黎圣母院加冕,称号为"法兰西人的皇帝",是为拿破仑一世,开始了法兰西第一帝国波拿巴王朝的十年统治。他并不是由当时的教皇庇护七世加冕,而是自己将皇冠戴到了头上,然后为妻子约瑟菲娜·德博阿尔内加冕为皇后,以示他的权力至高无上,不受教会控制。

古代海战

▲ [皇家海军精神的图腾:"胜利"号]

英国是最早发展风帆战列舰的国家之一,"胜利"号1759年开建,在1765年建成,共消耗了2000余棵橡树,38吨铁。排水量2162吨,舰长67.8米,舰宽15米。不仅参与了多起海战,同时也作为杰维斯的旗舰,参与了圣文森特角海战,并大胜西班牙海军。

古代海战 | 85

英军发现重要情报

杰维斯上将命撤回来的地中海的舰队，驶向圣文森特角以期阻止西班牙舰队北上。

此时地中海已没有了英国海军。从地中海撤退的纳尔逊与杰维斯会合后，登上了杰维斯的旗舰"胜利"号。

由于大雾加上风向改变，西班牙舰队偏离了航向，恰好迎上了英军"密涅瓦"号，大雾使夹在西班牙舰队中的"密涅瓦"号没有被发觉。第二天黎明，"密涅瓦"号悄悄地驶向圣文森特角，与杰维斯的舰队会合，并把发现西班牙舰队的重要情报送上。

当晚，杰维斯同纳尔逊等进行了讨论，下定决心开战。

纳尔逊冒极大的风险阻止了西班牙舰队的会合。

第二天战争打响，英舰形成了以"克罗登"号舰船为首的一个"U"字形队列。此时，下风口的西班牙舰队也正想与上风处的队伍会合，而一旦它们会合，那么战场就会出现僵局。

此时英主帅杰维斯发出信号："占领有利位置相互支援，紧咬住敌人。"

纳尔逊率3艘战舰在队形的末尾，阻止西班牙舰队的前进道路。他果断决定暂不执行杰维斯的命令，而是掉转船头冲向西班牙舰队的前方，拦住其去路。

西班牙舰队中拥有当时最大的战舰，装备有130门主炮，还有3艘112门主

▲ [英主帅杰维斯]

海军上将约翰·杰维斯——第一代圣文森特伯爵，是英国皇家海军上将和英议会成员，杰维斯在18世纪后期到19世纪初期供职，是七年战争、美国独立战争、法国大革命战争和拿破仑战争中的一位活跃的指挥官。他因1797年在圣文森特角海战的胜利而闻名，在这场战役中获得了他的头衔（即圣文森特伯爵）。

> 霍雷肖·纳尔逊一战成名，晋升为海军少将，并获得了勋爵封号，后来被誉为"英国皇家海军之魂"。

炮的战舰。纳尔逊是冒了极大的风险的，如果行动失败，后果不堪设想。

不过，纳尔逊成功阻止了西班牙舰队的会合。在经过了一番抵抗后，西班牙舰队被迫投降。

纳尔逊共夺得了2艘西班牙战舰（分别是"尼古拉斯"号、"圣福若瑟"号）。

西班牙战舰"特立尼达"号在另2艘战舰的掩护下逃离了战场。

土伦战役
将星的崛起

1793年的土伦战役,对保卫法国大革命起到了巨大作用,同时也是拿破仑崛起之始。

1789年在法国爆发的革命,使统治法国多个世纪的君主制土崩瓦解。法国在这段时期经历着一个史诗式的转变:过往的贵族和宗教特权不断受到自由主义政治组织及上街抗议的民众的冲击,旧的观念逐渐被全新的天赋人权、三权分立等民主思想所取代。

在瓦尔密战役大败入侵的普奥联军之后,法国国民公会废除了国王,宣布成立共和国。法兰西第一共和国的建立

> 国民公会是法国大革命时期的最高立法机构,在法兰西第一共和国的初期拥有行政权和立法权。

> 收复土伦在政治上产生的影响,远远超过了军事上的意义。它不仅有力地打击了王党分子的叛乱活动和反法联盟的侵略气焰,而且更重要的是,它向国内外企图推翻资产阶级革命政权的反革命势力表明,雅各宾专政有着强大实力。收复土伦之后,法军在其他战场上也取得了一系列重大胜利,终于将外国干涉军从共和国的领土上全部赶了出去。

▲ [描绘土伦海战的油画]

古代海战 | 87

让其他欧洲封建国家如芒在背，于是英国纠集了西班牙、奥地利、普鲁士、荷兰以及那不勒斯等国组成了第一次反法联盟，企图将法国革命扼杀在摇篮之中。

内扰不断引来外患

保王党人在国外势力的支持下，企图推翻革命政权，保王党的军队控制了多个城市，其中就有土伦。法国革命军也不甘示弱，相继收复了马赛等城市，并发誓要夺取土伦。

保王党人感觉到了危机，于是他们向英国、西班牙联合舰队求助。此后，英国与西班牙联合舰队进驻土伦港，随后那不勒斯的军队也陆续在土伦登陆。

此时，登陆土伦的外国军队达到14 000人。加上保王党人，总兵力达到17 000人。联军还有一支强大的海军舰队提供支援，包括37艘英国战舰、32艘西班牙战舰和5艘那不勒斯战舰。

拿破仑调任炮兵指挥官

奉命收复土伦的法军由让·弗朗索瓦·卡尔托指挥，但他并不擅长作战，而且由于地势问题，与东线盟军无法协同作战，更严重的是，法军能用的大炮不到10门，而且炮兵指挥官在之前的战斗中受伤。

在此情况下，被临时调来的拿破仑接替指挥炮兵，但炮兵内部也是麻烦不断，首先炮兵部队只有8门24磅的大炮，弹药也少得可怜，士兵们缺乏训练，他

首任奉命收复土伦的指挥官是让·弗朗索瓦·卡尔托，此人在大革命前是一个画家，在大革命过程中通过关系在军中谋得了一个职位。

土伦是地中海海岸的一个小城市，但是由于拥有天然的深水良港和绝佳的地理位置，成为法国在地中海最重要的海军基地。将近30艘海军舰艇停泊在土伦港，其数量大约占法国海军实力的1/3。

据传说，拿破仑在率领部下发动冲锋前，向他们喊出了让人血脉贲张的誓言："如果我向前冲，跟上我！如果我退缩，杀了我！如果我战死了，为我报仇！"

▲ [时任炮兵少校的拿破仑]

在土伦的马尔格雷夫堡攻守战中，拿破仑在激战中马被打死，他的大腿上也被刺刀捅了一刀，还好伤势不重，这是他一生中第一次在战场上受伤，不过也是唯一一次。

们既不会使用火炮，更不懂得如何修理，在如此情况下，拿破仑想方设法搜集了上百门大炮。在随后的战争中，拿破仑表现得非常耀眼，被晋升为炮兵少校。

▲ [联军撤出土伦]

▲ [土伦战役法军指挥官：杜戈米埃将军]

将星崛起

经过顽强的战斗，法军终于攻破了一些地区，拿破仑向时任指挥的卡尔托提出要派兵保卫马尔格雷夫堡的重要性。但并未引起卡尔托的重视，因此失去了马尔格雷夫堡。这令巴黎大怒，撤掉了卡尔托，将指挥官替换成了多普将军。但随后由于多普的胆怯，多次丧失战机，于是法军又替换了指挥官，换上了有40年军龄的杜戈米埃将军。

杜戈米埃上任后，迅速扭转了战局。在拿破仑炮兵的助力下，法军缴获了停泊在土伦港的31艘法国保王党人军舰，并且焚毁了反法联盟的10艘战舰，俘虏了4艘，其余战舰被迫逃走。使得法国地中海舰队得到了保全。反法联盟军仓皇撤退，留下烈焰滚滚的土伦港。

虽然土伦战役规模有限，但是拿破仑显示出了他卓越的指挥能力与敏锐的洞察力。受这次胜利的鼓舞，拿破仑野心开始膨胀，他的目光开始越过阿尔卑斯山，投向了富庶的意大利。杜戈米埃将军甚至在写给巴黎的信中说："请你们奖励并提升这位年轻人，因为如果不酬谢他，他也会靠自己而出人头地的。"

阿布基尔海战

18 世纪最惨烈的海战

阿布基尔海战又名尼罗河口海战,是英国海军纳尔逊将军最辉煌的胜利之一,也是世界历史上具有深远影响的战役之一。

1797 年 10 月 27 日,法国拿破仑已经被任命为英吉利军团司令,这是他梦寐以求的职务,他带着野心,集结部队,准备进攻埃及,以便建立军事基地,达到侵袭英国领土的目的。

埃及是世界文明的发源地之一,地处欧洲、亚洲、非洲三大陆的连接点,是古代东西贸易的必经之地。此时也是拿破仑建功立业的跳板。

战前准备

拿破仑集结了 3.7 万人,其中骑兵为 3000 人,拥有野战炮 60 门、攻城炮 40 门。为了运送和掩护远征军,法国海军倾其所有,组织了一支由 350 艘舰船组成的护航运输队为远征军保驾护航。

对于法国人的阴谋,英国其实早有

▲ [纪念邮票《拿破仑在埃及》]

▲ [阿布基尔海战——油画]

阿布基尔海战参战双方兵力如下：

法军：13艘战列舰，4艘巡防舰，指挥官布律埃斯；

英军：13艘战列舰，2艘巡洋舰，指挥官纳尔逊。

▲ [纪念邮票霍雷肖·纳尔逊]

阿布基尔是一个位于亚历山大东南56千米的海湾，呈长方形，长达80千米，一端靠罗塞塔不远，与尼罗河两个河口中的一个相连，由于常年从尼罗河口冲刷下来泥沙淤积，整个海湾内到处是浅滩暗礁和曲折的水道，对于不熟悉近岸水情的船只来说，阿布基尔是一个陷阱。

察觉，但他们猜测法国人的目标是英国本土、爱尔兰或者西西里岛。法国远征埃及的消息两周后才传到英国，英国地中海舰队司令约翰·杰维斯任命海军少将霍雷肖·纳尔逊进入东地中海，寻找并击毁法国舰队。

布律埃斯在阿布基尔布防

自从与拿破仑在埃及登陆后，法国海军将军布律埃斯本想前往科孚岛或返回土伦，但遭到多数将领反对，于是他决定前往阿布基尔停泊，并在海湾入口处的一个小岛上布置了一个炮群，同时布律埃斯把他的舰队变成了一个浮动堡垒，他们背倚海滩。布律埃斯自恃有岸上的炮群支援，仅命令濒海一侧的火炮保持战斗状态，其余人员可自由活动，法国水兵可以随意上岸游玩，一盘散沙。

发现法国海军并制订作战计划

霍雷肖·纳尔逊在海上行进搜寻法国舰队时，几次与法国舰队擦肩而过，但是始终未能大战一场。

在阿布基尔发现法国舰队后，纳尔逊召开了战术讨论会，他制订了一个颇为复杂的作战计划。他把舰队分为三个组，打算用两个组从不同方向冲击法国舰队，以打散他们的编队，同时集中力量各个击破敌舰，另一个组则趁机渗入法国运输船队，大肆屠戮。

法军错误的战术

纳尔逊指挥舰艇，经过一番试探之后，双方舰队陷入激战。英国舰队遇到法国舰艇上的火炮加岸上布防的炮群的攻击，战况堪忧。

此时，法国指挥官布律埃斯感觉英军有点不堪一击，于是想扩大战果，错误地使用了法国人最擅长的攻击对方索具的机动战术，这反而救了英国舰队，并使得法国舰队处于劣势。法国人惯于攻击对方索具的机动战术在阿布基尔的阵地战中毫无作用，虽然杀伤了英舰的人员，但不能重创敌舰，相反，英国人猛击吃水线的笨拙战术却非常奏效，数小时的激战令大多数法国舰只遍体鳞伤，奄奄一息。

悲壮的布律埃斯

在战斗中，法国指挥官布律埃斯的头部不幸受伤，不久又有一颗弹片打在他身上，接着一发炮弹炸断了他的左腿，几乎将他撕成两片，侍从想把他扶回舱内，被布律埃斯拒绝，他说："一个法国海军将军应该战死在后甲板上。"但是由于他使用了错误的战术，使得法国军舰在此战中大势已去，他最后也中弹而亡。

战争持续到夜间时，法国舰队的前卫已基本被歼，海面上到处是燃烧着的船只，弥漫的浓烟掩盖了大部分军舰，只有这些军舰的桅杆仍在炮火中时隐时现。纳尔逊命令挂起蓝旗，在后桅杆上悬挂一串垂直的蓝色信号灯，这样英舰就能够在浓烟中彼此辨识，继续攻击敌人。

战争持续了一夜，阿布基尔海战才结束。

法国舰队战败的消息令拿破仑非常沮丧，但不服输的性格使他从不承认失败，很快他就从消沉的阴影中摆脱出来。

战争结果

阿布基尔之战是18世纪最艰苦的海战之一。法国舰队在此战中覆灭，有11艘战列舰被击毁或击沉，伤亡超过5000人，其中死1700人。而英国舰船虽有受伤但无一艘沉没，人员伤亡1000余人，

▲ [传言中被拿破仑轰掉鼻子的狮身人面像]

据说1798年拿破仑入侵埃及时，趾高气扬，许多人拜倒在他面前，唯有斯芬克斯雄视东方，毫无低头称臣之意。拿破仑大怒，命手下炮轰狮身人面像，轰掉了它的鼻子。

这一说法并不真实，从拿破仑留下的日记和回忆录来看，拿破仑并非一介武夫，他从小就对历史感兴趣。1798年率兵出征埃及时，他带了一支近200人的科学艺术考察团，其中就包括一些历史学家和考古学家，从而留下了"让学者和毛驴走在队伍中间"的名言。

其中死200多人。

阿布基尔海战的重要意义还在于它的政治影响，自1770年以来，法国海军不断挑战英国的海上霸权，阿布基尔海战为这场斗争画上了句号，至少在地中海方面是如此。英国海军的胜利加强了它对俄国和其他欧洲国家的影响，直接促成了第二次反法同盟的形成。1799年3月，英国、奥地利和俄国结成了第二次反法同盟。

> 拿破仑征服世界，而征服拿破仑的居然是个33岁的寡妇，两人维持了近30年的婚姻，虽然最后离婚，但这个女人始终没有走出拿破仑的心里，她就是——约瑟芬。

特拉法尔加海战
英军海战史上的大胜利

特拉法尔加是直布罗陀海峡的一个海角。1805 年 10 月,英国海军在此同法国和西班牙的联合舰队进行了一场风帆战舰之间规模最大的海战。英国著名海军将领纳尔逊在这次海战中摒弃了战列线战术,采用了冲入敌阵进行穿插分割,然后攻击敌方旗舰的战术,取得了重大胜利。

古代海战

▲ [特拉法尔加海战——1822 年油画]

1803 年 5 月 16 日,英法两国战火重燃,拿破仑的目标是避开英国海军,用其精锐的陆军直接登陆进攻英国本土,为了把强大的英国海军从本土牵走,法国舰队在大海上和英国海军玩起了猫捉老鼠的游戏,但由于一系列战略、战术的失误,海军中将维尔纳夫率领的法、西联合舰队被封锁在加的斯港内,拿破仑对海军大为失望,放弃了进攻英国本土的计划。英国则派纳尔逊去彻底解决被封锁在加的斯港内的法、西联合舰队。而港内的法、西舰队司令维尔纳夫听到拿破仑将派人接替他的指挥时,愤而决定在新司令官到来前率舰队溜出加的斯港,而港外的英国舰队正等待这一时刻的到来。

官兵 16820 人，外加 4 艘巡洋舰和几艘辅助船。

纳尔逊计划

纳尔逊的计划是将英国舰队分成两个分舰队和一支预备队，一支分舰队由他率领，负责突破敌舰队中央，切断其前后联系；另一支分舰队由柯林伍德率领攻敌后卫。预备队负责消灭敌方旗舰，令对方陷入混乱，最后逐个歼灭被分割的法、西联合舰队。为了保证作战效果，纳尔逊在作战方式上给予了下属极大的自主权，只要求他们充分发挥积极主动敢于近战的精神。纳尔逊的作战计划让

▲ [伦敦广场上的霍雷肖·纳尔逊爵士雕像]

兵力对比

开战时，双方的海军实力差距不大。法、西联合舰队有战列舰 33 艘。其中 1 艘是当时最大的四层火炮甲板战列舰"三叉戟"号，其他的战列舰为 3 艘三层甲板战列舰；6 艘 80 门炮船；22 艘 74 门炮船；1 艘 64 门炮船。法、西联合舰队中还编有 13 艘各类巡洋舰，仅战列舰就有侧舷火炮 2626 门，共载官兵 21 580 名。

纳尔逊的舰队有 27 艘战列舰，其中 7 艘是三层火炮甲板战舰，其余 20 艘为双层火炮甲板战舰，合计有火炮 2148 门，

▲ [法国海军上将维尔纳夫]

维尔纳夫本是一个厌恶战争、渴望和平的人，此战开始前，维尔纳夫在写给德克雷的信中，预料法国舰队必然惨败，而他最大的恐惧是因此而成为全欧洲的笑料。可他是军人，军人的天职就是服从命令。

各舰长们极受鼓舞，将此战术称为"纳尔逊秘诀"。

战斗过程

1805年10月19日，法西联合舰队开始驶出加的斯港，但由于风向的问题，直到10月20日中午才全部驶入大海。而在这之前英国的侦察舰已经发现了法、西联合舰队，纳尔逊下令拦截。10月21日拂晓，双方不断接近，纳尔逊陆续发出"成两路纵队前进""备战"的命令。维尔纳夫知道战斗不可避免，为了便于舰队作战不利时撤入加的斯港，他下令舰队进行180度大转向，以使加的斯港位于舰队的下风位置，这一变化不仅严重影响了士气，而且造成联合舰队的队形陷入混乱。

在联合舰队因调转方向陷入混乱时，纳尔逊抓住战机下令进攻，英国军舰分成两个纵队，分别由纳尔逊乘坐的"胜利"号、科林伍德乘坐的"王权"号担任两个纵队的先导舰向联合舰队直插过去，特拉法尔加海战打响。

战斗进行15分钟后，"王权"号率领的分舰队突破联合舰队的后卫，两舷火炮开始一起射击，25分钟后，纳尔逊率领的分舰队也冲入联合舰队，开始时向联合舰队的前卫进攻，但很快"胜利"号率领分舰队突然转向联合舰队的中部发起进攻，这就是著名的"纳尔逊秘诀"，联合舰队的前卫丝毫没有注意到要求其

> 维尔纳夫投降后被送到英国，1806年4月获释，4月22日在巴黎死亡，胸口有六处刀伤，但记录上则是写自杀，当晚即被草草埋葬。据说是拿破仑派人把他干掉的。

回援的信号，而只顾前驶。约12时30分，"胜利"号穿过"布桑托尔"号时，一阵左舷齐射造成数百法国人伤亡。当其他两艘英舰上来围攻"布桑托尔"后，"胜利"号又向右与冲上来的法舰"敬畏"号交火，"敬畏"号是联合舰队中最小但是作战最勇敢的军舰，两舰进行了接舷战，在甲板上指挥作战的纳尔逊不幸被"敬畏"号上的狙击手击中负伤，而"敬畏"号随后也被俘虏。此后，法西联合舰队进行了竭力抵抗，但败局已定，在血战了2个多小时后，下午2时5分，联合舰队旗舰"布桑托尔"降下帅旗，舰队司令维尔纳夫被俘。

下午3时30分，在海战已经进行了2个多小时后，由迪马努瓦海军少将率领的联合舰队前卫返回了战场，但在返回途中有两艘自己的战舰竟然发生相撞而退出战斗，面对严阵以待的英国舰队，仅仅20分钟这次反攻就宣告失败。"胜利"号对掉头逃跑的联合舰队进行了一次齐射，"英国皇家海军之魂"纳尔逊就在这炮声中与世长辞。

特拉法尔加海战之后，法国海军精锐尽丧，从此一蹶不振，拿破仑被迫放弃了进攻英国本土的计划，而英国海上霸主地位也得以巩固。

古代海战

厄尔巴岛海战
荷兰对英国地中海贸易线的打击

厄尔巴岛海战又称为基督山之战，是第一次英荷战争期间英国和荷兰在地中海战场爆发的一次海战。

英荷战争是发生于17世纪至18世纪英国与荷兰之间的四次战争，其目的是争夺海上贸易主导权。在18世纪的第四次英荷战争中，英国击败荷兰，开始获取世界金融霸权。

[英荷战争中的战舰]

英国同荷兰共和国于1652年爆发战争后，两国舰队除在英吉利海峡和多佛尔海峡先后进行多次海战外，还在地中海、印度洋以及连接波罗的海和北海的各海峡进行了海战。

1652年，在厄尔巴岛和基督山之间的海域，英国和荷兰又爆发了一场海战。当时，为了保护本国的海上贸易，英国和荷兰都在地中海部署了一支规模不大的舰队。荷兰地中海分舰队由14艘战船组成，船上装有26～30门火炮，由范·盖伦率领。而英国舰队由15艘战船组成，这15艘英国战船又分编为甲、乙两队。

当甲队在地中海北部活动时，乙队就在地中海东部活动。英荷战争爆发时，英国在地中海的甲、乙两队战船准备在第勒尼安海会合。但范·盖伦显然不想让英国人如愿，他率领荷兰地中海分舰队试图将英国舰队各个击破。

1652年9月6日荷兰分舰队首先在厄尔巴岛以南海域将英国的乙队战船打败，然后将英国分舰队的甲、乙两队分别封锁于意大利的里窝那和厄尔巴岛，时间长达6个月之久。并在1653年3月，又设法将英国的甲队战船诱出了里窝那港，并在港口附近将其彻底歼灭。这样一来，英国的乙队战船只好撤出地中海。英国在地中海的贸易完全陷入瘫痪状态。

唐斯海战
西班牙殖民地保卫战的终结

唐斯海战是荷兰与西班牙之间的八十年战争和三十年战争的组成部分，此战迫使西班牙最终放弃了征服荷兰的企图。

1639年，西班牙为了镇压尼德兰反叛，在本土集结了一支庞大的海军，以西班牙和葡萄牙的联合舰队为主力，由77艘战舰组成，共配备了24 000名水手，其任务是夺取英吉利海峡的控制权。

9月6日，西班牙海军宿将安东尼奥·德·奥昆多指挥这支西班牙和葡萄牙联合舰队从里斯本起航，舰队首先前往敦刻尔克，当西葡舰队抵达西属尼德兰时，被布置在英吉利海峡的荷兰哨舰发现了。在海峡区有一支荷兰巡逻舰队，舰队的指挥官是马顿·特罗普，当时荷兰驻守此地的只有13艘战舰，在实力如此悬殊的情况下，荷兰海军统帅特罗普仍然决定开打。

荷兰舰队与西葡联合舰队遭遇于滩头岬，此片海域是一片浅海，暗礁和沙洲密布，西葡联合舰队的船全是大吨位的远洋战舰，以"圣·特里萨"号为例，它拥有68门炮，载员1 000人，如此庞然大物，在此处狭窄的浅海完全无法发挥实力。

当海战爆发后，荷兰海军统帅特罗普采用了海盗式的海上穿插战术，小巧

▲ [荷兰海军统帅马顿·特罗普]

而又分散的舰队就像是几匹狼窜进了羊群，造成了西葡联合舰队的混乱，西葡联合仓促间急忙开炮，大量的炮火释放的浓烟导致海面模糊起来，紧张的西班牙人和葡萄牙人看不清对手，以为遭到荷兰人的进攻，用重炮对轰起来，打得非常热闹，在西葡舰队"相互残杀"时，荷兰海军悄悄退出战区，成了这场海战的旁观者。

当西葡联合舰队渐渐停下来时，荷兰海军开始进场收割这些伤痕累累的战舰，西葡联合舰队一路南逃，荷兰海军紧追不舍，海战史上奇怪的一幕发生了，77艘体形庞大的战舰居然被13艘小型战舰一路猛追，西葡联合舰队也真够狼狈的，他们被迫退到中立国英国的唐斯港。按照国际法，荷兰海军不能对英国港口发动进攻，于是西葡联合舰队开始抛锚停航，修补战舰。而荷兰海军也不敢贸然攻击，毕竟他们只有13艘战舰，他们只是围在港外封锁了唐斯海，并向周围的荷兰海军求援。荷兰方面征调了所有能够参战的船交由特罗普指挥，当所有船只到齐后他的舰队包括了105艘战舰和12艘纵火船，虽然无法在单位吨位上与西葡联合舰队的船只相比，但毕竟数量上占据了优势。

1639年10月21日，西葡联合舰队

> 三十年战争发生于1618—1648年，是由神圣罗马帝国的内战演变而成的一次大规模的欧洲国家混战，也是历史上第一次全欧洲大战。这场战争是欧洲各国争夺利益、树立霸权的矛盾以及宗教纠纷激化的产物。战争以哈布斯堡王朝战败并签订《威斯特伐利亚和约》而结束。

休整完毕，企图突破荷兰海军的封锁，荷兰海军将领特罗普发动了攻击，他巧妙的使用纵火船与火炮，指挥荷兰海军117艘船将西葡联合舰队77艘战舰堵在狭窄的锚地内一通猛揍，此战结束时，西葡联合舰队只有奥昆多海军上将率7艘战舰设法趁着燃烧的浓烟逃出。

唐斯海战标志着世界海军力量的重大转折，西班牙因这次海战在三十年战争之后到18世纪初，都未能重建其海军优势，荷兰彻底取代其成为世界最强大的海军力量。但唐斯海战发生在英国领海范围，公然破坏了英国的中立立场，对于英国来说，海军无力干预是其一大耻辱。英国对这次事件的怨恨对后来第一次英荷战争的爆发产生了一定影响。

> 八十年战争发生于1568—1648年，是尼德兰联邦清教徒反抗西班牙帝国统治所展开的战争，西班牙帝国称之为低地国叛乱。

波特兰海战

英荷"三日海战"

波特兰海战是第一次英荷战争期间，英荷两国舰队在波特兰海域进行的战斗，也称三日海战。

1652年2月28日，荷兰海军上将特罗普护送一支由150艘帆船组成的货船，满载着财物，在经过英吉利海峡返回荷兰途中，行驶到英国波特兰以南海域时遭遇了由英国布莱克海军上将指挥的帆船舰队。

荷兰商船队驶离舰队向法国海面驶去，特罗普则插入商船队和敌人之间。两支舰队的数目相差无几，但英国人拥有较大型的舰只，双方战斗一触即发，

▲ [17世纪的船1]

造船师所画的拥有90门大炮的船首。船首的装饰是一个骑马的人。船首舷栏和船体托架相连，一直向上延伸到吊锚杆上。5个人的全身塑像装饰着鸟嘴状船首的舱壁。艉楼下环绕的炮眼为雕刻花环包围，用着色的横饰带连起来。

▲ [17世纪的船2]

海军验船师所绘截面图的前部。显示了火炮甲板、最下层甲板和下面的船舱。在艉楼下有炉灶和厨房。系有锚链的锚链柱位于厨房下面较下层的火炮甲板上。

由于风向不定，军舰分散，海战变成了舰群间的交战。荷兰军舰由于经过远航，人员疲劳，又要保护商船队，行动受到很大限制，损失逐渐增多，弹药也开始短缺，只有30艘军舰尚能战斗，一些商船被俘或被击沉。双方在海上激战了整整3天，特罗普才突破了英国的海上封锁，将大部分荷兰商船安全送回本国。此战，荷兰损失军舰11艘，商船40艘，人员2000名；英国损失军舰4艘，人员约1000名，舰队司令布莱克负伤。

英国人对他们的胜利并不高兴，虽然布莱克设法俘获了一些荷兰溃逃的商船队，但荷兰大量的护航舰只在战斗中逃回了基地港口。这次战斗和通常的战斗相似，仍属一场混战，因此仍然是非决定性的胜利。

在此战后，荷兰人开始建造真正的重型战舰，而不是通过招募武装商人来取代损失。而英国人则改良了风帆舰作战战术，1653年4月8日，英国海军统帅布莱克颁布了海军发展史上两个历史性的文件，即《航行中舰队良好队形教范》和《战斗中舰队良好队形教范》，第一次明确确立了战列线战术的地位。

戈格兰海战

打破波罗的海制海权

戈格兰海战是 1788 年 7 月在俄瑞战争期间，俄国舰队和瑞典舰队在戈格兰岛海区进行的海战。俄罗斯舰队取得了胜利，打破了瑞典掌握波罗的海制海权和夺取圣彼得堡的计划。

18 世纪后期，瑞典先后与波兰、丹麦、德意志等国进行了一系列战争，逐步侵占了波罗的海沿岸地区、厄塞尔岛和果特兰岛、德意志北部的大片领土以及奥得河和易北河上的通航河口，波罗的海几乎变成了"瑞典的内湖"。

瑞典的侵略行径引起波罗的海沿岸诸国的不满和恐惧，瑞典国王古斯塔夫三世怂恿俄国协助他从丹麦手中夺取挪威，遭到俄女皇叶卡捷琳娜二世的拒绝后，便在 1788 年 6 月向俄国宣战。瑞典海军部派出卡尔·南曼兰将军率舰队摧毁了俄国舰队，并将其残部围困在喀琅施塔得，然后遣送 2 万名登陆兵在奥拉宁包姆地区或红山炮台附近登陆，企图夺取圣彼得堡。

7 月 6 日晨，俄国海军上将格雷格指挥着分舰队在戈格兰岛以西海区发现瑞典分舰队，这一发现令他惊喜，于是他悄悄地尾随其后，并向瑞典海军发起突袭，一时间硝烟四起，交战中，格雷格的旗舰"罗斯基斯拉夫"号重创并俘获了卡尔·南曼兰的旗舰"古斯塔夫亲王"

▲ [瑞典国王古斯塔夫三世]

古斯塔夫三世（1746—1792 年），是卡尔十三世之兄、普鲁士国王腓特烈二世的外甥，也是俄罗斯女皇叶卡捷琳娜二世的表哥，在瑞典历史上褒贬不一，他建立了一支当时实力在欧洲数一数二的舰队，每年颁布诺贝尔文学奖的瑞典学院和瑞典王家歌剧院也是他建立的，在 1792 年的一场化装舞会上被刺杀身亡。

号。其他瑞典军舰不敌俄国军舰的炮火，被迫撤至斯维亚堡，并被俄国舰队封锁在该地。

戈格兰海战是俄国海军历史上的一次重大胜利，它打破了瑞典掌握波罗的海制海权和夺取圣彼得堡的计划。

切什梅海战

远征土耳其

俄国女沙皇叶卡捷琳娜二世为了扩张俄国在黑海的势力范围,决定调遣波罗的海舰队从海上远征土耳其,在切什梅海战中,俄军以极少的代价歼灭了土耳其海军,在黑海站稳了脚跟。

1769年8月,俄海军波罗的海舰队的一部分战舰,通过地中海进入爱琴海,与土耳其海军对峙。当时的土耳其海军在爱琴海上的兵力十分强大,远远优于远道而来的俄国舰队。同时,俄舰的补给很困难,海军陆战部队也数量甚少。然而土耳其人对于俄国舰队进入爱琴海准备不足,缺乏决战的勇气和信心,而俄国舰队正好相反,他们历尽千辛万苦远征爱琴海,为的就是同土耳其人决战。因此尽管对手远比他们强大,俄国舰队还是决定发动攻击。

▼ [切什梅城堡]

切什梅镇位于伊兹密尔以西,切什梅意为"喷泉",港口为防御海盗而在14世纪建立了一座城堡,在切什梅海战中遭到损坏。

古代海战

1770 年 7 月，由俄国海军上将阿列克谢·格里戈里耶维奇·奥尔洛夫率领的远征舰队在切什梅湾海域发现了土耳其的舰队。土耳其舰船排成两条战斗线，在希俄斯海峡距岸 0.5 海里抛锚停泊，摆开了防守阵形。当时俄军有战列舰 9 艘、巡洋舰 3 艘、攻坚舰 1 艘，辅助船和运输船 17 艘，共有火炮 820 门，而土耳其军有战列舰 16 艘、巡航舰 6 艘和小船约 50 艘，共有火炮 1430 门，由海军总督哈桑·贝伊统领。

俄军舰队通过舰长作战会议，确立了斯皮里多夫海军上将（俄国分舰队作战的实际指挥官）提出的作战计划，该计划抛弃了当时奉行的线式战术原则，而是将舰船排成几乎垂直于敌人的单纵队，从近距离攻击敌前卫和中军，同时用数艘军舰集中突击土耳其舰队的旗舰，以打乱土耳其舰队的指挥。

俄国舰队前卫在斯皮里多夫指挥下对敌舰发起攻击。经过两小时激战，土耳其舰队的旗舰"雷阿尔·穆斯塔法"号被击沉，土耳其舰队失去指挥，在岸防炮连的掩护下退入切什梅湾，尔后被俄国分舰队封锁在湾内。

由于俄国海军是远征，所以土耳其人知道，补给的困难将会有效地制约俄国海军，他们只要坚守下去，用不了多久，俄国人自己就会退兵。所以土耳其舰队龟缩不出，只依靠岸上的炮火进行阻击。

为了彻底消灭土耳其舰队，斯皮里多夫命令格雷格海军少将指挥前卫 7 艘军舰驶往切什梅湾的入口处。夜间，前

[《库楚克－凯纳尔吉和约》签订纪念碑]

由于战场的失利，以及克里米亚汗国在压力下宣告脱离土耳其的保护而独立（实际上被俄国控制，1783 年被其正式吞并），土耳其帝国最终不得已于 1774 年 7 月 21 日与俄国签订《库楚克－凯纳尔吉和约》，俄国得到割地赔偿和 250 万卢布的战争赔款，同时还获得了黑海沿岸两个重要军港。尤其是其后俄国完全控制克里米亚半岛，成为其向黑海争霸以求进入地中海的重要基地。

卫各舰冒着敌人的炮火进入切什梅湾，抛锚停泊，向敌舰发射燃烧弹。随后又派出 4 艘纵火船进行火攻。到拂晓时，土耳其舰队被彻底消灭。

此战土耳其 15 艘战列舰、6 艘巡航舰和 40 余艘小船被毁；1 艘战列舰和 5 艘大桡战船被俘；至少有 1 万人死亡。而俄国舰队的舰船无一损失，仅死 11 人。俄军创造了世界海战史上的一个奇迹。

切什梅海战的失败使土耳其不得不彻底放弃在希腊群岛向俄军发动进攻的企图，转为集中力量保卫达达尼尔海峡和濒海要塞。俄国舰队则完全控制了希腊群岛，破坏了土耳其在爱琴海及整个地中海上的生命线，对迫使土耳其签订有利于俄国的《库楚克－凯纳尔吉和约》起了关键性作用。为了纪念切什梅海战，俄国专门铸造了奖章，并建立了一座纪念碑，即切什梅海战纪念柱。

▼ [帕特雷湾]

帕特雷湾背靠帕纳哈克斯山,是希腊西部通往意大利和爱奥尼亚诸岛的重要航线。

帕特雷湾海战

袭击阿乌萨港计划的夭折

18世纪后期,土耳其和俄国海军曾多次交锋,1772年10月26—28日发生的帕特雷湾海战便是其中比较典型的一次。

驻防在希腊群岛的俄国分舰队在1772年10月的一天收获情报:"土耳其方面将会袭击阿乌萨港,以便消灭在此地驻防的俄国海军。"为了破坏土耳其方面的计划,俄军海军上校科尼亚耶夫决定先发制人,10月26日,俄国海军趁着夜色悄悄驶入土耳其的海军基地帕特雷湾,猛烈开火,打了土耳其海军一个措手不及,并将土耳其分舰队封锁在帕特雷湾内。

为了冲破俄国海军的封锁,土耳其分舰队和俄国海军双方展开激战,整个帕特雷湾内炮火连天,火光冲天,从晚上打到白天,在10月28日的炮战中,俄国舰队逼近土耳其分舰队,近距离发射球形弹、双头弹、霰弹和球形燃烧弹,加上俄国舰队的偷袭,彻底击败了土耳其分舰队。

此战俄国舰队共击沉土耳其9艘巡航舰和8艘辅助船只,击毙200多人,而俄国舰队只受到轻微损伤。尽管土耳其分舰队数量上占优势并占据有利阵位,但俄国舰队采取了果断突袭的战术,而且全体官兵表现出的战斗素养,也令当时世界各国海军吃惊,此战也打破了土耳其袭击阿乌萨港,以期消灭俄国舰队的计划。

古代海战

阿索斯海战
封锁达达尼尔海峡

1807年6月，土耳其海军从达达尼尔海峡出发，企图占领或将俄军封锁在俄国的海军基地特内多斯岛，俄军分舰队司令谢尼亚文中将，以计谋围剿土耳其旗舰，击败了土耳其舰队。

1807年6月10日，土耳其分舰队在赛义德·阿里指挥下驶出达达尼尔海峡，希望占领特内多斯岛的俄国海军基地，或者将俄国海军封锁在基地内，也算达成战略目的。

当土耳其分舰队到达特内多斯岛时，发现俄国海军舰队并未在基地，于是在炮轰了特内多斯岛的要塞一天后，土耳其士兵开始登岛。第二天，当赶回救援的俄国分舰队到达特内多斯岛时，土耳其军舰队担心被前后夹攻而退回海上。俄国分舰队在后面追击，土耳其分舰队边战边退，把俄国分舰队引向阿索斯半岛海域的另一只土耳其分舰队。

阿索斯一战是不可避免了，此时土耳其海军有火炮1196门，而俄方仅有754门，双方的兵力对比悬殊，面对这种情况，俄国海军中将谢尼亚文制订了详细的作战计划：利用上风位置，首先攻击土方的3艘旗舰。对每一艘旗舰都用两艘俄国军舰从一舷进行突击，从而使俄方在炮火上占据优势。俄国其他军舰

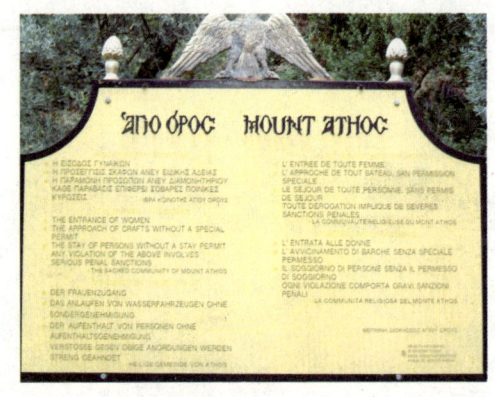

▲ [阿索斯山的进入规定]

阿索斯山是希腊神话中的圣山，此山上有几十座修道院，自1060年以来，阿索斯山就制定了"禁止女人上岛"的规定。如果女人们想满足对圣山的好奇，只能乘船在海面上，用望远镜一览圣山的风采。

的任务是阻止土耳其舰队其他舰艇支援旗舰。

俄国人充分利用了土耳其人认为只要旗舰不在，就不再顽强战斗的心理。

战斗打响时，俄国舰队依照计划分割土军3艘旗舰，并全力进行打击，而土耳其后方军舰在企图支援旗舰时，受到俄方其他军舰的狙击，始终无法靠近旗舰。被围剿的土耳其旗舰在无援军的情况下，开始溃逃，而其他军舰见此情景也纷纷调转航向撤退。至此俄军获得了胜利。

阿索斯一战，土耳其舰队共损失战列舰3艘、巡航舰4艘、轻巡航舰1艘。俄方军舰无一损失。由于在阿索斯海战中获胜，俄国舰队巩固了自己在地中海的地位，加强了对达达尼尔海峡的封锁。

阿索斯海战中俄军的战术也丰富了海军战史，攻击敌方旗舰的作战方法被记入史册。

韦桑岛海战

截击商船队

1793年法国粮食严重歉收，不得不从北美洲调集物资，英国得知此消息后，遂展开截击，双方在大西洋的韦桑岛海域爆发海战。

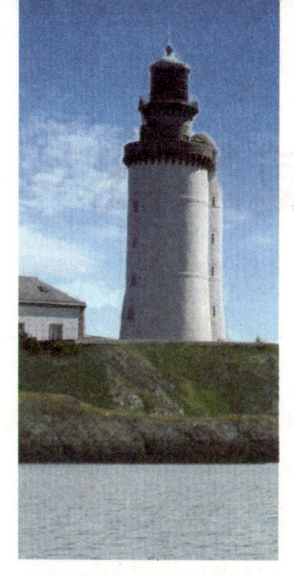

[韦桑岛标志：勒斯提夫灯塔]

勒斯提夫灯塔位于韦桑岛的东北角上，始建于1699年，为花岗岩砌筑的双圆形塔楼，塔身顶部有一个4米高的石塔，上面放了一个灯笼。塔身为白色，灯笼为黑色，塔高32米，灯高85米。

1794年5月下旬，法国的L·维拉雷特·约伊斯海军少将率布雷斯特分舰队从布雷斯特港出发，前去迎接一支包括130艘满载粮食和食品的商船队，这是从北美洲往法国运送物资的商船队。

5月28日，在韦桑岛以西400海里水域，法国分舰队与英国R·豪海军上将指挥的担任封锁任务的分舰队遭遇，双方发生战斗，此时法国分舰队有战列舰26艘、巡航舰7艘，而英国分舰队有战列舰25艘、巡航舰7艘、辅助船6艘，双方实力接近。战斗开始后，少数英舰与法国三层甲板船"革命者"号作战，法舰"革命者"号和英舰"无畏"号重伤后退出战斗。29日晨，双方舰队成战列线交战。英舰队位于下风处，豪将军命令舰队穿过法国舰队占领上风阵位。经过8小时战斗，法舰遭到重大损失，约伊斯率舰队撤退。30日，法国分舰队极力牵制英国舰队，使商船队得以安全通过战区，驶抵布雷斯特。

6月1日，双方分舰队再次遭遇。英国军舰位于上风发起猛攻，部分英舰突破法舰队列，将法国舰队拦腰截断，双方混战。英军旗舰"夏洛特皇后"号与法军旗舰"蒙太涅"号激战持续数小时。法舰"复仇者"号被击沉，多艘受重创的法舰因被切断后路而投降。将近中午，法国舰队开始向布雷斯特撤退。英国舰队也因损失严重而无力追击。

此次海战，法国舰队损失战列舰7艘（1艘沉没，6艘被俘），另7艘被重创，伤亡及被俘7000人。英国舰队则有11艘战列舰受创，伤亡1150人。法国分舰队虽在海战中失利，但达成了护送运输队到布雷斯特的任务。

> 1792年8月10日，法国巴黎人民起义，推翻了国王路易十六的统治，并于9月宣告成立法兰西共和国。1793年春，英国、荷兰、奥地利、普鲁士、西班牙、撒丁、那不勒斯和俄国组成第一次反法同盟，从四面向法国本土进攻，并支持法国保皇党人叛乱。

古代海战

巴勒莫海战

法国海军一战成名

非凡海洋大系　影响历史的海战

1676年，荷兰海军灵魂人物勒伊特的去世，使地中海的荷兰舰队再也无力阻止法国对墨西拿与西西里的补给，他们不敢迎战，只得终日困守于巴勒莫港内，但仍然未能改变此地被侵占的命运。

巴勒莫位于西西里岛西北部，由于地形险要形成天然良港，关键是它伸入地中海里，被喻为最美的海岬，同时也是法国和荷兰多次争夺之地。

1676年，荷兰、西班牙的联合舰队驻守在巴勒莫，此举令法国人大为不爽，于是派维欧尼伯爵率领大桨舰队，前去铲除此处荷兰、西班牙联合舰队的驻军。

维欧尼伯爵勘察了巴勒莫的地形与荷西联合舰队的情况后，用9艘战舰置于港口东北，以炮火与纵火船为主力袭击锚于此处的荷西联合舰队船只。荷西联合舰队的战舰匆忙起锚，但仍被法军点燃轰沉，多艘荷兰战舰冒死突围，但在出港处又遭到维欧尼外围埋伏的痛击。荷西联合舰队完全崩溃了。

巴勒莫海战不仅使法国完全控制了西地中海，也证明了法国舰队的实力正在不断增强，法国不再仅是欧洲大陆上的猛虎，使守护海峡的英、荷、西等国的海军也为之胆战。此战促使了1678年法国国王路易十四与各国签订《奈梅亨条约》，宣告他在法荷战争中的全面胜利，法兰西王国的国势达到了顶峰。

◀ [巴勒莫海港]

巴勒莫是意大利西西里首府，这里的古迹建筑没有金碧辉煌的傲人外观，特色是诺曼、拜占庭及阿拉伯三种风格的建筑物并存，一些建筑物具有浓厚的阿拉伯色彩，比如圆柱及墙壁雕刻，意大利文豪但丁称赞这里是"世界上最美的回教城市"。歌德曾经称这里是"世界上最优美的海岬"。

▲ [切萨皮克湾海战——油画]

切萨皮克湾海战

切断英军补给线

切萨皮克湾海战是美国独立战争期间，英、法两国分舰队在美国弗吉尼亚州东部切萨皮克湾进行的海战。此战促使了约克城英军的投降，也加快了美国独立的进程。

在1781年时，美国的独立战争进入决定性阶段，华盛顿的大军接连取得胜利，使美国南部各州获得解放，英军则占领着美国东部几个港口，扼守己方后勤补给的入口，万一战败，也能借着港口将自己的部队撤退，而切萨皮克湾就是其中重要的一处。切萨皮克湾是约克城驻守英军的补给线，也是侧推通道。

1781年3月16日，美国的联军法国海军为了侦察此处的敌情，对驻守在切萨皮克海域的英国舰队进行了试探性的袭击，在与英舰的短暂接触后就撤离了。此后，法国经过几个月的准备，1781年9月初，法国海军中将弗朗索瓦·约瑟夫·保罗·德·格拉斯率分舰队从西印

◀ [《巴黎和约200周年》邮票]

切萨皮克湾海战的结果导致了《巴黎和约》的签署，这枚邮票就是为了纪念和谈而发行的。美国邮政在1983年发行了《巴黎和约200周年》邮票，图案为亚当斯、富兰克林和约翰·杰伊（左起）与英国代表戴维·哈特利（David Hartley）（右座者）在签署《巴黎和约》的场景。

度群岛出发，进至切萨皮克湾入口处停泊，切断英军海上供应线。

英方为打破海上封锁，由T·格雷夫斯海军少将率分舰队驶往切萨皮克湾。9月5日晨，法舰队发现英舰队后，立即下令起锚迎击。此时法舰队有战列舰24艘，旗舰为"巴黎城"号，而英舰队有战列舰19艘，旗舰为"伦敦"号，从军舰数量上看，法军占据上风。

双方交战后，格拉斯命令分舰队绕过亨利角向东航行。格雷夫斯分舰队则列成纵队从北面接敌。经数小时机动后，双方开始炮战。后因风力减弱，英舰队的中央分队和后卫分队因不能迅速前进，处于炮火射程之外，致使前卫分队受法舰猛烈的炮火攻击，处于孤立无援境地。英舰"恐怖"号遭重创后被弃。格雷夫斯命令分舰队停止前进，撤出战斗。格拉斯也率分舰队返回切萨皮克湾，停泊在亨利角外。9月10日，法舰队又得到8艘战列舰增援。13日，英舰队被迫撤退。

切萨皮克湾海战是一场规模非常小的海战，只有24艘法国战舰和19艘英国战舰投入战斗，双方损失都不大，加在一起也就只有不到500人的伤亡，但是这场海战直接支持了华盛顿在1781年攻击约克城的行动。因为赶走了切萨皮克湾的英国海军，使约克城的英军丧失了撤退的希望，最后只得投降。约克城军团的投降又导致了英国在美洲大陆有组织的军事行动的彻底破产，英军政府彻底放弃了美洲殖民地，使美洲在经过6年的战争后建立了一个新的国家——美国。

近现代海战

Modern Naval Battle

卢夫腾岛海战
战列巡洋舰间的交锋

卢夫腾岛海战是第二次世界大战中为数不多的战列巡洋舰之间的交锋，英国皇家海军凭借先进的雷达技术取得了战术上的胜利。

▲ ["萤火虫"号驱逐舰]

1940年4月，德国发动代号"威悉河演习"的军事行动，从海路入侵挪威。德国海军元帅雷德尔命令海军少将吕特晏斯率战列巡洋舰"沙恩霍斯特"号和"格奈森瑙"号、重巡洋舰"希佩尔海军上将"号及10艘驱逐舰为登陆部队护航。尽管德军依靠压倒性优势占领了挪威，但奉命救援挪威的英国皇家海军也表现出惊人的勇气，令德军付出惨重的代价。

英国"萤火虫"号被击沉

当德国海军在开始集结之时，英国情报部门就获取了德国人要对挪威出兵的消息，于是英国海军上将怀特沃斯爵士率领一支舰队出海，前往挪威海域布雷，意图牵制德军的行动。

英国海军舰队由旗舰"声望"号战列巡洋舰和"萤火虫"号等一共9艘驱逐舰组成，进入挪威海分散布雷，其中"萤火虫"号驱逐舰越走越远，并与德国军舰遭遇，舰长鲁普上校命令全舰准备战

> 战列巡洋舰出现的年代正是1906年"无畏"号战列舰刚刚下水的时候，当时的英国人为了应对远洋海域的突发事件，并且维护海外殖民地，迫切需要一种跑得比战列舰快、火力与战列舰不相上下、不像"无畏"号装甲那么厚重的大型战舰。于是，战列巡洋舰应运而生了，它也许打不过"无畏"号战列舰，但是具有高航速，足以威慑英国殖民地与其海外敌人，能够凭借强大的火力对付战列舰。
>
> 虽然战列巡洋舰拥有这样多的优点，但失去了雷达的辅助也将变成"瞎子"，此战中德国人就是败在了这一点上。

斗，但是靠近后才发现他们面对的是德国重巡洋舰"希佩尔海军上将"号和4艘驱逐舰，这是一场完全不对等的遭遇战。"萤火虫"号全体官兵发起了勇敢的进攻，虽然也重创了德国重巡洋舰"希佩尔海军上将"号，但很快被德国军舰密集的炮火击沉。在沉没前"萤火虫"号曾向英国舰队发去敌情通报，坐镇"声望"号的怀特沃斯立即召集在附近执行布雷任务的驱逐舰赶往出事水域增援。

但是，当英国舰队到达出事地点时，海面上空荡荡的，战争已经结束。

"二战"首场战列巡洋舰对决

在怀特沃斯返航执行原定的警戒布雷任务途中，由于海面上风急浪高，"声望"号渐渐偏离了原定航线，和护航的一些驱逐舰失散，在卢夫腾岛海域与德国海军王牌"沙恩霍斯特"号和"格奈森瑙"号相遇，"二战"首场战列巡洋舰对决即将拉开帷幕。

双方火力对比如下：

德方：两艘德国战列巡洋舰共装备了18门280毫米火炮。雷达系统老旧，性能远远达不到英国雷达的水平，并且工作性能并不稳定。尤其在北大西洋这种恶劣的环境下，德国雷达的情况堪忧。

英方："声望"号只有6门381毫米火炮。配有先进雷达。

在北大西洋恶劣的环境下，雷达性能优劣对胜负起着决定性的作用。英军"声望"号凭借先进的射控雷达率先锁

▲ [德国海军元帅雷德尔]

德国海军元帅雷德尔1894年参加海军，曾作为巡洋舰舰长参加了第一次世界大战，后来希特勒积极进行扩军备战，于1928年任命他为海军总司令。作为希特勒的智囊团成员之一，他经常为希特勒出谋划策，参与了德国纳粹的历次重要秘密会议。1939年雷德尔晋升为海军元帅，带领德国海军参与了第二次世界大战。

定了德舰并先敌开火。

德军战列巡洋舰在被英舰轰击了近10分钟后，在双方距离不断缩短的情况下，两艘德舰才得以向"声望"号还击。

由于毫无还手之力地被"声望"号射击了近10分钟，"沙恩霍斯特"号上的雷达出现了故障，如同一个盲人，而另一艘"格奈森瑙"号此时也丧失了1/3的火力。于是德舰开始溃逃，而英国"声望"号带着聚拢而来的十几艘驱逐舰犹

入侵挪威和扩大大西洋海上袭击的策略，就是由雷德尔提出的。他还建议德国军队占领希腊全境和控制地中海，主张以"无限制潜艇战"打击同盟国的商船，包括中立国的船只。第二次世界大战结束后，雷德尔接受了纽伦堡国际军事法庭的审判，最后以共同策划或密谋破坏和平罪和战争罪被判处无期徒刑。

如猎犬,在后面紧紧咬住两艘德国战列巡洋舰不放;德舰根本无力反抗,全速撤退,在恶劣的天气及雷达系统几乎没什么用的情况下,德国舰队在北海上兜了一个大圈,以图迷惑可能追来的英军。在经历了数日的艰苦跋涉之后,最终这两艘德国战舰避开了英舰的搜索,跌跌撞撞回到了德国北部的威廉港。

战后总结

德方认为:虽然英国海军在卢夫腾岛海战中取得了胜利,但那只是"十分渺小的战术成功",在战略上失去的更多,因为"沙恩霍斯特"号和"格奈森瑙"号将英国军舰拖住了足够长的时间,让德国登陆部队能够不受干扰地在挪威纳尔维克港顺利登陆,进而占领该国腹地,尤其是夺取了重要的铁矿。

英方认为:凭借英国皇家海军于挪威海域取得的一系列胜利,其中包括卢夫腾岛海战在内。盟军得以和德军在纳尔维克形成了对峙局面。

德军由于无法进行海上补给,大量物资不得不通过空运来维持。形势逐渐变得对盟军有利。之后,盟军重新夺回了纳尔维克市区。

然而在德军对法国和低地国家发起入侵后,盟军开始从挪威撤军,德国终于得以占领了挪威全境。

但是在挪威战役期间,德国海军损失了许多宝贵的舰只,这使得此后相当长的时间内德军海军无法全力投入战斗。

▲ [战列舰上的雷达装置]

雷达是一种利用电磁波探测目标的电子设备,它在白天黑夜都能探测到远距离的目标,发射电磁波对目标进行照射并接收其回波,从而获得目标至电磁波发射点的距离、速度、方位、高度等有效信息,并且不会受到雾、云和雨的干扰。因此,雷达一经问世,就成为各国军队必不可少的电子装备。

在此战中,英国舰队和德国舰队的战列巡洋舰遭遇,原本算是势均力敌,然而英国舰队借助自己在雷达技术上超越德国的优势,掌握了战争的主动权,在德国人还未探明其方位时就得知了对方的确切动向,因而能提前展开攻势。在战斗中,英国舰队能够随时利用雷达探清敌舰与自身的距离,锁定目标,从而将敌舰始终控制在火力范围内;德国战舰却因为雷达故障无法正确估算英国战舰相对自己的方位,使发射出的炮弹难以准确地击中目标。正由于英国舰队的雷达发挥了相当好的效果,才促使德国舰队狼狈而逃。

低地国家是对欧洲西北沿海地区的荷兰、比利时、卢森堡三国的统称。

厦门海战

中英厦门之战

厦门海战双方实力悬殊，完全是一场非近代化的军队与近代化军队之间的海战。

厦门在清代时发展成为仅次于广州和上海的第三大航运中心，因此地位变得非常重要，而且清朝第一支大型海上武装力量的指挥部——福建水师提督衙署就设在这里。

19世纪中期，英国侵略者为保护所谓的鸦片贸易，依仗其船坚炮利，发动了侵略中国的战争。英国侵华舰队于1840年6月抵达广东海面后，清朝闽浙总督邓廷桢随即下达战备令，加紧修筑厦门的140门火炮炮台，招募水兵，将厦门、鼓浪屿、屿仔尾等处的守兵增至1600人，配备火炮266门，另有后备乡勇兵1000人。

英军屡次挑衅

英国舰队到达厦门海域后，英舰"布郎底"号接近岩边进行侦察，并试图登岸，被邓廷桢部将赶走。之后英军多次前来挑衅，他们先向岸上开炮，厦门炮台予以还击，之后英国又将舰船闯入青屿口，直闯入内港。福建水师游击将军任经猷、都司张然带领10余艘战船冲上前去开炮拦截。一次次挑衅，一次次被拦截，英

▲ [邓廷桢雕像]

邓廷桢，字维周，又字嶰筠，晚号妙吉祥室老人、刚木老人。邓廷桢是在鸦片战争中与林则徐、关天培齐名的可歌可泣的抗英英雄，也是公开反对割让香港的第一人。

国舰船对厦门沿海进行持续的骚扰。

占领了厦门的鼓浪屿炮台

1841年，璞鼎查任英国驻华全权大使，他上任后第一件事就是率领"威里士厘"号等10艘军舰，以及"西索斯梯斯"号、"弗莱吉森"号、"复仇神"号、"皇

衙署，指中国古代官吏办理公务的处所。《周礼》称官府，汉代称官寺，唐代以后称衙署、公署、公廨、衙门。衙署是城市中的主要建筑，大多有规划地集中布置，采用庭院式布局，建筑规模视其等第而定。

游击将军，官名。汉朝始置，为杂号将军之一。

都司即都指挥使司，是官署名，属于行省三司之一。

[英军指挥——璞鼎查]

璞鼎查，在1840年侵略阿富汗战争中晋封男爵。1841年4月，被英国政府任命为侵华全权代表，来华扩大侵华战争。亲率舰队攻陷厦门、定海、镇海、宁波和乍浦。

后"号4艘轮船及搭载了陆军2519人的22艘运输船，兵分两路扑向厦门。左路英舰炮击鼓浪屿，右路则开始攻击厦门海岸的炮台。

英军经过前面多次骚扰已经基本掌握了厦门周边炮台的具体情况和射击死角，另外，因为每次英军骚扰后，只要驻守的军队还击，对方就会退兵，致使官兵麻痹大意。没想到，这次英舰轻易地就避开了炮火，陆军还冲进内港，以舢板强行登陆。随后英军占领了厦门的鼓浪屿炮台。

占领厦门

尽管厦门的炮台相当坚固，但是分散配置在各个地域。就这样，英军以数艘军舰上的炮火集中轰击一座炮台，将其炸毁后再攻击另外一座，致使厦门海岸的大部分炮台先后被击毁。

随后，英军在厦门南普陀附近登陆，立即掉转海岸上未被击毁的大炮炮口轰击厦门城，城内被一阵乱轰，福建水师颜伯焘率领所部退往石寨，后又退到同安，于是英军入城，并缴获了厦门沿岸的清朝水师战船26艘，其中包括装有32门火炮的较大战船。

厦门海战中，清英海军力量过于悬殊，清军虽殊死抗争，但终究失败，英国海军轻易就夺取了厦门。

英军掠夺完厦门之后，除留下500名官兵盘踞鼓浪屿外，其主力继续北侵，后来中国近代史上的第一个丧权辱国的不平等条约《南京条约》就是和这支部队签署的。

▲ [签订《南京条约》]
英国代表璞鼎查与清朝钦差大臣耆英在英军旗舰"康华丽"号上正式签订了中英《南京条约》。

舟山海上奇袭

中英舟山海战

1841年8月,英军入侵舟山,面对英军的疯狂侵略,葛云飞、王锡朋、郑国鸿三位总兵率领5000名将士,与敌激战6昼夜,那悲壮不屈的民族精神成为历史中的光辉篇章。

舟山群岛是我国的东大门,由1339个岛屿组成,是我国最大的群岛。舟山岛是我国第四大岛,舟山市所在地定海城西隅晓峰岭,是150多年前鸦片战争的主战场之一。

染指舟山岛

1840年7月4日,在舟山岛的船形崖壁上巡视的清廷官兵,看到一支外国船队正在驶近。尽管一开始他们有些迷惑不解,随后,他们感到狂喜,以为是绕行此处的商船。

但是,这次来的不是商船船队,而是英国的军队。早在前一年,英军就打算绕过广州,直捣东南沿海的清朝漕粮中心,截断由南京运往北京的粮食,并占领舟山,封锁东部沿海地区,然后直压京师,向清政府提出英国的要求。

带着这样的战略,英国派出由22艘战舰、27艘运输舰组成,载有3600名步兵的舰队来到港口,首先他们派出了英国的弗莱彻舰长和乔斯林勋爵来到清军水师指挥官的船上,要求清廷须在6小时内交出该岛,否则就要面临严重的后果。

舟山登陆

第二天早上,英舰一切准备就绪,15艘战舰排列成一行。英国人奢望依靠自己强大的海军,让中国人屈服,能够

▲ [平底沙船模型]

沙船是中国古代近海运输的海船中的一种优秀船型,也叫作"防沙平底船",是中国"四大古船"之一,为中国古代著名海船船型。在唐宋时期,它已经成型,成为我国北方海区航行的主要海船。因其适于在水浅多沙滩的航道上航行,所以被命名为沙船。

▲ [舟山鸦片战争纪念馆——三忠祠]

在三忠祠内，四合院式结构的建筑里陈列有葛云飞、王锡朋、郑国鸿三位总兵的座式雕像、生平列传及图片资料共计60余幅。在三忠祠对面是"三总兵"纪念广场，三总兵的雕像屹立山头，直插云霄，彰显出中华民族充满骨气、不会屈服的决心。

兵不血刃地夺取舟山岛，希望中国人能够再"好好考虑一下"，所以将作战时间推迟到了下午。

时间来到下午2时半，在并未获得任何回复后，愤怒的英国战舰开火了，一时间树木横飞，房屋倒塌，岸上回响着伤者的呻吟……硝烟消散后，呈现在眼前的是一片废墟……到处有人群四散逃跑。

当英国军队踏上空无一人的舟山海岸时，迎接他们的只有"一些尸体、弓箭、折断了的长矛和长枪。"清军水师指挥官的腿被一枚实心弹打断了，几天后他死于宁波。

占领定海

随后，英属马德拉斯炮兵团把四门大炮对准了定海……晚上10时，定海空了，县令姚怀祥在一个小池塘里投水自尽。次日上午，英国的国旗飘扬在了定海城头。虽然生活在这里的人并未能捍卫这片土地，但这个岛却悄悄地为自己报了仇：英军在占领舟山期间，数以千计的英国军人被疟疾和痢疾所击倒，舟山成为英国人的一个大坟葬场：5329名士兵被军队医院收治，448名死亡。

再犯定海

在撤出定海不足一年的时间后，英军三个团再犯定海。镇守定海的三位总兵葛云飞、王锡朋和郑国鸿奋起抵抗，但终究不敌，10月1日定海陷落，此后英军占领定海达4年零9个月。

定海保卫战期间，清朝军队视死如归，5000余名官兵牺牲，三总兵同日阵亡，是鸦片战争中战斗最激烈、牺牲最多的一次战斗。此后舟山各地人民纷纷组织船勇、舵勇、枪勇、水勇，在城里、海上、郊外狙击、袭扰敌人，直至英军撤离。

汉普顿海战

第一次装甲战舰之间的生死搏斗

近现代海战

汉普顿海战是美国南北战争期间爆发的一场海战，是有史以来装甲战舰之间的首次作战。

19世纪，工业革命传到美国，美国经济迅速发展，同时美国获得了西部的大片领土，在西部接连成立新的州。每当新州成立之际，就会在该州内发生容许或禁止奴隶制存在的斗争。

北方资产阶级和农民主张在新州内禁止奴隶制度，要求把新州确定为自由州。南方奴隶主则力图把奴隶制扩大到西部，主张把新州确定为容许奴隶制存在的州，奴隶主利用其在国会及政府中的统治地位，连续取得胜利，激起北方广大人民的愤慨。

▲ [汉普顿海战]

近现代海战 | 117

非凡海洋大系

影响历史的海战

> 铁甲舰是装甲舰的前身，是由木质或混合材料的舰船改装而来，因其外层包上了厚厚的铁甲用来抵御攻击而得名。1859年，排水量5630吨的"光荣"号战列舰在法国出现；1860年，排水量9137吨的"勇士"号战列舰在英国出现。铁质装甲包覆着这两艘军舰，于是这两艘战舰被视为世界上最早出现的两艘蒸汽铁甲舰。

南军改装"弗吉尼亚"号

在美国南北战争爆发前，北部联邦已经建立了自己的海军，而南部联邦没有海军。南北战争爆发后，北部联邦海军派出军舰封锁了南方的主要港口。此时，南部联邦才想建立自己的海军，准备从国外进口装甲舰，但是远水解不了近渴。正巧在北部联邦海军撤离诺福克时有一艘来不及销毁的木质蒸汽舰留在那里。南部联邦政府立即把它拿来，对它进行改装，拆除了上层建筑，安装了10门装甲炮塔，其中4门是线膛炮。在舰艏装上了坚硬的撞角，舰体上还装了两层铁甲，这样就成了一艘装甲战列舰。改装后的军舰被命名为"弗吉尼亚"号。

北军建造"班长"号

北部联邦海军得知南部联邦改装装甲战列舰的消息后，立即开工建造"班长"号装甲舰。它的排水量达12 000吨，下部舰体为铁质，上部舰体为木质，在木质舰体外包127毫米厚的装甲。在它的甲板上装有一个可以旋转的炮塔，炮塔上装有2门口径为275毫米的火炮。

1862年3月8日，"班长"号装甲舰试航结束，被编入北部联邦海军，参加北军封锁诺福克港的行动。

南北对决

1862年3月8日中午，南部联邦的

▲ [最早的铁甲舰——"班长"号]
装甲战列舰普遍都采用钢质舰体，满载排水量可达到12 000吨，采用螺旋膛线的主炮口径达到300～350毫米，舰体防护装甲的厚度达到230～450毫米，航速为16～18节（1节即1海里/小时，约合1852米/小时），大吨位、大活动半径、最大口径火炮、最强装甲防护是装甲战列舰的特征。

装甲战列舰"弗吉尼亚"号气势汹汹地冲向停在汉普顿的北部联邦海军舰队。北部联邦海军的快速战舰立即向"弗吉尼亚"号发炮,炮弹命中了目标,弹片四处乱飞。但是,实心弹丸打在"弗吉尼亚"号舰体上,只留下浅浅的凹坑。由于"弗吉尼亚"号有装甲防护,毫无损伤。此时"弗吉尼亚"号已经冲到北部联邦海军舰队面前。"弗吉尼亚"号用撞角撞沉了北部联邦海军的两艘木质军舰。"弗吉尼亚"号装甲战列舰大显身手,取得了令其满意的战果,北部联邦海军损失惨重。

北部联邦海军当即安排新造的"班长"号装甲舰于黄昏时分赶到了汉普顿锚地。

3月9日,南部联邦的装甲战列舰"弗吉尼亚"号为了扩大战果,在汉普顿锚地附近发现了北部联邦海军的一艘蒸汽快速战舰。于是,"弗吉尼亚"号便迅速向它驶去。不过它的这次如意算盘打错了,在北军蒸汽快速战舰旁边,正虎视眈眈地停泊着新建的装甲舰"班长"号,"班长"号瞄准"弗吉尼亚"号开炮。这样,海战史上第一次装甲战列舰之间的战斗打响了。

"弗吉尼亚"号排水量大,舰上装的火炮数量多,火力上占有优势,它集中全部火力攻击"班长"号。由于"班长"号装甲舰机动性好,使得"弗吉尼亚"号无法实施准确射击。两艘装甲战列舰

▲ [约翰·埃里克森]

1837年,约翰·埃里克森发明了具有划时代意义的推进工具——螺旋桨,引起了美国政府的高度重视。1840年初,埃里克森和斯托克顿一起设计建造了一艘用螺旋桨推进的军舰"普林斯顿"号,从而使美国拥有了世界上第一艘螺旋桨蒸汽舰。南北战争期间,汉普顿海战中北方海军的"莫尼特"号也是约翰·埃里克森的创新设计。当时的他仅根据一项合同便开工了。由于工程时间紧张,"莫尼特"号根本没有什么完整的综合设计书和比例模型,埃里克森只在建造过程中,根据需要亲自绘制了100幅详图。此后,他仍然致力于火炮研究,为美国海军舰上武器装备的发展贡献很多。

汉普顿海战参战双方兵力:
联邦军(北军)、南部同盟军(南军),双方交战舰船只有20艘。

虽然都被对方炮弹击中,但由于有装甲防护,舰体损失都不大。

这样海战史上第一次装甲战列舰之间的战斗,以打成平手而结束。

近现代海战 | 119

利萨海战

亚得里亚海铁甲舰的炮战

利萨海战是普奥战争期间，普鲁士的盟友意大利与奥匈帝国于1866年7月20日在亚得里亚海利萨岛（现维斯岛）附近海域进行的海战。这场首次以蒸汽为动力的铁甲舰之间的战斗引人注目。

[意大利舰队司令佩尔萨诺海军上将]

1866年6月，意大利联合普鲁士向奥匈帝国宣战，史称意奥战争或七周战争。意大利的目的是收复威尼斯，普鲁士则想借机统一德意志联邦。

双方兵力对比

意大利派出由12艘装甲舰、5艘巡航舰、3艘炮舰组成的意大利分舰队，其中铁甲舰包括新的蒸汽动力快速舰"意大利"号和"帕莱斯特罗"号，以及从美国阿姆斯特朗造船厂刚接回来的"钓鱼坠"号装甲船，其中"钓鱼坠"号最强大，它有2座回旋炮塔线膛炮，可发射140多千克重的穿甲弹。意大利的12艘铁甲舰共有舰炮208门，一次齐射的炮弹共重1万余千克。意大利还有16艘木壳蒸汽机舰船。

作为守方的奥匈帝国只有7艘铁甲舰，全部是蒸汽快速舰，但都有些陈旧，其壳体也只是在木壳外加了一层薄薄的铁甲。此外还有1艘木质螺旋桨战列舰、4艘蒸汽机和风帆两用舰及一些木质舰艇，均配有滑膛炮。

奥匈帝国军队非常顽强

1866年7月16日，意大利舰队在佩尔萨诺海军上将率领下从安科纳出海，向利萨岛发起进攻。在7月18日和19日两天，意大利舰队对利萨岛进行炮击，守岛的奥匈帝国军队非常顽强，用火炮击伤了意大利"强大"号铁甲舰。在意大利舰队准备组织再次进攻时，奥匈帝国援军赶到了。

奥匈帝国三个"V"字阵形

奥匈帝国援军是由海军上将特格特

> 普鲁士是欧洲历史地名，位于德意志北部，一般指17—19世纪间的普鲁士王国，是德意志境内最强大的邦国。19世纪经过三次王朝战争统一了德意志，1871年在普法战争中击败了法国，威廉一世在凡尔赛宫加冕成为德意志帝国皇帝。普鲁士是一个强大的军事帝国，在短短200年内崛起并统一德国，建立了德意志第二帝国。所以普鲁士有时也是德国近代精神、文化的代名词，同时也是德国专制主义与军国主义的来源。

▲ [艺术品中描绘的利萨海战]

◀ [奥匈帝国舰队司令特格特霍夫海军上将] 奥匈帝国海军上将。利萨海战的胜利者，他所表现的创新战术以及他无与伦比的勇气、鼓舞人心的领导才能，都显示出他是19世纪最伟大的海军指挥官之一。

霍夫率领的舰队，从距离利萨165海里的波拉港赶来。到达利萨附近海域后，特格特霍夫将舰队编为纵向排列的3个"V"字形的楔形阵，第一个"V"字阵由7艘铁甲舰组成，领头的是旗舰"斐迪南德"号，第二个"V"字阵由木壳快速舰和海防舰组成，领头的是蒸汽动力舰"恺撒"号，剩下的小型军舰编入了第三个"V"字队。

在奥匈帝国海军舰队的"V"字阵形作战进攻下，意大利舰队遭受重创，损失了3艘铁甲舰，1000余名官兵。奥匈帝国海军获得胜利，彻底解了利萨之围。

蒸汽铁甲时代的到来

利萨海战是海上铁甲舰队间的首次交锋，这次海战对其后的海军战术起了很重要的影响，奥匈帝国舰队的"V"字阵战术引起了各国的注意，此外，利萨海战中奥匈帝国舰队采用撞击战术屡屡奏效，于是这一古老的战术又复活了，在此之后一直到20世纪初，多数国家的军舰上都安上了撞角。

利萨海战再次证明当时的火炮对付拥有装甲的军舰已没有多大效果，而且显示了蒸汽动力的铁甲舰具有优越的机动性，能够比较迅速地变换战斗队形。这场海战标志着海上战斗已经从风帆时代过渡到了蒸汽铁甲时代。

▲ [利萨海战图]
红色为奥匈帝国舰队、白色为意大利舰队。

近现代海战

梅希约内斯海战
荒漠硝石引发的争端

梅希约内斯海战又称硝石战争、鸟粪战争，是1879—1883年智利同玻利维亚、秘鲁争夺南太平洋沿岸阿塔卡马沙漠资源的战争。

阿塔卡马沙漠虽然荒凉，既没有水源也没有公路，甚至没有固定的居民点，人烟稀少，鲜有人迹。但就是在这片黄沙下面，储藏着大量鸟粪和硝石，鸟粪作为一种优质的有机肥料，是当时玻利维亚最重要的出口商品，很长一段时间内，玻利维亚靠着出口鸟粪获得外汇，填充自己空虚的国库。而硝石则更加重要，它是欧美兵工厂用来制造火药的重要原料，其战略价值不可估量。一旦掌握了硝石的来源，无疑能得到欧美国家的青睐和庇护，从而能够在提高军事实力方面得到帮助。

三国相安无事

在西班牙殖民统治时期，阿塔卡马沙漠没有明确划定归属。后来玻利维亚、智利和秘鲁脱离了殖民统治，建立了独立的国家，这片沙漠的归属权被提到了议案上。三国均宣布对该沙漠地区拥有主权，谁也不肯让步，最后三家达成一致，玻利维亚占有阿塔卡马沙漠中部安托法加斯塔地区；秘鲁拥有沙漠北部塔拉帕卡地区；智利则占据沙漠南部地区。

▲ [智利指挥官：阿图罗·普拉特·查孔]

阿图罗·普拉特·查孔10岁就进入海军学校，1861年以最优的成绩毕业，在1879年一次惨烈的海战中，普拉特率领军舰与秘鲁海军主力铁甲战舰殊死战斗，在激战中阵亡，但普拉特·查孔慷慨激昂的战前演说振奋了智利军人的士气，他的勇往直前的大无畏精神鼓舞智利赢得了对秘鲁—玻利维亚联盟的胜利。

玻利维亚违反与智利的条约

直到 1874 年,事情开始发生了变化。这一年,智利与玻利维亚签订边界条约,自动放弃南纬 24°线以北的阿塔卡马沙漠全部主权,换来的是玻利维亚必须保证在 25 年内对智利与英国合资经营的矿业公司实施优惠税率。两国互惠互利,几年来情同手足。

1878 年,玻利维亚政府大力发展军备,为了筹措军费,不惜违反与智利的条约,单方面增加智利与英国合资经营的矿业公司的税额。智利方面当然不

▲ [硝石矿石]

硝石又称焰硝、钾硝石等。无色、白色或灰色结晶状,有玻璃光泽。可用于配制孔雀绿釉,还可用作五彩、粉彩的颜料,是制造火药的原料之一。白色粉末,易溶于水,加热到 334℃即分解出氧。工业上是制造火柴、烟火药、黑火药、玻璃的原料和食品防腐剂等。在智利等地经开采和富集可直接制得硝酸钾。

同意,于是授意矿业公司根据 1874 年的条约不予交纳,并且抗议玻利维亚的此次举动。玻利维亚政府这一次似乎铁了心要拿这家公司开刀,要拿到这笔钱。不久之后,玻利维亚政府决定没收智利与英国矿业公司开采的矿山,并将其公开拍卖。

▲ [阿塔卡马沙漠]

阿塔卡马沙漠占据了智利南纬 18°～28°之间的大面积领土,南北长约 1100 千米,绝大部分在安托法加斯塔和阿塔卡马两省境内。在《吉尼斯世界纪录大全》中,阿塔卡马沙漠是世界上最干旱的沙漠。

智利正式向玻、秘两国宣战

1879年2月14日，智利在英国资本家的支持下，出兵占领玻利维亚港口安托法加斯塔，战争爆发。秘鲁因曾与玻利维亚签订一项秘密同盟条约，不久也卷入冲突。4月5日智利正式向玻、秘两国宣战。

1879年5月，智利海军司令威廉姆斯留下战舰"埃斯美莱达"号封锁秘鲁要塞伊基克，但遭到秘鲁海军的偷袭，"埃斯美莱达"号被击沉。同年10月8日，智利舰队在例行巡航中遭遇秘鲁舰队，双方展开了南美历史上第一次铁甲舰决战。智利拥有一支两倍于秘、玻联合舰队的海军，在梅希约内斯附近海战中，智利海军摧毁了秘鲁主力铁甲舰"胡阿斯卡"号。

智利轻松获得海上控制权

1879年11月，7000名智利士兵在6艘军舰的护送下，在伊基克要塞附近登陆，秘鲁和玻利维亚的联军进行了殊死抵抗，但当时玻利维亚陆军装备低劣，部队里充斥着脚蹬凉鞋、穿着五花八门服装的印第安人，他们没有步枪等火器，只有原始的弓箭和十字弩，这也使"南美太平洋"成为世界上最后一场使用弓、弩作战的战争。

智利军队全面占领秘鲁和玻利维亚

梅希约内斯海战后，智利军队取得了海上控制权，并开始攻击秘鲁的塔拉帕卡省，即今天的伊基克和智利最北部城市阿里卡。

11月初，智利军队在秘鲁皮萨瓜登陆，全歼当地守军，迅速占领了塔拉帕卡省全境。

1880年初，智利军队在秘鲁伊洛和帕科查港登陆，占领莫克瓜，通过荒漠地带，在塔克纳和阿里卡两次战役中打败了玻秘联军。

至此，智利军队已占领了玻、秘两国太平洋沿岸全部硝石产地。玻利维亚失去了继续进行战争的能力，并实际上退出了战争。1881年1月17日智利军队攻占秘鲁首都利马。

▲ [安托法加斯塔的著名景点——沙漠之手]

沙漠之手雕塑高约10米，犹如一个巨人被沙漠埋葬后伸出的绝望的手。

▲ [智利军队与安托法加斯塔沙漠]

智利收获胜利成果

1883年10月20日，智利和秘鲁在利马北部安孔城签订条约，结束了太平洋战争。根据《安孔条约》，秘鲁将塔拉帕卡省割让给智利，并将塔克纳和阿里卡两地区交给智利管辖10年。玻利维亚则先后于1884年和1904年与智利签订《瓦尔帕莱索协定》和《和平友好条约》。玻利维亚丧失了安第斯山脉与太平洋沿岸之间的全部领土，变成了一个没有出海口的内陆国，严重地影响了其经济的发展。

> 智利从19世纪中叶以后开采硝石。第一次世界大战前智利硝石垄断世界市场，年产量达300万吨。自从人工合成氮出现后，硝石市场大为缩小，当地经济一落千丈。

近现代海战 | 125

马江海战

中国近代海军史上极为惨痛的一战

马江海战又称马尾海战,由于清朝政府的腐败无能,福建海军在此战中从开始不得抵抗到仓促迎敌,最后全军覆没,写下了中国近代海军史上极为惨痛的一页。

闽江下游,从福州东南乌龙江与南台江汇合处,至入海口的一段俗称马江,又名马尾。此地建有著名的马尾港,是清朝福建水师舰队的基地,也是重要的通商口岸。它距离省城福州仅百里,是福建的重要屏障。

法舰"游历"马江 实为探路

1884年7月14日,法国海军中将孤拔率领舰队以"游历"为名,驶进闽江马尾港。

清廷特派主持福建沿海防务的会办、福建船政事务大臣张佩纶见状,立即发

▲ [马尾海战法舰指挥者:孤拔]

▲ [马尾造船厂纪念馆(即马江海战纪念馆)]

▲ [法舰队大破清国海军图]
当时法国画报刊载的所谓《法舰队大破清国海军图》

电，请求其他三洋舰队派舰支援马尾港以备不测，但只有广东水师派了2艘军舰。在搬兵的同时，张佩纶及船政大臣何如璋、福州将军穆图善等多次致电清廷询问战守之策，得到的多是"彼若不动，我亦不发"之类的命令，于是便不顾水师将领的请战，下严令"无旨不得先行开炮，必待敌船开火，始准还击，违者虽胜尤斩"。

于是，法舰在马江口，每日或进、或出，通行无阻。他们占据有利位置、侦察地形，与福建水师舰队的军舰相邻而泊，给福建水师军舰、福建船政造成了极大的威胁，战争一触即发。

8月17日，清政府与法国和谈无望，

▲ [张佩纶]
张佩纶，字幼樵，一字绳庵，又字蒉斋，直隶丰润县齐家坨人（今河北唐山丰润），同治十年（1871年）辛未科二甲进士，授翰林院侍讲，晚清名臣。早年在京城与李鸿藻、潘祖荫、张之洞、陈宝琛、宝廷等同为"清流"，以弹劾大臣而闻名。

近现代海战 | 127

[清军舰船被鱼雷击中——1885年查尔斯·库沃斯画]

遂下令沿海沿江各省加强防备，但对马尾方面，仅指示法舰在内者应设法阻其出口，其未进口者不准再入，并未解除不得主动出击的禁令。

当时，马尾一带有福建水师军舰11艘，江防陆军20余营。但由于清政府对战争的举棋不定，水陆各军缺乏统一指挥和协同作战的周密计划，加上装备不良、弹药不足，因此，清军兵力虽然较法国方面占优势，但战斗力却很弱。

8月22日，法国政府电令孤拔消灭福建水师。孤拔决定于次日下午趁退潮船身转移方向时开战。当时，停泊在马尾的法国军舰有8艘，另有鱼雷艇2艘，还有2艘军舰在金牌、琯头一带江面，参战法舰共有重炮77门，总兵力1800人。

而福建水师方面有军舰11艘，炮45门，兵员1100人。福建水师的军舰大都采用立式蒸汽机，机器在水线之上，又无护甲，极易被破坏，装备的火炮又基本都是前膛炮，既没有装甲，威力、射速也都不如法国军舰装备的后膛炮，更为不利的是，法国舰队还装备了当时的新式武器——机关炮、鱼雷。

清军兵力虽然比法国多，但战斗力明显弱于法军，加上孤拔选择退潮时开始攻击也对法舰有利。这是因为退潮时开战，可使大部分福建水师军舰位于法舰的前方，暴露在法方炮火之下，使清军无法进行有力的回击。

英国人赫德说："真正的荣誉应当属于战败的人们，他们奋战到底，并且和焚烧着的、被枪弹洞穿的船舰一起沉没。"

清军仓促应战

8月23日下午1时56分，潮水开始退了，到了孤拔的攻击时间。法舰大炮轰响，福建水师舰队还未起锚就被敌炮击沉2艘，并有多艘受创。

如此劣势之下，福建水师官兵仍奋起还击，在"扬武"号的驾驶官詹天佑和管带张成带领下，沉着应战，用尾炮准确地袭击法军旗舰"伏尔泰"号，击毙法军多名，差点让孤拔丧命，但是很快法军鱼雷艇击沉了"扬武"号。

福建水师的炮艇"福星"号在开战时就受了重创，但它们立即断锚转向，冲入敌阵，瞄准敌旗舰猛烈射击，连续命中。后遭敌舰三面围攻，火药库中弹爆炸，全艇官兵皆遇难身亡。

此外，"飞云"号、"福胜"号也都临危不惧，奋战不已，直到船沉。

江面战斗进行了约半小时，福建水师11艘舰艇全部被法舰击沉，海军将士伤亡700余人。法军仅死伤30余人，两艘鱼雷艇受重伤，其余皆为轻伤。

福建水师舰队覆灭后，当日夜间，沿江居民自发驾驶渔船、盐船用水雷等武器对法国舰队发起火攻，整个23日夜间，马江上下火光冲天，雷声、炮声不断。

▲ [日意格]

在福建船政创办及发展过程中，有位外国人参与其中20余年直至逝世，并发挥了重要作用，他就是曾被聘任船政正监督的法国人日意格。

据传战争爆发后，张佩纶正在吃猪蹄，听见炮声后吓得鞋都跑掉了，跑到一半实在跑不动了，只好由亲兵拽着往前走，逃到鼓山后被当地百姓轰了出去。

在马尾海战之前，马尾其实已经赫赫有名，它是当时中国最大的造船厂"福州船政局"的所在地。这座由晚清名臣左宗棠建立，沈葆桢（林则徐的女婿）主持的造船厂，为清朝建造了40艘各类船只，并组建了中国第一支近代海军：福建水师，也就是在"马尾海战"中悲壮地全舰队沉没的那支水师。

近现代海战 | 129

镇海海战

中法镇海之战

镇海海战发生在清光绪十一年（1885年）2—3月，是清军在浙江镇海抗击法军入侵的战斗，也是鸦片战争以来我国首次获得全胜的一次重要战役。在中国近代军事史上，尤其是海防史上具有重要的地位。

▲ [镇海海防历史纪念馆炮台]

清光绪十年（1884年），法军在我国台湾沪尾战败后，为孤立我国台湾守军，法军宣布封锁台湾海峡，甚至连稻米也视作战争禁运物资，任何国家的船只都不允许在中国沿海载运稻米，以此切断清政府的重要经济命脉——漕运，企图阻断南北海运及闽台联系。

大陆援台

福建军民采用夜雾偷渡等办法运送援台物资，但杯水车薪，缓不济急。为打破封锁，清廷令南洋水师派舰船援台。

清光绪十一年（1885年）1月18日，由提督衔总兵吴安康率领5艘舰船自上海起航南行援台。

得知消息的法国远东舰队司令孤拔，从一些掌握的情报进行判断，认为这几艘军舰可能正躲在宁波的镇海港内，于是亲率7舰拦截。

双方舰队相遇于浙江石浦檀头山海域，吴安康一见法军便率队逃跑，其中2艘航速较低的战舰被迫驶入石浦港隐蔽，但被法舰发现并击沉。

吴安康带领3艘军舰逃到了镇海口内，孤拔随即率队进犯镇海。

▲ [中法战争镇海之役胜利纪念碑]
纪念碑上刘秉璋的浮雕像为中间骑马者，右侧为时任浙江提督欧阳利见。

吴杰指挥炮轰来犯

镇海位于甬江入海处，是浙东门户扼宁波之咽喉。自法舰侵扰东南沿海以来，浙江提督欧阳利见等守将日夜督兵备战，构筑了较为完备的海岸防御工事。

孤拔指挥"巴雅"号等几艘法舰在夜幕的掩护下侵入镇海海面，被海防哨兵发现后，提督欧阳利见立即沉船堵口，南北两岸炮台和泊港舰只严阵以待。法舰见此景未敢贸然前进，而是在离镇海港外七里屿海面抛锚。而孤拔乘一艘小型轮船"纽回利"号驶至游山附近侦察，被此处守军发现，由吴杰指挥的南北两岸炮台向法舰开火，击伤"纽回利"号，法舰离去，孤拔回到法军旗舰"巴雅"号上。

出其不意炮轰法舰

孤拔在法军"巴雅"号上，针对侦察的地形，研究了一个晚上，第二天又来了，并主动开炮轰击招宝山和金鸡山，而此时浙江提督欧阳利见却犹豫了，始终遵上峰旨意并未还击，他手下的将领吴杰请战，想和之前一样与法舰对轰，但欧阳利见并不同意，还以军法命令他不允许还击。

眼看法舰越来越靠近炮台，炮台的有效射程稍纵即逝，吴杰一再请战无果，冒着被军法处置的风险，亲自来到镇海

◀ [欧阳利见]
欧阳利见，清末湘军将领。湖南祁阳城郊芳名亭人。字庚堂，号健飞。1884年中法战争爆发，驻宁波，亲督诸将防守镇海。

的招宝山炮台，来到最前沿的一门大炮前，瞄准法国旗舰"巴雅"号开了炮。吴杰的这一炮正好击中了"巴雅"号的舰艏主桅的横木，主桅杆折断了，随后法国舰队逃离了战场。

由于沿海地区经过几次战争之后财政窘迫、入不敷出，为了保证海防资金的充足，刘秉璋一边上奏清廷请求豁免浙省应解的京饷及各省协饷，一边进一步制定追欠章程，避免贪污挪用，以保证军饷主要来源厘金的按时收缴；同时还努力开源节流，增加财政收入。这一举措都为镇海大捷奠定了胜利的基础。

法舰再次遭炮轰

之后法国舰队因为不敢离招宝山炮台太近，只能以火炮远远地遥射。隔三差五地来炮轰沿岸炮台，目的就是围住镇海出口，以防吴安康的3艘军船给台湾送去物资，这样的局面持续了一个月之久，清副将王立堂率敢死队偷偷把新式的八门铜炮，埋伏在南岸镇海的金鸡山北角靠海突出的地方。次日，法舰依旧以火炮远远地遥射来骚扰边防炮台，没想到王立堂出其不意地开炮，使得法舰连中五发炮弹。

至此，孤拔多日来的进犯没得到一点好处，还白白受了几炮，他无心再战，结束了此次战役。

▲ [晚清重臣刘秉璋]

作为晚清重臣，刘秉璋并非望族出身。他生在一个农民家庭，自幼读书，19岁那年，跟着老师家的公子、后来也成为重臣的潘鼎新一同来到京城求学，师从李文安、李鸿章父子。

> 副将是清代绿营武官名。清沿明制之副总兵而改称副将，秩从二品，位次于总兵。另外总督、驻防将军、河道总督及漕运总督下亦设副将，掌总理营务、催护粮艘等事。此处副将应该是驻防将军的副将。

胜利来自于一年多的准备

镇海战役实际的最高决策者和指挥者为浙江巡抚刘秉璋。他在确定防御策略、确立指挥和协调机构、筹措银饷这最关键的三个问题上，做出了重要贡献。

刘秉璋对中法战争早有准备，一边把外国传教士全部逮捕关进集中营统一看管，并出重金把熟悉甬江水道的外籍引水员雇佣下来，防止被法军聘用；一边在宁波和镇海之间，架设了的电报线路，并保证可以遥控通讯。镇海此地各路兵马统一由欧阳利见指挥，铺设多道防线；甬江口外布有水雷；甬江口里备有满载石块的旧船，随时可以沉船封江。

如此长达一年的准备，使得法舰在攻击镇海无果后，灰溜溜地撤离了。

甲午海战
影响中日历史走向的战争

近现代海战

日本通过不断扩张,将触角逐渐介入到中国领海,中日间海军的较量不可避免地发生了,甲午海战就是中日对抗的全面展现。

▲ [中国甲午战争博物馆]

甲午海战纪念馆坐落于甲午战争纪念地威海刘公岛上,是一个以建筑、雕塑、绘画等综合艺术展示甲午悲壮历史的大型纪念馆。占地14 000平方米,建筑面积8900平方米。

在1887年时,日本就已制定了《清国征讨方略》,在这个方略里,明治天皇预计在1892年前完成对华作战准备,征讨的目标则是朝鲜、辽东半岛、山东半岛、澎湖列岛、台湾、舟山群岛。为了这个目标,他不惜倾国所有,迅速扩建军备。事实上,他也是完全按照这个时间表和路线图,展开了对中国的侵略,并且几乎梦想成真。1892年,日本就提前完成组建起一支拥有6万多名常备兵和20多万预备兵的陆军,以及排水量7万多吨的海军,军舰排水量和武器装备均超过了当时的清朝北洋水师。

北洋水师自1888年正式建军后,就再没有增添任何舰只,舰龄渐渐老化,1891年以后,甚至连枪炮弹药都停止购

近现代海战 | 133

买了。日本明治天皇发现清军水师的这种状况，觉得进攻清朝时机成熟，并开始对中属朝鲜进行内政干涉和经济掠夺，日本派出强大兵力企图攻占朝鲜，在获得英国支持之后，日本海军同时进攻了中国舰队，引发两国间的战争。

1894年8月1日（光绪二十年七月初一），中日双方正式宣战。

▲ [甲午海战纪念馆内雕像]

1894年9月15日上午平壤陷落，北洋水师护送4000余名入朝援军到朝鲜。9月17日返航时在鸭绿江口大东沟遭遇日军阻截，甲午海战爆发，这是甲午战争中继丰岛海战后的第二次海战（黄海海战），也是中日双方海军一次主力决战。

日本海军在大同江外海面，集中了12艘军舰，包括其全部精华，即吉野、高千穗、秋津洲、浪速、松岛、千代田、严岛、桥立8艘5000马力以上的主力舰和巡洋舰。

战斗开始不久，北洋舰队旗舰"定远"舰由于下水12年，久已失修，舰桥被突然开火的大炮震塌，北洋水师提督丁汝昌摔伤，信旗被毁。丁汝昌拒绝随从把自己抬入内舱，坚持坐在甲板上督战。可是他只能鼓一舰士气，战斗刚开始，

▲ [北洋水师副将、"致远"舰管带邓世昌]

管带是清代军事职官名称，巡防营与陆军警察队统辖一营的长官亦称管带，海军的舰长亦用此称。

北洋水师就失去了指挥。日本第一游击队4舰利用航速优势绕攻北洋舰队右翼"超勇"号和"扬威"号,2舰相继被击中起火,退出战斗。

日本第二游击舰队绕至北洋舰队背后,与第一游击舰队形成夹击之势。北洋舰队腹背受敌,队形更加混乱。在混战中,北洋舰队一直冲杀在前的"致远"舰受到日本"吉野""高千穗"等舰的集中轰击,多处受伤,船身倾斜。"致远"舰管带邓世昌下令向"吉野"号右舷高速撞去,不幸为一枚鱼雷击中,全舰官兵252名壮烈战死。

历时5个多小时的黄海海战到此结束。海战的结果是北洋舰队损失"致远""经远""超勇""扬威""广甲"5艘军舰,死伤官兵千余人;日本舰队"松岛""吉野""比睿""赤城""西京丸"5舰受重伤,死伤官兵600余人。

由于清政府腐败,一味地妥协退让,致使清军丧师失地:先败于朝鲜,后败于辽东,北洋舰队全军覆没,甲午海战清军全面溃败,京津危急。面对这种形势清政府惊恐万状,决意乞和。清朝政府迫于日本军国主义的军事压力,于1895年4月17日与日本签订了《马关条约》。甲午海战以后,由于北洋舰队此后不敢再战,日本基本上掌握了黄海制海权。

近现代海战

《马关条约》是清朝和日本于1895年4月17日(光绪二十一年三月二十三日)在日本赤间关马关港(今日本山口县下关市下关港一带)签署的条约,原名《马关新约》,日本方面称为《下关条约》或《日清讲和条约》。

根据条约规定,中国割让辽东半岛、台湾岛及其附属各岛屿、澎湖列岛给日本,赔偿日本2亿两白银。中国还增开沙市、重庆、苏州、杭州为商埠,并允许日本在中国的通商口岸投资办厂。

该条约是继《北京条约》以来侵略者强加给中国最恶毒的不平等条约,它使日本得到巨大的利益,也适应了帝国主义各国向中国输出资本愿望。该条约的签署标志着甲午战争的结束。

▲ [甲午海战遗物－"济远"舰主锚]
"济远"舰是北洋水师在1883年向德国订购的一艘巡洋舰。在甲午战争中参加了丰岛海战、黄海海战和威海卫之战。

威海卫保卫战
中日对抗战

1895年1月，日军的炮火开启了新一轮的战争，在近两个月的时间里，清军与日军进行了殊死战斗，但是面对近代化更彻底的日军，清军先是陆战失利，屡失炮台，残存的北洋水师也在日军水陆夹击中走向了末日。

1895年1月20日，日本军队在荣成湾登陆。清守卫军拼死抵抗，日军费了九牛二虎之力才登陆成功，日本联合舰队护送的19艘兵船先后到达荣成。

李鸿章和他的高级军事顾问们，做梦都没想到日本人会从山东登陆。因为此时的日本人已经兵出朝鲜，在东北闪击得手，轻取大连、旅顺，势必要直取沈阳，怎会将大量兵力用在山东呢？但日本人的意图是取下山东，不但可以消灭北洋水师，彻底了断日本人对"定远"号和"镇远"号的恐惧，而且由山东进军北京更加快捷。在战略上，清军已先失一招。

▲ [丁汝昌]

▲ [日军占领威海卫炮台——黄土崖炮台]
被日军占领的威海卫黄土崖炮台，由日本随军记者拍摄。

▲ [威海卫炮台]

南北炮台先后失守

占领荣成后，日军第六师团沿荣成至威海大道，直插威海南帮炮台，企图一举拿下。在南帮炮台危急关头，北洋水师提督丁汝昌率"镇南""镇西""镇北""镇边"几艘军舰赶到，但在日本海、陆两军的夹击下，敌众我寡，南帮炮台最终失守。

南帮炮台失陷后，丁汝昌亲自赶到北帮炮台，与守将戴宗骞商议"战守之策"。但是守军害怕日军，在夜里偷偷溜跑了，最后整个炮台仅剩19名守军，为防止北帮炮台被日军用来攻击刘公岛，丁汝昌命令炸毁炮台和弹药库，就这样，日军不费一枪一弹便占领北帮炮台。

日本少将之死

大寺安纯是日军第六师团第十一旅团旅团长。1月30日，在指挥日军攻占摩天岭炮台不久，在护卫的簇拥下来到炮台视察。大寺安纯在随军记者远藤正云的吹捧下，摆出各种姿势配合记者拍照，被"定远"号炮弹击中，一时间，炮台、少将、记者全被烟雾笼罩。

▲ [被"定远"号炮火轰死的日军少将大寺安纯]

大寺安纯腹部被击穿，当场毙命，那个记者远藤正云也被炸死。

威海卫保卫战

日军占领威海南北帮炮台之后，本想从海边大道直捣威海卫城，但受北洋水师舰队的炮火封锁。日军陆军与海军配合，向北洋水师舰队及各炮台发动了猛烈攻击。双方炮战异常激烈，守军奋勇抗敌，致使日舰"筑紫"号、"葛城"号先后被击伤，迫使日军退兵。

正面进攻失利后，日本联合舰队司令长官伊东祐亨决定以鱼雷袭击。在海战中英勇异常，屡击不倒的"定远"舰被日军发射的鱼雷击中，失去机动力，同时"定远"号的舰炮击沉了日本鱼雷艇。

"定远"号中雷后，伊东佑亨对威海港发动了更为猛烈的攻击。丁汝昌命令鱼雷艇出击日舰，不料，鱼雷艇管带王平与蔡廷干等密谋逃跑，二人率10艘鱼雷艇和2艘汽船向烟台逃跑，此举打

▲ [伊东祐亨]

伊东祐亨，著名军事家，日本海军大将，伯爵。甲午战争时以海军中将衔任联合舰队司令官，战后封子爵，升海军军令部长，日俄战争时任大本营海军幕僚长，后受封为伯爵。

在北洋海军诸多将领中，杨用霖是唯一没经过学堂正规学习，从基层一步步成长起来的高级军官。他口诵文天祥的名句："人生自古谁无死，留取丹心照汗青。"拔出手枪自尽，属下冲入舱室时，见他"头垂胸前，鲜血从鼻孔中汩汩地流向胸襟，而枪仍然在手中"。在这场海战中，杨用霖为防止有人降旗乞降，自己亲自将战旗钉在桅杆上。

▲ [刘步蟾]

▲ [张文宣]

乱了北洋水师舰队的防御部署，在日军猛烈的攻击下清朝守军伤亡殆尽。

战至此时，胜负已分，守卫威海卫的将士们，以身殉国，战至最后一颗炮弹，清廷的将领们，也开始了他们的谢幕：

2月1日，陆将戴宗骞吞金自尽；

2月10日，刘步蟾服鸦片自杀；

2月11日，丁汝昌自杀，刘公岛护军统领、李鸿章的外甥张文宣自杀。

营务处道员牛昶昞与外国顾问盗用丁汝昌名义起草降书，派"广丙"号管带程璧光，乘"镇北"炮舰向日军乞降，14日，牛昶昞与伊东佑亨签订《刘公岛降约》，17日，日舰队开进威海卫港，北洋水师残余舰船"镇远""济远"等4舰和6艘炮艇及全部军用物资被掠，北洋水师全军覆没。

▲ [复原的"定远"号纪念舰]

该舰严格按照当年北洋水师旗舰"定远"号的主尺度等比例复原建造。"定远"号纪念舰长期停靠在威海港，作为一艘特殊的军舰博物馆，向社会开放。

▼ [威海卫海战场景]

近现代海战 | 139

美西海战
美国与西班牙争夺古巴

非凡海洋大系 影响历史的海战

迅速强大的美国因为对资源与殖民地的掠夺,与西班牙产生矛盾,双方舰队在古巴圣地亚哥爆发了一场海战。

19世纪的古巴是西班牙的殖民地。古巴的蔗糖业和烟草业对于西班牙的重要性可谓无以复加。

美国自从诞生之日起,就将目光投向了古巴。而古巴周边也备受美国资本家的青睐,美国人在那里的投资甚至超过了西班牙,吞并古巴也被正式提到议程上。19世纪中叶,美国曾经两次向西班牙提出买下古巴,价码开到了1.3亿美元,但遭到了西班牙的坚决拒绝。此后,一场旷日持久的内战让美国耗尽了元气,古巴问题只有暂时搁到一边,这一搁就是一代人的时间。

古巴人并不打算将命运交给西班牙或美国摆布,很快,他们自己也开始闹独立了。

1868年,第一次古巴独立起义爆发,西班牙花了整整10年时间才把这次起义镇压下去。到了1895年,古巴又爆发了第二次独立起义,而且声势更为浩大。把本来摇摇欲坠的西班牙君主制政府弄得焦头烂额。

▲ [美西海战]
1898年10月1日,美国以胜利者的姿态和西班牙政府进行谈判。12月10日,经过一番讨价还价,在古巴和菲律宾完全被蒙蔽的情况下,美国同西班牙签订了重新分割殖民地的《巴黎和约》。

140 | 近现代海战

1898年2月15日，正在古巴向西班牙示威的美国"缅因"号舰船在哈瓦那港发生了大爆炸，酿成了一出266名船员丧生的惨剧。当时美西关系正剑拔弩张，美国报纸众口一词，都说是西班牙人的恐怖袭击。在公众的疯狂推动下，美国政府也顺水推舟，一边积极备战，一边进行走过场的外交交涉。美国提出了极为苛刻的最后通牒，没想到西班牙政府居然答应了美国所有条件。虽然西班牙人服软了，但是美国决定继续对西班牙进行武力打击。

亚洲西海岸的西班牙舰队全军覆没

美国总统威廉·麦金莱命令海军对古巴进行封锁，意味着战争开始了。

美国总统给在香港的亚洲分舰队司令乔治·杜威发去电报，命令他："备足燃料，一旦向西班牙宣战，你负责阻止在亚洲西海岸的西班牙舰队去古巴支援。"

杜威上将在菲律宾马尼拉湾口的科雷吉多尔群岛海域，趁天色未明之际突袭西班牙船队，使得亚洲西海岸的西班牙舰队全军覆没。

美军冲上了没有设防的海滩

另一个战场上，美军63岁的陆军上将威廉·R.谢夫特率领32艘运输船，装载16 800余名士兵，从美国佛罗里达的坦帕出发，航行了约1000海里，抵达古

▲ [美国海军上将乔治·杜威]

乔治·杜威是美国历史上第一个具有国际性影响的海军名将，他在亚洲只用几个小时就搞定了西班牙舰队，自己未损一兵一卒，从而人气飙升，成为被美国人狂热欢呼崇拜的大英雄，也成为美国建国以来第一位也是唯一一个获得"海军特级上将"这一至高军衔的战将。

巴东海岸，分别从圣地亚哥以东的代基里和实沃内两地登陆。据说西奥多·罗斯福当时就在这支登陆的队伍中，他为了直接参加战斗，辞去了海军部次长一职，到第一志愿骑兵团担任团长，在后来攻打圣胡安时表现英勇，获得了"铁骑兵"的称号。

美国海军亚洲分舰队包括4艘巡洋舰，即5870吨的旗舰"奥林匹亚"号和"巴尔的摩"号、"波士顿"号、"罗利"号；2艘炮艇"康科特"号和"佩特雷尔"号；以及缉私船"麦卡洛克"号，总吨位20 000吨，共有33门15厘米炮，一次齐射可打出1680千克炮弹。

西班牙舰队全军覆没

发现美军轻松登陆后，停泊在圣地亚哥港内的西班牙舰队司令塞尔维拉预感到陷落只是时间问题，于是决定率舰队出海突围。

这时西班牙舰队各舰总共只有16门大口径大炮，一次齐射总量仅为2700千克，而且因长期被困，问题成堆；一部分火炮还有故障，弹药大部分已变质。

而美军有备而来，弹药充足，整个舰队配置了60多门15厘米大炮，一次齐射可发射8550千克炮弹。

西班牙舰队司令塞尔维拉率舰突围时，旗舰被击中起火。海战进行了3个小时就结束了，美方一死一伤。西班牙舰船却成了屠宰场，2200名官兵死亡323人，受伤151人，舰队全军覆没。

▲ [美国运输船"塞内卡"号]
它完成了运送部队到波多黎各和古巴的任务。

西班牙承认古巴独立

从1898年4月24日，西班牙向美国宣战，美国于次日宣战开始至8月12日，为期4个月的美西战争结束，美国远征军攻占圣地亚哥，西班牙24000人投降。

1898年12月10日，双方在巴黎签订和约，西班牙承认古巴独立，美国只付给西班牙2000万美元，西班牙就把波多黎各、菲律宾、关岛割让给美国。夏威夷、萨摩亚和威克岛被美国兼并，从此，美国开始走向扩张称霸之路，更重要的是世界局势转向一个未知的方向。

▲ [山姆大叔的渴望]
1896年，发表于西班牙的一幅讽刺漫画，上面的文字为"To keep the island so it won't get lost"。

对马海战
日本与俄国舰队的较量

对马海战是 1905 年日俄战争中两国在朝鲜半岛和日本本州之间的对马海峡进行的一场海战,是海战史上损失最为悬殊的海战之一。

日本在甲午战争胜利之后,中国成为它的主要侵略目标,与同样图谋中国的沙皇俄国形成了尖锐的冲突,在俄国、法国和德国的直接干涉下,日本不得不妥协而放弃中国辽东半岛,令日本对俄国怀恨在心。

1898 年,大清与俄国签订了旅顺、大连租借条约,清廷将旅大地区租给俄国 25 年。

俄国同时还积极向朝鲜半岛扩张。朝鲜向来是日本与亚洲大陆交流的跳板,朝鲜若为俄国所控制,不但日本向亚洲大陆扩张将化为泡影,甚至日本本土亦不免为俄国所侵扰。日俄两国关系因此日益恶化。

对马海峡海战开打

1904 年,日俄战争爆发。

▲ [俄国旗舰的前主炮]
与"亚历山大二世"号不同的是,"尼古拉一世"号安装了附加厚重装甲的主炮炮塔。

非凡海洋大系

影响历史的海战

▲ [对马海战中俄国舰队上的指挥者]

远东：西方国家开始向东方扩张时对亚洲最东部地区的通称。通常包括中国东部、朝鲜、韩国、日本、菲律宾和俄罗斯太平洋沿岸地区也就是葱岭以东的所有地区。

战列舰是一种以大口径火炮的攻击力与厚重装甲的防护力为主的高吨位海军作战舰艇。

▼ [日本"三笠"号战列舰]
"三笠"号是作为"朝日"舰的准同型舰设计的，但是负责设计的维克斯公司将许多当时最先进的技术都应用到了这艘战舰上。

日本联合舰队把俄国太平洋舰队封锁在旅顺港内，使其动弹不得。俄国沙皇政府迅速组建了第二太平洋舰队，任命罗兹德文斯基中将为司令，从几千千米之外的波罗的海赶到远东增援。日本联合舰队司令东乡平八郎根据俄国舰队补给供应情况，判断出俄国舰队要前往海参崴，对马海峡是其必经之路。东乡平八郎下将全部战舰在对马海峡隐藏起来，等待着俄国舰队的到来。

途经对马海峡的俄舰队，不知不觉地就钻进了日本舰队的包围圈。

东乡平八郎指挥的日本联合舰队突然出现在俄国舰队面前。罗兹德文斯基一直以为大规模的日本舰队在台湾海峡，怎么也没想到，这里出现一支庞大的舰队来。

战争一开始就非常激烈，俄国的先头战舰"奥斯里亚比亚"号不久便中弹沉没了，"苏沃洛夫"号和二号舰"亚历山大三世"号也遭到重创，成片的尸体被抛上浅滩。经过两天的激战，战斗以日本海军的大胜，俄国第二太平洋舰队的覆灭而结束。这一战几乎打掉了俄罗斯海军全部的家当和精华。而日本海军仅损失雷击舰3艘，死伤700余人。

对马海战是近代海战史上著名的损失最为悬殊的海战战例之一。日本仅以损失3艘鱼雷艇的代价，赢得了压倒性胜利，俄国第二太平洋舰队几乎全军覆没。

对马海战结果充分证明了战列舰在海战中无可替代的霸主地位，并且深刻影响了海军技术的发展，催生了无畏型战列舰和战列巡洋舰的诞生，将大舰巨炮主义推向巅峰。

经此一战，俄国海军一蹶不振，俄国沙皇的统治也受到动摇，对马海战一个月后，俄战舰"波将金"号在黑海扬起了红旗，开始了俄国的土地革命。两年后，参加过对马海战的"阿芙乐尔"号巡洋舰在圣彼得堡的涅瓦河上发出一声炮响，震撼世界的俄国无产阶级"十月革命"爆发。

▲ [东乡平八郎]

正是由于日本在日俄战争中的胜利才使日本成为世界一流国家，引起各国注目，所以东乡平八郎被日本人称为军神，死后被日本天皇赐以国葬之礼。

日本从隋唐时期开始学习中国，许多日本人都对中国文化有深入了解，东乡平八郎十分热爱中国的心学，尤其崇拜心学的代表人物王守仁，这对他之后的军事生涯有潜移默化的影响。

海参崴（俄罗斯称符拉迪沃斯托克），位于亚欧大陆东面，阿穆尔半岛最南端。清朝时为中国领土，划为吉林将军隶下，1860年11月14日《中俄北京条约》将包括海参崴在内的乌苏里江以东地域割让给俄罗斯，俄罗斯将其命名为符拉迪沃斯托克，意为"镇东府"。

对马海战中俄军38艘战舰参战，被击沉21艘，被俘9艘，阵亡4830人，被俘5917人；日军仅损失3艘鱼雷艇，阵亡117人，伤587人。此役之后，远东地区很长时间没有俄国舰队的身影。"对马"一词从此在俄语中成为失败的代名词。

近现代海战

蔚山海战
日俄对战

非凡海洋大系 影响历史的海战

蔚山海战是日俄战争期间，日本海军与俄国海军之间爆发的一次海战。俄国在日本海域横行，神出鬼没地袭击日本舰船，令日本人大为担心，遂发生了蔚山遭遇战。

日俄战争爆发后，驻海参崴基地的俄国海参崴海军，出现在了日本海域，并频繁袭击日本船只，这给日本海上运输造成相当大的麻烦。

1904年6月15日，俄海军在对马海峡附近击沉日本的"常陆丸""佐渡丸"等舰船，此举令日本一个近卫团的陆军官兵葬身海底，并损失了18门攻城重炮。当担任海峡警备任务的日本联合舰队第二舰队赶到现场时，俄舰早已全无踪影。

尔后，俄军海参崴海军舰队继续沿日本本州岛西海岸扫荡，击沉了多艘日本货船后，俄军舰又出现于东京湾附近海域。神出鬼没的俄军令日本大为震惊，迅速集结大规模兵力拦截，而俄舰队则再次平安返航。

8月14日早晨，日舰队在蔚山附近海域发现了他们搜寻的俄国战舰，而此

炮舰也是个相当繁荣的舰种，这是因为海上列强都占据了相当多的海外殖民地，不值得用大型主战舰只来维持，而炮舰与轻型护卫舰就可以镇压当地反抗殖民统治的最常见工具。

▲ [蔚山海战日方指挥官：上村]

战后埃森前往英国监造新的装甲巡洋舰"留里克"号，并在日后成为俄罗斯波罗的海舰队司令。

时俄国海参崴分舰队正南下接应俄国太平洋舰队，双方舰队相遇，日本舰队指挥官上村命令立即炮击俄舰。

在数量、火力、航速方面均占有优势的日舰，击沉一艘俄舰，俄舰见力量悬殊，冲出了日军的拦截，此战役就此结束。

蔚山海战后，俄国巡洋舰停止了对日本海上交通线的袭击，虽然此战损失了1艘装甲巡洋舰，但俄军指挥官埃森并没有因此受到责难，相反，因为海参崴分舰队初期成功的海上袭击而受到了赞誉。

蔚山海战是发生在日俄战争中的四次主要海战之一，也是世界上第一次真正的装甲巡洋舰之间的战斗。

赫尔戈兰湾海战
首次海中袭击战

赫尔戈兰湾海战是第一次世界大战中英国皇家海军和德国海军之间的一次较量，英国取得了胜利，这场海战对德国海军战略产生了重大影响。

赫尔戈兰湾是易北河和威悉河口外一片三角形水域，每天傍晚德国的轻型巡洋舰会护送驱逐舰到海上做夜间巡逻，到黎明时再护送它们回港。

袭击赫尔戈兰湾计划出现误会

英国潜艇队司令罗杰·凯斯认为这个规律对英国舰队是个机会，就起草了一份突袭德舰的计划：首先利用他自己的潜艇当诱饵，把德国人引到赫尔戈兰湾以西的海面，利用水面军舰将遇到的敌舰分开阻击。凯斯相信英国这样就能粉碎德国驱逐舰密集的夜间巡逻，如果运气好的话，还能俘获那些舰艇。

凯斯把计划呈送给在伦敦的海军大臣和海军部的各位长官。经过审核后，海军部同意了这个作战计划，把袭击日期定为1914年8月28日，但把水面增援舰只限制到2艘轻型巡洋舰和33艘驱逐舰，由理查德·蒂里特指挥。

为确保战果，海军部又增派了6艘轻型巡洋舰由威廉·R.古迪纳夫准将指

▲ [罗杰·凯斯]

英国海军元帅，早年是个冒险家，"一战"时期以地中海舰队参谋长身份参加了达达尼尔海峡战役，深感海陆军分裂之苦，后来历任战列巡洋舰队司令、地中海舰队司令和本土舰队司令。

▲ [英国皇家海军标志]

18—19世纪，英国皇家海军凭借强大的军事力量，一向喜欢先发制人，德国人正是害怕这个，所以一开始的准备便是假想自己的基地赫尔戈兰湾已经被英国人封锁。只要开打，德国人就会第一时间把水雷、潜艇、轻型潜艇安置在赫尔戈兰湾，以此消耗英国皇家海军的实力，等双方实力基本均衡后再投入战斗。可以看出，德国对英国海军，就像是英军和海龟对打，德国不出战，有鉴于此，英国才有了吸引计划的出现。

◀ [冯·提尔皮茨纪念邮票]

针对英国的海上霸权，提尔皮茨决心为德国创建一支真正的远洋舰队以保卫德国的海权。他针对英德海军实力差距提出"风险舰队"理论。风险舰队是指将德国海军力量维持在与英国海军一个固定的较大的比例上。如果英国与德国开战后即使获胜，剩余力量不足以维持其海上霸权，这样与德国开战就需要冒着局部胜利但全盘失败的风险。于是德国这支让英国的战争企图变得极具风险的舰队就是风险舰队。

提尔皮茨为"风险舰队"制订了庞大的造舰计划，他计划在17年之内（1900—1917年）使德国海军成为一支包括2艘旗舰、36艘战列舰、11艘大型巡洋舰和34艘小型巡洋舰的舰队。此举极大地刺激了英国人，随着英国海军于1906年建成"无畏"号战列舰和1909年"无敌"级战列巡洋舰等划时代舰种，两国海军军备竞赛全面展开。直至"一战"爆发时，英德战列舰数量对比为49∶29，其中无畏舰对比为20∶13。

挥；还派了5艘战列巡洋舰由海军中将戴维·贝蒂勋爵指挥。不幸的是，计划的制订者凯斯和首位计划执行长官蒂里特并不知道后续兵力的增派。

德军情报部门得知英军的这个伏击计划，准备针对性的搞一次反伏击，在德军所获知的情报中，也没有后续两支舰队的增派情况，也就是说德军和凯斯所知道的情况是一样的。

英舰被反伏击

1914年8月28日清晨，凯斯的计划执行得似乎十分顺利。3艘作诱饵的潜艇在赫尔戈兰以西浮出了水面。当德国驱逐舰出来追逐时，蒂里特的军舰冲出来攻击它们。不久，2艘德国轻型巡洋舰又加入战斗，英国人打得其中1艘德国巡洋舰掉头就跑，恰在此时，英国人又发现了1艘孤零零的德国驱逐舰，很快就把它打成一堆火焰冲天的残骸。继而又发现1艘德舰，凯斯命舰艇快速追击，然而在不远处，他们又发现了德舰队，就这样，德舰队一直在利用大雾的掩护下绕过了英国舰队，然后悄悄地靠拢，扔下急骤的弹雨后就跑，而英舰队一直忙于追击来犯者，把一场伏击战变成了挨揍的战斗。

差点自相残杀

为了追逐逃跑的德舰，向西行驶的凯斯透过晨雾看到同为英舰的古迪纳夫的巡洋舰正在驶来，他大吃一惊，以为又遭到了伏击，就发出了求救的电报。幸好蒂里特的舰队及时赶到，发现是英军的增援舰队，才避免闹出乌龙，自相残杀。

增援的到来扭转了局势

虽然古迪纳夫舰队的到来差点闹出"乌龙"事件，但是正是这些增援舰队事先情报未被泄露，才使得德国的反伏击计划失败，随后贝蒂勋爵的舰队也加入到战斗中，这样凯斯的舰队、蒂里特的舰队、古迪纳夫和贝蒂勋爵的舰队，形成了合围之态，使得德军舰队无法再打完就跑了，因为跑到哪里都有英舰队在等着。

战斗结局

德方3艘轻型巡洋舰"美因茨"号、"科隆"号和"阿里阿德涅"号、一艘雷击舰"V187"号沉没，轻型巡洋舰"弗劳恩洛布"号、雷击舰"V1"号、扫雷艇"D8"号、"T33"号重创，损失马斯少将以下1242人，其中712人阵亡，300多人被俘；相比之下英方的损失微不足道，舰艇无一沉没，只有轻型巡洋舰"林仙"号、驱逐舰"月桂"号、"冒失"号、"拉厄提斯"号受重伤，人员阵亡35人伤40人，其中伤势最重的"林仙"舰上11死16伤。

德海军暂时不再和英海军舰队硬碰硬了

这场规模不大的海战对于德国的海军战略产生了重大影响，对于是否迎战英国舰队也开始动摇。德国掌权者不愿意再让实力较弱、缺少胜算的海军承担风险。

从当年9月份开始，德国海军在赫尔戈兰湾内大量布雷，采取了保守的作战方案；轻型舰艇原本密集的巡逻大大减少，释放的兵力投入到其他更为急需的任务上；战列巡洋舰队在杰德河口待

战列巡洋舰是20世纪初兴建的一种大型战舰，是在装甲巡洋舰的基础上演变过来的一种功能性很强的新型主力舰。英国广布全球的通过漫长海上航运线和商业网络相互联系的殖民利益，需要强大并且可以快速集结的海军舰队保护。英国皇家海军需要一种强大火力与高机动力相结合的战舰，不仅可以有效地打击敌方的袭扰，又能够快速部署应付突发性事件。于是英国海军以"理想型巡洋舰"名义设计的战列巡洋舰是一种把战列舰强大火力和装甲巡洋舰高机动结合在一起的战舰，当时新的技术提供了建造新型战舰的可能性。

近现代海战

▲ ［轻型巡洋舰］

轻型巡洋舰具有多种作战能力，是主要在远洋作战的大型水面战舰。用于海上攻防作战，掩护航空母舰编队和其他舰队编队，保卫己方或破坏敌方的海上交通线，攻击敌方舰艇、基地、港口和岸上目标，登陆作战中进行火力支援，担负海上编队指挥舰等。由于巡洋舰装备有与其排水量相称的攻防武器系统、精密的探测计算设备和指挥控制通信系统，因此按排水量分为：重型巡洋舰和轻型巡洋舰。装备152毫米舰炮为轻型巡洋舰。

命；单舰作战也被严格禁止。

赫尔戈兰湾海战是"一战"期间英德之间的首次大规模海上交锋，胜利无疑属于英国。战列巡洋舰的压倒优势在此战中表现得淋漓尽致，充分证明了高速主力舰在前卫战中的重大作用。

德国偷袭英国皇家海军巡洋舰

"水下杀手"歼敌记

潜艇一直有"水下杀手"之称，1914年德国利用一艘老式潜水艇，连续击沉英国3艘军舰，这样的战法促进了各国对海战战术的改进及对潜艇作战能力的再认识。

1914年9月22日拂晓，德国海军"U9"号潜艇在比利时奥斯坦德港和英国马加特之间的伏击阵位上游弋待机，清晨时分，"U9"潜艇上的韦迪根艇长发现了3艘英国皇家海军巡洋舰，即"阿布基尔"号、"霍格"号和"克雷西"号，排水量均为12 000吨。这3艘英国舰艇正在离比利时海岸大约30多千米的海面以纵列阵型缓慢地航行。

韦迪根指挥"U9"潜艇悄悄地向"阿布基尔"号靠拢，并下达了发射鱼雷的命令。

鱼雷带着嘶嘶的响声从射管中冲了出去。6时30分，随着一声巨响，"阿布基尔"号被击中。

韦迪根升起潜望镜，观察战况，令他难以相信的是，离被击沉的"阿布基尔"号不远的"霍格"号巡洋舰只顾着抢救"阿布基尔"号的落水船员，没有进行任何防卫或反潜行动，原来，英国人根本没有想到是德国潜艇攻击了他们，还以为是撞上了水雷。

韦迪根见对方无任何防备，当然不肯放过这个绝好机会。"U9"潜艇再次

▲ [韦迪根]

德意志帝国海军的一名海军上尉，在第一次世界大战中担任过潜艇舰长，并在一次海战中以1艘潜艇击沉敌方3艘装甲巡洋舰，成为德国海军史上最有名的战争英雄之一。

在第一次世界大战中，德国潜艇绝对是英国水手的噩梦，它们一共击沉了6000余艘战斗舰艇和商船，共计1800万吨的吨位。

非凡海洋大系　影响历史的海战

近现代海战

▲ [被"U9"击中后——插画]

进入到有利的攻击位置。6时55分,韦迪根再次下令发射了两枚鱼雷,鱼雷从潜艇的射管中呼啸而出,远处传来两声巨响,"霍格"号也被命中,并迅速开始下沉。

1917年2月11日,德国宣布进行无限制潜艇战,共有111艘德国潜艇投入了战斗,给协约国方面,尤其是英国造成很大损失,并且牵制了协约国方面的大量人力、物力,初次显示了潜艇在现代海战中的重要作用和对整个战争的重要影响。

▲ ["U9"潜艇全体船员]

近现代海战 | 151

▲ [被击沉的"克雷西"号]

"克雷西"号巡洋舰是英国皇家海军在"一战"期间的一艘万吨级装甲巡洋舰。舰上编制人数包括军官40名、水兵700名。它因在一场海战中和英国皇家海军的"霍格"号以及"阿布基尔"号巡洋舰一共3艘万吨级装甲巡洋舰被一艘单枪匹马的德国"U9"潜艇击沉,而被历史所记录。

> 无限制潜艇战是德国海军部于1917年宣布的一种潜艇作战方法,即德国潜艇可以事先不发警告,而任意击沉任何开往英国水域的商船,其目的是对英国进行封锁。

韦迪根指挥"U9"潜艇开始下潜,准备逃离这块是非之地。

连续2艘英国皇家海军巡洋舰被击沉,使幸存的"克雷西"号舰长约翰逊海军上校意识到是遭到了潜艇的攻击,于是拉响了战斗警报,准备反潜战斗,同时组织营救落水的同伴。

"克雷西"号朝着"U9"号潜艇潜伏的方向扑去,同时舰上的203毫米的主炮向"U9"号潜艇方向猛烈开火。

此时"U9"号潜艇并没有跑远,当韦迪根观察到英国人的举动后,逃已经来不及了,只能用潜艇尾部的鱼雷发射管,发射鱼雷以阻挡"克雷西"号的追击。

"U9"号潜艇冒着英舰射来的弹雨向"克雷西"号接近,韦迪根下令艇尾鱼雷管装载鱼雷,并指挥潜艇进入新的射击阵位。很快,"U9"号潜艇上的最后一枚鱼雷射了出去。"克雷西"号在一声巨响中遭到了灭顶之灾。就这样,在一个小时之内,3艘12000吨的英国皇家海军巡洋舰,毁于一条老式潜艇之手,造成1459名官兵阵亡,在此战之前这是人们连想都不敢想的事。

达达尼尔海峡战役
海陆配合的典范

第一次世界大战爆发后,达达尼尔海峡就吸引了德国人的关注,除了德国注意到此处外,还有英法协约国,于是这片海峡成为他们争夺的目标,双方更是陷入了一场旷日持久的争夺战之中。

达达尼尔海峡战役,又称加里波利之战,它始于英法协约国的一次海军行动。

丘吉尔发现达达尼尔海峡的重要性

时任英国海军大臣的温斯顿·丘吉尔,是首先提出达达尼尔海峡重要性的人,他提出在战争初期,英法联合舰队应该依靠舰炮火力,摧毁土耳其军海岸堡垒和要塞后扫除海峡水雷,再突入马尔马拉海登陆,最后攻占君士坦丁堡。

德国和土耳其联军布防

英法联合舰队的异动,让德国和土耳其联军统帅部闻到了火药味。他们迅速将土耳其第一、第二集团军的部队调往达达尼尔海峡地区,主要任务是在要

> 君士坦丁堡是土耳其最大城市伊斯坦布尔的旧名。现在则指伊斯坦布尔金角湾与马尔马拉海之间的地区。它曾经是罗马帝国、拜占庭帝国、拉丁帝国和奥斯曼帝国的首都。

▲ [纪念达达尼尔海峡战役的邮票]

近现代海战 | 153

塞布置足够多的炮兵，把要塞和岸边的火炮数量增加到了199门，还布下了数道水雷障碍，以防御英法联合舰队的入侵。另外，还在达达尼尔海峡入口两岸配置了外围炮兵连，其后区域布置了中间炮兵连，最后一道防线上部署了内防炮兵连。

英法联合舰队兵力

英法两国联合舰队共投入62艘战舰，以及大量辅助船只，并指定英国皇家海军地中海舰队司令萨克维尔·卡登上将负责指挥这次战役。

海陆配合 首战失败

英法海军舰队从1915年2月19日开始炮轰达达尼尔海峡沿岸土德联军要塞。

在达达尼尔海峡防守的土耳其军队，突然遭受英法海军舰队袭击后，纷纷丢弃阵地向内陆退防。英国突击部队随之从爱琴海迅速登陆加里波利半岛。

德军见土耳其部不敌英法联军，火速调动军队至半岛增援，并伙同土耳其军队掘壕隐蔽坚守，依据半岛复杂的地形建立了强大的防御体系。

在登陆的英军准备扩大战果时，隐蔽在阵地中的土、德士兵一起开火，把正在攀登悬崖的英军打了个措手不及，英军损失惨重。导致英法联军首轮登陆

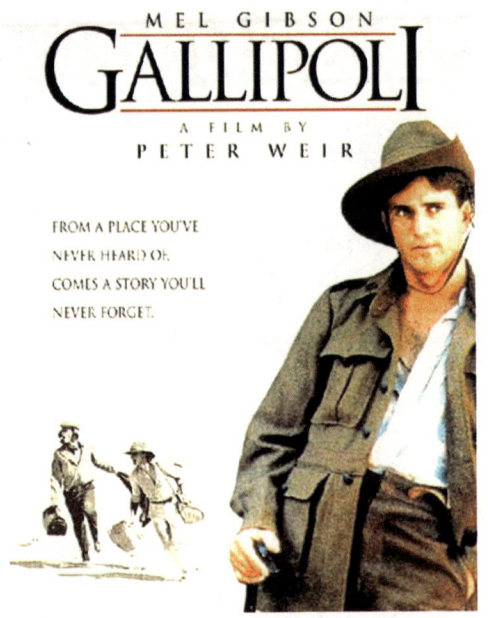

▲ [电影《加里波利》剧照]

影片讲述从1915年的澳大利亚开始，两个亲如兄弟的年轻伙伴决定一起入伍，他们追逐自己的理想，在埃及训练，又来到了土耳其加里波利战场的故事。

行动宣告失败。

二次登陆 陷入僵局

在第二次登陆计划开始前，澳大利亚和新西兰军团（以下简称澳新军团）加入此战，协同英军作战，计划分别从两个不同登陆点上岸，英国军队从海丽丝岬登陆，澳新军团则在更北面靠近伽巴帖培的海滩登陆。

1915年4月25日夜，在掩护舰队实施炮火轰炸后，英、澳新军队同时展开登陆行动。由于澳新军团士兵大多没有接受

过夜间登陆训练，再加上对半岛地形一无所知，错误地在目标以北的一个无名小湾（今澳新军团湾）登陆。另一边的英国部队在海丽丝岬遭到土耳其军队的猛烈火力攻击。英军虽然建立了滩头阵地，但登陆军根本无法把部队有效的展开，陷入了不稳固的、难以防守的立足点。

土耳其军队在穆斯塔法·凯末尔上校的指挥下，随即进行了猛烈的还击。经过一夜的混战，双方死伤惨重，已登陆的 1.6 万名澳新军团士兵在土耳其军队炮火的压制下，被困在临时掩体中动弹不得，接下来的时间，双方陷入了旷日持久的僵持战中。

在此次登陆战中，海、陆协同军先后有 50 万士兵远渡重洋来到达达尼尔海峡，其中，44 072 人战死，97 037 人负伤。这场战役是"一战"中最著名的战役之一，也是当时最大的一次海上登陆作战。战役计划不周、准备不足、海陆军协同不力、低估土军战斗力和未达成战役突然性等，是英法联军失败的主要原因。

协约国的战败使丘吉尔丢了官，之后丘吉尔自愿下放到法国前线的皇家苏格兰毛瑟枪团第 6 营当营长体验战争，但其实丘吉尔最应该去的是他魂牵梦绕的加里波利，在那里他倡导的这场"海陆军联合"奇袭登陆战并没有随着他的下台而结束，而是演变成和西线一样的战壕战。

▲ [穆斯塔法·凯末尔·阿塔土克]

凯末尔执政期间施行了一系列改革，史称"凯末尔改革"，使土耳其成为世俗国家，为土耳其的现代化奠定了良好的基础。1934 年 11 月 24 日，土耳其国会向凯末尔赐予"Atatürk"一姓，在土耳其语中"Ata"就是父亲，"Atatürk"（阿塔土克）就是"土耳其人之父"之意。

▲ [加里波利半岛公墓雕像]

此公墓是为了纪念在达达尼尔海峡战役中死亡的将士，里面的公墓不仅有同盟国的，还有协约国的，此地目前开放为旅游景点。

英吉利海峡的争斗
德国与英国人的斗智斗勇

德国的潜艇在水下犹如一条水龙,势不可挡,但当遇到英国人时,此话就该另当别论了。

1916年,德国海军截获英国电报:"法恩巴特号商船3月2日离港,请重点保护并清点货物。"看到这样的消息,德国海军当局就准备将此批货物截获,德国海军自然将任务交给了潜艇。

德国潜艇受命在英吉利海峡水下潜伏,这一天风平浪静,德国潜艇通过潜望镜,看到一艘满载着货物的大型货轮,上面的水手们在甲板上忙碌着。德舰观看半天后,终于确认了是"法恩巴特"号,上面没有任何军事保护,表明这是一艘货船。

德军潜艇当然不可能放弃这次攻击

> "Q船"是"一战"时英国皇家海军最神秘的武器之一,它们的母港设在爱尔兰的女王城,因此英国海军为其取名为"Q船"。当然,"Q船"也有正式名称,即"伪装猎潜舰"或"特种勤务舰",主要任务是反潜。

的好机会,于是慢慢地靠近这艘"货船"。

就在此时,"法恩巴特"号也已经侦测到德军潜艇的动向,因为"法恩巴特"号是英国人专门针对潜艇开发的反潜"Q船"。这种船看起来是一艘装满货物的商船,连甲板上也堆了一批用木箱装着的货物,其实木箱都是空的,在这些巧妙伪装下面,是大口径火炮和深水炸弹

▲ [第一次世界大战时的"Q船"]

发射装置，船尾上还隐藏着两座鱼雷发射器。

已经靠近"法恩巴特"号的德潜艇，忽然在"法恩巴特"号不远处露出了水面，向"法恩巴特"号喊话，命令其投降。就在这时，"法恩巴特"号变戏法似的推出几门大炮，黑洞洞的炮口正对着德军潜艇。

德军潜艇见此情况，知道中计，紧急下潜，准备逃跑，但已经来不及了，"法恩巴特"号上的轻重武器一齐开火，炮弹暴雨般落在德军潜艇上。伤痕累累的潜艇好不容易潜入水下，又被"法恩巴特"号投出的一枚深水炸弹炸坏了下潜装置，德军潜艇只好重新浮出水面。"法恩巴特"号迎面送上第二轮炮火，无力还击的德军潜艇被炮弹击中，沉入海底。

英国"Q船""法恩巴特"号多次使用这种计谋，诱骗德国舰艇靠近，然后再对其进行打击，基本都是弹无虚发，"法恩巴特"号也先后击沉了4艘德国潜艇，为英国海军立下了显赫战功。

"Q船"的英文意思为"神秘之船"。它的发明者是英军海军作战部处长史密特。史密特是猎潜艇的专家，对舰艇的性能、火控系统、动力装置都一清二楚。他在研究英舰被德潜艇击沉击伤的报告时发现，德国潜艇大都采取秘密跟踪，突然浮出水面，马上攻击的战术。他一直在构思一个以快制快的方案。有一天，他与海军统帅部的官员一起到军港视察，一眼看见停泊在港内的几艘猎潜艇，不由眼睛一亮，提出了用猎潜艇改装成商船引诱德国人上钩的方法。因为在几次实战中，德国潜艇对商船都大大咧咧的不当回事，总是毫无戒备地上船抢掠货物后再将其击沉。史密特企图利用德国人的麻痹，打他们个措手不及。不久，史密特设计的"Q船"诞生了。

近现代海战

▲ [新型猎潜艇]

据说在一次战斗中，英国的"钓鱼"计谋被德军识破，那次英国"Q船""邓雷文"号猎潜艇没有引诱德艇成功。

尽管"Q船"拼死向德军潜艇发射数枚鱼雷，终因距离太远没有击中，而英国"Q船""邓雷文"号因被德军潜艇击中而沉没。

近现代海战 | 157

日德兰海战

英德制海权的争夺

日德兰海战是英德双方在丹麦日德兰半岛附近北海海域爆发的一场大海战。这是第一次世界大战中最大规模的海战，也是交战双方唯一一次全面出动舰队主力决战，这次海战结束了以战列舰为主力舰的海战史。

日德兰海域位于欧洲西北部的北海东海岸，日德兰半岛和斯堪的纳维亚半岛之间的海面。1916年5月，英德两国为争夺制海权，在这片海域进行了一场空前规模的巨舰重炮大决战。

19世纪的英国皇家海军处于全盛时期，猛将众多，战舰恢宏。即便如此，德国一位48岁的普鲁士人也敢向"日不落帝国"的海军提出挑战，他就是被称为"德国海军之父"的冯·提尔波茨伯爵，他不但扩大了德国海军，而且还建造了当时最为强悍的装甲巡洋舰。

此战中德国共有99艘战舰（16艘战列舰，5艘战列巡洋舰，6艘前无畏舰，11艘轻巡洋舰，61艘鱼雷艇）参战，分为两个编队，由南向北航行。

德国海军的扩军声势震撼了英国海军部，此战中，英国舰队共有151艘战舰（28艘战列舰，9艘战列巡洋舰，8艘装甲巡洋舰，26艘轻巡洋舰，78艘驱逐舰，1艘布雷艇，1艘水上飞机母舰），也分为两个编队，由北向南航行，双方相向运动，突然相遇，生死搏斗就这样拉开了……

英国主力舰队存在数量上的优势，主将杰利科成功地运用T字头战术，充分发挥了英舰的炮火优势，而德军方面，由于战舰遮挡了射击范围，在发挥火炮

▲ [德国海军之父冯·提尔皮茨]

提尔皮茨是一个极有胆魄的人物，他不但决意为德国创建一支真正的远洋舰队，而且还希望这样一支舰队能与英国皇家海军相匹敌。德皇威廉二世对提尔皮茨的胆略和雄心十分欣赏，全力支持他的扩充计划。这种信赖是如此的深厚，以至于提尔皮茨最后获得了"永远的提尔皮茨"这样一个称呼。

非凡海洋大系 影响历史的海战

▲ [德军指挥官莱因哈德·舍尔海军上将]

▲ [英军指挥官约翰·杰利科海军上将]

威力方面大大受限。战斗中英国主将杰利科带领主力舰队插入德国舰队的后方海面，切断了德国舰队与其后方基地的航路。

如果被英军封锁在基地外面，那就等于毁灭，在此情况下，被封锁在基地外的德国主力舰队指挥官舍尔海军上将，命令驱逐舰拼死一搏，从不同的方向袭击英主力舰队，双方爆发了一系列殊死的战斗。舍尔带领舰队成功冲出了英国舰队的封锁，还没等杰利科反应过来，舍尔就带领舰队摆脱了英国主力舰队的封锁，驶向威廉港。

激战过后，英国舰队损失3艘战列巡洋舰、3艘装甲巡洋舰和8艘驱逐舰，共计11万吨位；德国舰队损失1艘前无畏舰、1艘战列巡洋舰、4艘轻巡洋舰和5艘驱逐舰，共计6万吨位。

> 马汉是美国杰出的军事理论家，曾两度担任美国海军学院院长，他在1890—1905年间相继完成了被后人称为马汉"海权论"三部曲的《海权对历史的影响1660—1783》、《海权对法国革命和法帝国的影响：1793—1812》和《海权与1812年战争的联系》三部著作，其有关争夺海上主导权对于主宰国家乃至世界命运都会起到决定性作用的观点，更是盛行世界百余年而长久不衰。

> 马汉认为制海权对一国力量最为重要。海洋的主要航线能带来大量商业利益，因此必须有强大的舰队确保制海权，以及足够的商船与港口来维护此利益。马汉也强调海洋军事安全的价值，认为海洋可保护国家免于在本土交战，而制海权对战争的影响比陆军更大。

德国的战果虽然大于英国，取得了战术上的胜利，但是也被杰利科指挥的皇家海军舰队封锁在德国港口，在战争后期毫无作为，在战略上完败。成为了马汉理论中心的"只是存在的舰队"。

近现代海战 | 159

非凡海洋大系 影响历史的海战

拉普拉塔河口海战
德国战列舰"自杀"前后

拉普拉塔河口海战是德国使用小型装甲舰"斯佩伯爵海军上将"号攻击了英法联盟的多艘商船后,暴怒的丘吉尔派出多支舰队,搜索并打击该舰的前后始末。

▲ [亨利·哈伍德]
1939年9月晋升准将,任英国皇家海军驻美洲和印度群岛地区南美分舰队司令。

"斯佩伯爵海军上将"号的武器装置:
武器:2座三联装283毫米主炮,8座单管150毫米炮;3座双联装105毫米高射炮,8座双联装37毫米高射炮;2座4联装533毫米鱼雷发射管。
装甲:主舷侧装甲厚100毫米,另有40毫米厚的防雷装甲上部重叠在它的后面;装甲甲板厚40~70毫米,主炮炮塔厚140毫米,炮座装甲厚125毫米;指挥塔装甲厚150毫米。

"斯佩伯爵海军上将"号战绩赫赫

1939年9月3日,"斯佩伯爵海军上将"号舰长朗斯道夫在海上收到了柏林发来的向英法宣战的电报,要该舰放手去战。10月1日,在巴西伯南哥附近海域,"斯佩伯爵海军上将"号一排炮火将英国5000吨的商船"克莱门特"号送到了海底。一周后,又在开普敦至弗里敦的航线上发射2枚鱼雷,击沉了4222吨的英国商船"阿什利"号。还有一艘临时决定走这条航线的英国商船"牛顿海滩"号,它也中了一枚鱼雷和10发炮弹,这艘船连带180多名船员及4600吨货物也沉入了海底。

暴怒的丘吉尔的反击

看着如此辉煌的战绩,"斯佩伯爵海军上将"号舰长非常得意,英国海军部却愤怒了。当时的英国海军部长丘吉尔综合各地被袭击船只的报告,决定组成12支搜索分遣舰队到大洋各处搜索,意图歼灭这艘德国袭击舰。

"多里克·星"号被击沉

1939年11月,英国皇家海军G舰

160 | 近现代海战

▲ ["斯佩伯爵海军上将"号]

"斯佩伯爵海军上将"号是"德意志级装甲舰"的三号舰,或称"袖珍战列舰"。德国作为第一次世界大战中的战败国,其海军受到《凡尔赛和约》严格限制,于1929年动工建造德意志级装甲舰。总共建造了3艘:即"德意志"号(后更名为"吕佐夫"号)、"舍尔海军上将"号和"斯佩伯爵海军上将"号。"斯佩伯爵海军上将"号1932年10月开工,1934年6月下水,1936年1月服役。

队主帅亨利·哈伍德在南大西洋集结了大量的军舰,对"斯佩伯爵海军上将"号进行大规模的搜索。大洋茫茫,漫无目标地搜索一艘神出鬼没的军舰绝非易事。一连二十几天,哈伍德一无所获。正在焦急之时,电台里传来运输船"多里克·星"号的呼救声。"多里克·星"号在南大西洋东部弗里敦至好望角的航线上遭到"斯佩伯爵海军上将"号袭击沉没。有着丰富海上作战经验的哈伍德盯着海图思考了几分钟,最后作出了判断:"斯佩伯爵海军上将"号将迅速驶离现场,极有可能横渡大西洋,驶向南美洲沿岸,哈伍德命令舰队移师南大西洋拉普拉塔河口,准备截杀德舰"斯佩伯爵海军上将"号。

▲ [血拼大西洋——剧照]

讲述德国小型战舰"苏贝"号和英国海军火拼的故事,这部电影就是改编自英国海军搜捕"斯佩伯爵海军上将"号的历史事实。

"斯佩伯爵海军上将"号发现英舰

撤向拉普拉塔河口的"斯佩伯爵海

近现代海战 | 161

军上将"号观察哨发现了英国的1艘轻巡洋舰及2艘驱逐舰。"斯佩伯爵海军上将"号舰长朗斯道夫由此判断他们面对的是一支护航运输队,他不但没有转向躲避,反而命令军舰加速追击。

朗斯道夫的决定是错误的

"斯佩伯爵海军上将"号的6门28厘米主炮射程近2.8万米,而英舰的20厘米主炮射程仅为1.8万米,如果转向撤退的话,英国人要追上就必须经过2.8万米至1.8万米的危险区,这样明显对德国人有利,但是"斯佩伯爵海军上将"号舰长朗斯道夫作出了错误的决定。

"斯佩伯爵海军上将"号很快就进入了英舰的射程,交战开始了,虽然有英舰被击中,但是在英国舰队的围捕下"斯佩伯爵海军上将"号被英军的1枚20厘米炮弹击中重油处理系统,受损的舰船快速撤退,驶向拉普拉塔河口方向。

"斯佩伯爵海军上将"号自沉前后

看到德舰"斯佩伯爵海军上将"号受到损伤,英指挥官哈伍德紧紧跟踪德

▲ [参与拉普拉塔河口海战军舰]

左上:"阿西提查"皇家海军舰艇;右上:"阿贾克斯"皇家海军舰艇;左下:"斯佩伯爵海军上将"号;右下:新西兰皇家海军舰艇"阿基里斯"号。

"斯佩伯爵海军上将"号造成的物质损失微不足道,但它成功地吸引了大量英国军舰和辅助舰只的注意力达3个月之久,而这些舰只用于其他地区可能会取得更好的战果。

拉普拉塔河是南美的重要河流之一,是阿根廷与乌拉圭、巴西的分界。

舰，准备在夜间用鱼雷攻击。

此时的"斯佩伯爵海军上将"号也急需燃油补给，于是驶向乌拉圭首都蒙得维的亚，以修补损伤及补给燃料。

"斯佩伯爵海军上将"号伤势不轻，无法短时间内出海作战，于是请求乌拉圭政府允许停留在港内修理损伤，等待补给。然而事与愿违，倾向英国的乌拉圭政府官员拒绝了该请求，并要求"斯佩伯爵海军上将"号立即离开蒙得维的亚。

英国人"皇家方舟海军上将"号航空母舰、"声望"号战列巡洋舰及3艘巡洋舰均已抵达蒙得维的亚外海，准备对其进行围歼。

在这种情况下"斯佩伯爵海军上将"号舰长朗斯道夫向德国柏林方面通报了这些情况，而朗斯道夫得到柏林命令：如果无法冲出港去，就要他自毁军舰，避免落入英国人的手中。

在万般无奈之下，朗斯道夫命令舰员全部上岸，他要将"斯佩伯爵海军上将"号送进海底了。

12月18日晨6时，"斯佩伯爵海军上将"号离开乌拉圭首都蒙得维的亚后，舰长朗斯道夫命令引爆了"斯佩伯爵海军上将"号，随后舰体断裂，触底沉没。

朗斯道夫也随后自杀身亡。

▲ [朗斯道夫]

"斯佩伯爵海军上将"号被多艘战舰联合重创，跑到了乌拉圭，按说这样一个中立国应该不偏不倚，但乌拉圭当时在经济上依赖英国，所以，"斯佩伯爵海军上将"号只被允许逗留三天。为了防止该舰被英国俘获，朗斯道夫下令驶出港口后自毁该舰。他的此举使千余名德国官兵得以幸存，他躺在"斯佩伯爵海军上将"号的战旗上用手枪结束了自己的生命。有数千人为他送行，但希特勒却大为火光，指责他是懦夫，并没有善待他的遗孀。

偷袭斯卡帕湾
"皇家橡树"号沉没

非凡海洋大系 影响历史的海战

"U-47"号潜艇艇长贡特尔·普里恩上尉用一艘潜艇，击沉了英国"皇家橡树"号战列舰，创造了海战史上的奇迹，为此，希特勒极为隆重地接见了普里恩，并授予他铁十字勋章。

斯卡帕湾位于苏格兰东北部的奥克尼群岛，南北长约25千米，东西宽约13千米，东与北海相通，西与大西洋相连，进可攻，退可守。自然，谁控制了斯卡帕湾，谁就掌握了北海的制海权，谁也就能对敌国进行持久封锁。因此，"二战"爆发后，德国人和英国人都盯上了斯卡帕湾。

德国人的眼睛首先盯上了奥克尼群岛。但英国海军已先下手为强了。英国严密地封锁了奥克尼群岛的一切通道：斯卡帕湾的7个入口，有6个设有防潜网和鱼雷场。第7个就是柯克海峡，这里水道狭窄多变，波汹流急，水下密布

▲ ["皇家橡树"号]

"皇家橡树"号是英国君王级也称"R"级战列舰中的一艘。君王级从1903年开始建造，一共建造了5艘，是伊丽莎白女王级战列舰的改进型。

的巨大岩石构成险峻的天然屏障。为防备万一,英国人还在此处凿沉了3艘旧船,并持续派出侦察机和小型潜艇巡视此处。

面对如此密集的防护措施,德国人仍不死心,1939年10月8日上午,贡特尔·普里恩上尉指挥德国的"U-47"号潜艇静悄悄地驶离了基尔港潜艇基地,秘密出航,从基尔运河,进入北海,直向西北方向驶去。经过几天水下航行,"U-47"号潜艇于10月12日行驶到柯克海峡,正对的就是英国海军基地斯卡帕湾。

在夜幕降临之前,"U-47"号潜坐在奥克尼群岛海岸附近水深90米的地方。潜艇在水下一动不动地潜坐了整整一个白天。13日傍晚19时,普里恩下令上浮,进入柯克海峡。这时,2个鱼雷发射管已装上鱼雷,以防被俘后凿沉用的炸药也已准备就绪。借着闪烁不定的北极光,

近现代海战

▲ [贡特尔·普里恩]

普里恩是德军最优秀的潜艇指挥官之一,战绩显赫,共击沉船只31艘,计193 808吨位,击伤船只8艘,共63 282吨位。丘吉尔曾经记录过这位舰艇指挥官的高超技艺。

◀ ["U-47"号潜艇的指挥塔]

正准备离开基尔港的"U-47"号潜艇的指挥塔,注意其侧面的骷髅艇徽。

近现代海战 | 165

非凡海洋大系 影响历史的海战

▲ [击沉"皇家橡树"号纪念邮票]

票面表达的是德国海军"U-47"号潜艇上浮的场面，远景是夜幕下在火焰和浓烟中沉没的"皇家橡树"号。

▲ ["皇家橡树"号上的高射炮]

"皇家橡树"号战列舰搭载4座双联381毫米主炮、12座单152毫米副炮、4座双联102毫米高炮、2座8联速射高炮、22挺20毫米机关炮、4个533毫米鱼雷发射管等武器。

"U-47"号潜艇像幽灵一样，在暗礁和沉船的缝隙间小心翼翼地穿行。普里恩和他的"U-47"号潜艇闯过一道道鬼门关，终于进入了斯卡帕湾。

10月14日凌晨，"U-47"号潜艇在一处海域发现两艘隐蔽停泊的英国军舰，其中一艘是英国战列舰"皇家橡树"号，"U-47"离"皇家橡树"号很近，面对如此庞然大物，几乎不需要瞄准，"U-47"号潜艇随即向其发射了3枚鱼雷，幸运的是只有其中一枚命中了"皇家橡树"号战列舰。

"皇家橡树"号战列舰的舰体被炸裂，大量海水涌入船舱，机舱内燃油泄漏到海面，整个海面都燃烧起来，火焰吞没了"皇家橡树"号，舰上900多名官兵也被大火所吞没。而睡在豪华包厢内的布格罗夫上将和许多还在睡梦中的士兵，在爆炸的一瞬间就被扣在舱内沉入海底。

凌晨2时15分，正当英国海军大肆搜索海面的时候，"U-47"号潜艇顺利冲出柯克海峡，消失在茫茫的大海深处。

"U-47"号潜艇这次出色的袭击使希特勒对潜艇的看法大为改观。希特勒当即批准了潜艇部队司令邓尼茨建造潜艇的计划，同意采取"先发制人，进行无限制潜艇战"的战术。

此后希特勒就将潜艇"狼群"撒到了大西洋上。使英国和美国的商船队，面临着更巨大的威胁。

大西洋潜艇战

"狼群战术"

第二次世界大战中的一场旷日持久的战役——大西洋潜艇战,德英双方投入全部的海上力量,历时超过 5 年之久,成为战争史上持续时间长、程度极为复杂的一场海战。

在第二次世界大战中,德国在其空军失败、海军又没有当时的英国强大的情况下,为了扭转战局,决定要在大西洋上封锁英国,于是便派出众多数量的潜艇在海上游弋,封锁英国的海上交通运输线,艇与艇之间隔为 15～20 海里,"结群"平行搜索敌船队并实施攻击。德国称其为集结战术,而英国称德军的这种战术为狼群战术。

德国潜艇部队司令卡尔·邓尼茨是"狼群"战术的发明人,为了接受严酷的实战检验,邓尼茨指挥德国 U 形潜艇在大西洋上像"狼群"般肆虐,在此情况下盟国海上生命线一度处于接近崩溃的边缘。

这种令人窒息的被封锁状态,直到珍珠港事件之后,同盟国开始大量生产护航航空母舰和新式反潜武器(如雷达、刺猬炮、新式探照灯和深水炸弹),德国潜艇的损失开始增加,德军的狼群战术的效果也越来越差。1943 年 5 月,德指挥官邓尼兹解除潜艇的狼群战术命令,改以单艘巡弋以分散损失,但是随着同盟国反潜力量的增加,德国在大西洋潜艇战中节节败退。

▲ [狼群战术的发明人——卡尔·邓尼兹]

大西洋潜艇战从 1939 年 9 月开始实施,至 1945 年 5 月邓尼茨签订无条件投降书后彻底结束。期间,同盟国被击沉商船 2775 艘,共约 1500 万吨位。德国投入战争的潜艇总计 1175 艘,损失了 781 艘。战争结束后,分布在世界海洋上的 203 艘德国潜艇全部被凿沉海底。碧波万顷的大西洋终于恢复了昔日的安宁。

冰天雪中的炮火
北极护航

苏联加入第二次世界大战后，英国海军组成的北极护航队为苏联运送武器，但这支船队没能逃出死敌德国人的眼睛，于是在北极冰天雪里的大海上爆发了一场大战。

1941年6月底，德国百万大军分三路入侵苏联，促使第二次世界大战进入高潮。世界上所有的反法西斯国家开始联合起来，共同向法西斯轴心国同盟发起作战。

应苏联政府要求，英国海军组织了一支护航队，保护沿着北极航线运输支援苏联战争的军火等物资的商船。一直到1941年底，共有7支护航队保护商船从挪威前往苏联，共计运送了750辆坦克、800架战斗机、1400多辆卡车和10吨军火物资。这些物资保证了苏军在莫斯科和圣彼得堡反法西斯战场的战果。

这支英国海军护航队引起了德国的注意。

在1942年3月5日，德国侦察机发现了英国海军的护航队，于是派遣3艘驱逐舰和一艘战列舰，将英国护航队拦截在熊岛，双方爆发大战，战后商船有所损失。

这次护航队的受袭，使英国海军意识到北极航线的潜在危险，于是大大加强了护航兵力。然而，德军获悉英国海军加强了护航力量后，随即增派了截击兵力，共派出了6艘德国潜艇，以及3艘德国驱逐舰和空军轰炸机，穷凶极恶

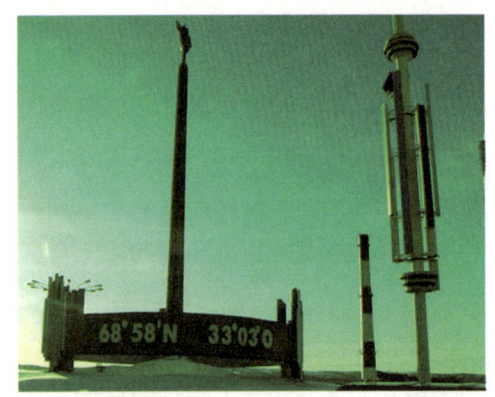

▲ [摩尔曼斯克北极圈标志 68°58′N 33°03′0]
摩尔曼斯克的港口是一个终年不冻港。当年北极航线的两个终点除了摩尔曼斯克之外，还有一个为阿尔汉格尔斯克，但后者有半年的冰封期，所以摩尔曼斯克遭到了德军疯狂的袭击，但在苏联红军的保卫下，始终保障着航线的畅通。

的袭击，使得一艘接一艘的商船被鱼雷击中，大火从冰海中升起，英国海军护航的商船损失惨重。

英国海军在护航中不断吸取教训，改变战术，足足花了一个月时间，才有13艘商船或其他船只陆续进入苏联的阿尔汉格尔斯克和摩尔曼斯克。

德军的威胁使本来就艰难的北极航线，更加充满了危险和恐怖。在这样艰难的条件下，盟军在难以想象的北极航线上挑战艰辛和危险，保证了一条对苏联战场极其重要的生命线。

偷袭珍珠港

奇袭美利坚

在太平洋战场上，原本日本还不愿和美国摊牌，但当美国阻碍日本获得战略物资并干预其扩张计划后，日本终于坐不住了，决定给美国一次致命的打击。

▲ [偷袭珍珠港]

轴心国是指在第二次世界大战中结成的法西斯国家联盟，成员是纳粹德国、意大利王国和日本帝国及与他们合作的一些国家和占领国。

1940年，日本国内一致支持向东印度群岛扩张的策略，以夺取该地区的石油、锡、橡胶和奎宁这些重要的战略物资。

日本人开展了一系列的扩张行为，在此之前，为了警告美国不要干涉欧洲和亚洲的事务，日本于1940年9月和轴心国结成同盟，摆出一副"我方之事谁也不许插手"的姿态。

美国人发现了日本的意图后，国会顿时宣布中止美日贸易，并且冻结了日本在美国的所有资产。

美国人的行为令日本内阁很不安，虽然有些谨慎的内阁成员提出缓和关系的说辞，但更多人发出了"不可以妥协"的声音，日方内阁争争吵吵，结果美国再次发出声明，宣布对日本实施全面石油禁运。日本内阁这下炸开了锅，谁都知道日本的资源极其匮乏，没有了石油，这对于因扩张而陷入战争中无法在短期内抽身的日本来说，简直是致命的一击。

随后，美国又给日本发了一份备忘录，其内容是要求日本从中国撤军。否则不向日本输出石油及其他战略物资。罗斯福总统和他的顾问以为下了这一剂猛药，日本人肯定会妥协。然而日本却在计划着更大的计划。

时任日本海军联合舰队司令长的山本五十六，接到了给美国人教训的命令，山本五十六本人并不主张对美国开战，但作为军人，首要职责就是要执行命令。山本五十六分析地图后，决定打击美国太平洋舰队的大本营——珍珠港。

珍珠港位于日美之间太平洋东部的夏威夷群岛，距日本约 3500 多海里，距美国本土约 2000 海里，是美国太平洋舰队最重要的基地。

在山本五十六的策划下，日本海军中将南云忠一指挥 6 艘航空母舰、2 艘战列舰、2 艘重巡洋舰、1 艘轻巡洋舰、9 艘驱逐舰、3 艘潜艇和 8 艘油船组成突击编队，利用 104 架舰载水平轰炸机、135 架舰载俯冲轰炸机、40 架舰载鱼雷机和 81 架舰载战斗机对美军太平洋舰队的珍珠港基地进行突然袭击。

整个行动持续了约 2 小时，日军共发射鱼雷 40 枚，投掷各种炸弹 556 枚，共计 144 吨，以死伤 200 人、损失飞机 9 架、潜艇 5 艘的微小代价，炸沉、炸伤美军各种舰船 21 艘，其中战列舰 8 艘、巡洋舰 3 艘、驱逐舰 3 艘，约占在港大型舰艇总数的 50%；击毁美军飞机 311 架，约占飞机总数的 70%；美军死伤 3681 人之多。美国太平洋舰队只有 4 艘航空母舰和其他 22 艘舰船因执行任务不在港内而逃脱厄运。美国夏威夷最高指挥官沃尔特·肖特向整个太平洋舰队和华盛顿

▲ [偷袭珍珠港纪念邮票]

美国海军"亚利桑那"号战列舰以及主持偷袭行动的日本海军"赤城"号航空母舰。

▲ [偷袭珍珠港纪念锚]

这个巨大的铁锚雕塑，是美国为了纪念在 1941 年 12 月 7 日日本偷袭珍珠港，造成美国将士重大伤亡而设立的。

报告："与日本的战斗，由日本袭击珍珠港而正式开始。"

日军偷袭珍珠港标志着太平洋战争的爆发和太平洋战场的开辟，第二次世界大战达到了最大规模。珍珠港事件之后，美国上下一致决定参加"二战"，后来决定在日本投放两颗原子弹，其中不乏美国要报日本偷袭珍珠港的一箭之仇的意思。

抢占纳尔维克

驱逐舰初露头角

近现代海战

1939年9月,第二次世界大战全面爆发后,挪威和瑞典这两个北欧国家保持中立。德国为防止英国突袭瑞典耶利瓦勒,断绝德国铁矿石供应,同时打破挪威的中立现状,突袭了挪威的纳尔维克港,同盟国不甘示弱,与德军在此展开绞杀。

纳尔维克港位于挪威海边乌夫特峡湾的东南岸,距瑞典边境只有30多千米,是挪威在北极圈内最大的港口城市,也是瑞典、芬兰北部重要的出海口。此港终年不冻,即使在冬季也能通航。

在1940年4月9日至6月8日期间,为了争夺这个港口城市,以英国为首的同盟国军与德军在此爆发了异常激烈的战争。

德国抢占港口

1940年4月9日凌晨4时,9艘德国军舰沿着赫简斯峡湾迫近纳尔维克,一艘驱逐舰留在峡湾入口处负责警卫,两艘战斗巡洋舰在马沙尔海军上将的率领下继续向北巡航。这里已经接近北极圈,浓雾弥漫中,英国战列巡洋舰"声望"号突然出现,德国的战列巡洋舰立即迎上前去,双方在风雪中进行了一场短促的激战,"声望"号被命中2发炮弹,但都是哑弹,"声望"号的356毫米主炮也3次击中"格奈森瑙"号,造成了一些损伤,越来越大的暴风雪令双方都感到头痛,德国军舰随即消失在暴风雪中。

▶ [纳尔维克盾章]

纳尔维克盾章是德国军队发行的第一个战役盾章,是高级别的奖章,授予参加挪威纳尔维克港攻防战的海军、空军和陆军的军官和士兵。

几乎在同一时刻,德国海军准将邦迪率领剩下的驱逐舰冲进了纳尔维克,2艘挪威岸防装甲舰"艾德兹伏尔德"号、"挪奇"号向德国人发出警告,狡猾的邦迪一面假装谈判,一面却突然发射鱼雷把"艾德兹伏尔德"号击沉,"挪奇"号见状立即开火还击,击伤了2艘德国驱逐舰后也很快被击沉,由于当地驻军司令是吉斯林分子,德国人在登陆时没有受到任何阻挠,顺利占领了纳尔维克港口。

近现代海战 | 171

▲ [沃尔伯顿·李上校]

▲ [德国橡叶骑士十字勋章]

第一次纳尔维克港抢夺战

德军占领纳尔维克港的消息传来后,英国海军部命令第2驱逐舰大队立即消灭德国舰队,夺回纳尔维克港,虽然情况不明,但沃尔伯顿·李海军上校决定执行命令,并拟于4月10日晨杀入纳尔维克港。

4月9日夜间,纳尔维克港外浓雾弥漫、风雪交加,能见度不足400米,沃尔伯顿·李的5艘驱逐舰小心翼翼地驶入了韦斯特峡湾,他以旗舰"勇敢"号为先锋,"猎人"号、"哈沃克"号、"霍特斯珀"号和"敌忾"号随后跟进。在巧妙地躲过了4艘U型潜艇布设的警戒线后,英国人冲进了港内。"霍特斯珀"号和"敌忾"号负责压制岸炮,其余3艘直扑毫无准备的德国驱逐舰,梦乡中的德国人受到了突然袭击。"勇敢"号连发3枚鱼雷攻击了停在最外面的"威廉·海德坎普"号,接着又向港口设施发射了4条鱼雷,同时还以舰艏的120毫米火炮猛轰"威廉·海德坎普"号,1发炮弹直接命中后者的舰桥,正在那里指挥战斗的邦迪当即殒命,其他人员非死即伤,在震天的爆炸声中,"威廉·海德坎普"号沉没了。

德国人被突如其来的攻击打得晕头转向,在失去指挥的情况下,只能以零乱的射击仓促应战,英国人则在烟幕掩护下顺利撤至港外。稍事休整后,沃尔伯顿·李再率5艘驱逐舰冲入港口,这次停在港内的德国商船成了他们的目标,

6艘商船相继被击沉,港口混乱不堪,到处一片火海,不到一个小时,英国人就取得了完全胜利。

可是,正当沃尔伯顿·李海军上校决定撤退时,情况突然发生了变化,3艘从赫简斯峡湾赶来增援的德国驱逐舰出现了,他们决心为自己的司令官复仇。久战疲惫的英国人且战且退,但当他们驶到巴兰根峡湾时,另外2艘德国驱逐舰露面了,在贝伊上校的指挥下,"勇敢"号被击沉,沃尔伯顿·李海军上校当即

纳尔维克盾章与其他盾章不一样的地方在于纳尔维克盾章有三种版本,两个银制版本和一个金制版本,每个版本都有布制背衬,金制版本授予海军人员,另外两个银制版本是授予空军和陆军人员,空军版本背衬是灰蓝色,陆军版本背衬是绿野灰。

阵亡(被追授维多利亚十字勋章,他是"二战"中最先获得此荣誉的英军军人),剩下的英舰在"哈沃克"号的掩护下,总算撤到港外。2艘德国潜艇企图拦截逃跑的英国人,但是连续发射的几枚鱼雷都失去准头打在附近的岩石上,只好眼睁睁地看着英国人离去。

第二次纳尔维克港抢夺战

沃尔伯顿·李阵亡后,英国人自然不会罢休,而且德国人在纳尔维克港没有大型舰艇的

▲ [驱逐舰]

驱逐舰是一种多用途的军舰,19世纪90年代至今海军重要的舰种之一,现代驱逐舰装备有防空、反潜、对海等多种武器,既能在海军舰艇编队担任进攻性的突击任务,又能承担作战编队的防空、反潜护卫任务,还可在登陆、反登陆作战中担任支援兵力,以及担任巡逻、警戒、侦察、海上封锁和海上救援等任务。它是海军舰队中突击力较强的中型军舰之一,主要职责以护航为核心,同时拥有侦察巡逻警戒、布雷、袭击岸上目标等。广泛的作战性能使得驱逐舰成为现代海军舰艇中用途最广的舰艇。

▲ [纳尔维克战役中陆军指挥官——爱德华·迪特尔]

爱德华·迪特尔,德国山地步兵大将,1940年4月10日起率领山地师在挪威纳尔维克作战,首获橡叶骑士十字勋章,晋升中将。

近现代海战

事实已经暴露，于是惠特沃斯海军中将决定立即展开反击。4月13日清晨，由"厌战"号战列舰和9艘驱逐舰组成的一支英国舰队驶抵纳尔维克港，纳尔维克笼罩在一片细雨之中，能见度只有6海里，惠特沃斯以"伊卡洛斯"号驱逐舰为先锋，其他舰艇鱼贯而行，"厌战"号殿后，冲入港口。

"伊卡洛斯"号和德军的"赫尔曼·库纳"号在第一时间互相发现，"赫尔曼·库纳"号一边发出警报，一边迅速后撤，但其他英舰相继投入战斗，

"赫尔曼·库纳"号很快被击伤，只好自沉于赫简斯峡湾，英国人在隆隆的炮声中沿着峡湾继续向前推进，经过一个多小时的激战，德军10艘驱逐舰被击沉，德军指挥官贝伊眼看大势已去，命令各舰向伦巴克斯湾退却，但这条全长9千米的峡湾是一条死胡同，在英国人的追击下，德国人纷纷把舰艇凿沉，弃船上岸，与德国陆军爱德华·迪特尔的军队会合后逃走了。到当天傍晚，曾经浩浩荡荡开进纳尔维克港的德国驱逐舰队已经全军覆没，无一幸存，而英国人几乎没有什么损失。

英军撤离

由于英国的盟军法国在其他战场接连失利，使得英军担心没有盟军的支持会腹背受敌，因而无心恋战，于同年6月3日开始撤离纳尔维克港。

6月8日，在英军撤退行动的最后一天，英国皇家海军的航母"光荣"号和护卫它的驱逐舰"阿卡斯塔"号和"热心"号因油料问题远离其他舰单独先行撤退回英国，在途中遭遇了装备有28厘米大炮的德军战斗巡洋舰"格奈森瑙"号和"沙恩霍斯特"号。英军3艘军舰很快被击沉了，1515名英军官兵阵亡。撤退时搭载到"光荣"号航母上的第46和第263中队的飞机也都沉没了。但是在沉没前，"阿卡斯塔"号用鱼雷击中了"沙恩霍斯特"号。

6月9日，迪特尔指挥德军第二次占领了纳尔维克港。

虽然纳尔维克之战后英国人最后撤离了，德国人占领了维尔纳克港，但是对德国海军来说损失惨重，10艘驱逐舰全被击沉了，除了在维修中的，德军几乎没有可用的驱逐舰了，使德国海军元气大伤。

第二次世界大战中，由于驱逐舰能够执行多种任务，故被各参战国海军广泛使用。通过第二次世界大战战火的考验，驱逐舰显示出了比任何军舰都强的适应性，到"二战"结束时，驱逐舰已成为一种成熟的并深受海军官兵欢迎的舰种，被人们誉为"海战王牌""三头六臂的海上多面手"。驱逐舰获得了比其他大、中型军舰更快的发展。除了航空母舰和潜艇外，各国海军重点发展的军舰就是驱逐舰，一些经济实力较弱的国家，更是以驱逐舰作为本国海军发展的重中之重。

敦刻尔克大撤退

发电机计划

1940年5月,英法联军在敦刻尔克进行了历史上最大规模的军事撤退行动。在这项代号为"发电机计划"的大规模撤退行动中,利用各种船只撤出了大量的部队,保存了有生力量。

1940年英法联军防线在德国机械化部队的快速攻势下崩溃之后,英法联军在敦刻尔克这个位于法国东北部、靠近比利时边境的港口小城进行了历史上最大规模的军事撤退行动。虽然这项代号为"发电机计划"的大规模撤退行动,使英国及法国得以撤出了大量的部队,保存了有生力量,但是英国派驻法国的远征军的所有重型装备都丢弃在欧洲大陆上,导致英国本土的地面防卫出现严重问题。

▲ [电影《敦刻尔克》海报]
电影《敦刻尔克》是著名导演克里斯托弗·诺兰以敦刻尔克大撤退为背景拍摄的电影作品。

敦刻尔克大撤退背景

纳粹德国1940年5月10日开始进攻西欧。当时英国、法国、比利时、荷兰、卢森堡拥有147个师,300多万军队,兵力与德国实力相当。但法国战略呆板保守,只把希望寄托在他们自认为固若金汤的马其诺防线上,对德国宣而不战。在德法边境上,只有小规模的互射,没有进行大的战役,出现了历史上有名的"奇怪的战争"。

然而,德军没有攻打马其诺防线,

近现代海战

他们首先攻打比利时、荷兰和卢森堡，并绕过马其诺防线从色当一带渡河进入法国。把近40万英法联军围逼在法国北部的狭小地带，只剩下敦刻尔克这个仅有万名居民的小港可以作为海上退路。

> 色当，法国东北部阿登省城镇。距比利时边界仅14千米，位于默兹河右岸。

发电机计划

英法联军在敦刻尔克地区三面受敌，一面临海，处境非常危急，唯一的生路就是从海上撤往英国。英战时内阁指示海军部制定组织远征军撤退的计划，代号"发电机计划"。该行动由多佛尔军港司令海军中将伯特伦·拉姆齐指挥，计划从法国沿岸的加莱、布伦和敦刻尔克3个港口，每天撤退1万人，并集中了30艘渡船、12艘扫雷舰，同时加强空中掩护力量。

> 马其诺防线从1928年起开始建造，1940年才基本建成，由钢筋混凝土建造而成，十分坚固。由于造价昂贵，所以仅防御法德边境，至于荷兰则由英法联军作后援。防线内部拥有各式大炮、壕沟、堡垒、厨房、发电站、医院、工厂等，通道四通八达，较大的工事中还有有轨电车通道。

1940年5月24日，德军从西、南、

▲ [马其诺防线1]

▲ [马其诺防线2]

东三个方向逐渐逼近敦刻尔克。当德军坦克距离港口仅 16 千米时，却接到了希特勒停止前进的命令。这道命令给陷入绝境的英法联军一个意外的喘息机会。5月 27 日德军装甲部队恢复了对敦刻尔克的攻势，但他们面临了英法联军严密的防线而无法突破。英法联军成功地延迟了德军进攻，并且为部队撤离敦刻尔克赢得了更多时间。

敦刻尔克大撤退

敦刻尔克大撤退从 1940 年 5 月 26 日开始进行，至同年 6 月 4 日结束，共历时 9 天。英国、法国、比利时和荷兰同时动用各种舰船 861 艘，其中包括渔船、客轮、游艇和救生艇等小型船只。把 34 万大军从死亡陷阱中拯救出来，为盟军日后的反攻保存了大量的有生力量，创造了"二战"史上的一个奇迹。

敦刻尔克大撤退标志着英国势力撤出欧洲大陆，西欧除英国、瑞士和西班牙以外的主要地区落入德国之手。

▲ [伯特伦·拉姆齐]

伯特伦·拉姆齐（1883—1945 年），英国海军将领。"二战"爆发初期，他担任多佛港务司令一职（1939—1942 年）。1940 年他指挥了举世闻名的敦刻尔克大撤退。

> 希特勒下达奇怪的停止前进命令的原因是个难以解开的谜，要解开它，还需要历史学家进一步考证。
> 说法之一，希特勒一直处于高度紧张和心惊肉跳的状态，德军进军得异常顺利反使他心神不宁。他莫名其妙地担心强大的法军会从凡尔登和马思河畔的夏龙地区发动一次出人意料的有力反攻，使德国发生重大失败。
> 说法之二，希特勒想保存坦克部队的实力。他这时推算，已经没有足够的坦克去进攻英国了。

近现代海战

地中海反潜战
英驱逐舰对抗意潜艇

由于位置关系,地中海一直是意大利海军活动的主要海域,在这片海域中,意大利海军广泛使用了潜艇,英国海军对此开展的反潜战争则开创了一个时代反潜战的先河。

意大利为了阻截英国的印度洋、红海、苏伊士运河这条航线及保护自己在东非的利益,命令海军在红海的港市马萨瓦成立了意属东非海军司令部,由海军少将巴尔萨莫指挥。此地驻守有一个潜艇大队,共有6艘远洋潜艇和2艘较小的近岸潜艇。"二战"爆发后,意军的这些潜艇就近进行战斗巡逻,以破坏英军在红海和印度洋的航运。

"二战"时潜艇的鱼雷是直航的,非导引,对付驱逐舰这种又小又灵活的船较难命中,且潜艇下潜超过潜望镜深度后就等于是瞎子,声呐只能听大概方向,无法用来引导精确反击,因此潜艇遇到驱逐舰一般都是避让,不大愿意和它们正面对决。

"马雷卡"号属于意大利600型潜艇,600型是意大利建造最成功的潜艇,共有5个亚级别,性能相对比较好,多在地中海作战,排水量为600吨。600型可能是意大利建造过的各型潜艇中数量最多的,共建造了59艘。

▲ ["加尔万尼"号]
"加尔万尼"号属"布林"级。艇长72.5米,宽6.7米,吃水4.55米。

第一艘被击沉的潜艇："马卡雷"号

在苏丹港附近巡逻的意大利近岸潜艇"马卡雷"号于 1940 年 6 月 15 日被英军击毁,成为"二战"中意大利损失的 90 艘潜艇中的第一艘。

第二艘被击沉的潜艇："加尔万尼"号

在意大利的巡逻计划里,"加尔万尼"号被派往最远的阿曼湾海域。

英军派出了"法尔茅斯"号护航舰和"金贝利"号驱逐舰到阿曼湾海域护航。

6 月 23 日晚,毫不知情的"加尔万尼"号到达了海湾却不见通常繁忙的运输船,不料却被远在 550 米距离外的"法尔茅斯"号发现。

"加尔万尼"号艇长雷纳托·斯巴诺少校立即命令紧急下潜,由于下潜速度不快,露出水面的艇尾被炮弹击中,耐压艇体受伤严重,勇敢的鱼雷兵皮埃德罗·维努蒂下士赶走其他鱼雷室的艇员,从里面关死了水密门,他本以为能够挽救受伤的潜艇,但随着英军又发射的一组深海炸弹,给潜艇造成了更大的破坏。最后,此舰有 31 名艇员被英舰救起,其余 26 人包括 3 名军官,随潜艇沉没。

第三艘被击沉的潜艇："托里切利"号

意大利远洋潜艇"托里切利"号在亚丁湾海域巡逻,于 6 月 23 日在亚丁湾法属索马里外海被英军飞机攻击受创,随后在撤回基地的途中被英舰击沉。

此后,守在红海海域的意大利海军,在英军的不断打击且得不到援助的情况下,从马萨瓦的海军基地全面撤离。

▲ ["托里切利"号]

意大利人鱼雷战
海战舞台上的奇迹

意大利依靠看起来落后的人鱼雷,袭击了几艘英国舰船,引起了各国海军的注意,人鱼雷从此走上海战舞台。

"凯旋车"人鱼雷是一种大型人鱼雷,其艇长 6.7 米,直径 1 米,排水量 1.5 吨,由双人操纵,头部是一个可装卸的雷头,内装炸药 272 千克。操作时,由人身穿潜水衣驾着它在海下航行,手工投掷炸药,进行水下攻击。

在 1941 年 9 月的一个夜晚,意大利海军的"赛莱"号潜艇在艇长裘尼奥·保吉斯亲王的指挥下,搭载一批"人鱼雷"驾驶员,驶往 1300 千米之外的英国港口。

当它驶入喀地滋海湾后,标志着直布罗陀海面之下秘密的"人鱼雷"作战从这时开始了。

▲ [人鱼雷外形]
1941—1942 年,意大利海军使用"人鱼雷"在直布罗陀海峡一带从事破坏活动,多次重创英国等盟国舰船。

"人鱼雷"是指微型潜艇,又称袖珍潜艇。此艇体呈圆柱形,形状像一枚鱼雷,可携带炸药,由于它用人力操纵,所以称它"人鱼雷"。

意大利人把这种鱼雷叫作"猪",因为它的样子像一头正在游泳的猪,而且容易听人摆布。

"赛莱"号潜艇驶到目标位置,这里距英国的港口只有 6 千米。利西奥·维辛梯尼和其他 5 个鱼雷操纵手,穿戴好潜水装置,每两人携带一枚"凯旋车"人鱼雷,当操纵人员骑上鱼雷,拉开发射控制杆后,攻击便开始了。

利西奥·维辛梯尼操纵鱼雷来到了直布罗陀港外。他把鱼雷的弹头系在英军油船底下,完成后便迅速撤离了。另外两人也依次在英货船上系好炸弹,在他们迅速撤离之后,港内传来了轰隆隆

▲ [新式核鱼雷]

的爆炸声,滚滚浓烟直插云天,英国"邓经达尔"号油船的主龙骨被炸毁;不久之后,英国货船"杜兰姆"号和油船"费俄那西尔"号也相继发生了爆炸。

1941年12月,意大利海军又组织了一次"人鱼雷"攻击,使得亚历山大港内的3艘英国舰船被意大利的3艘"凯旋车"微型潜艇所击沉。

1941—1942年间,意大利海军就这样用"人鱼雷"在直布罗陀海峡一带从事破坏活动,多次重创英国等盟国舰船。

意大利"人鱼雷"袭击,虽然是小规模的袭击战,但是却改变了地中海地区的军事形势,"人鱼雷"操作手也创造了海战史奇迹。使得英国海军和盟国舰队不敢肆意妄为。这种小规模的海战,总是以零伤亡的代价获胜,所以在海战史上是不可小觑的。

意大利由于当时经济力量薄弱,专门发展这种鱼雷,胜利更加让他们尝到了甜头,此后,意大利创新"人鱼雷"的动力就更加强劲了。

对鱼雷来说,采用核装药可明显提高对目标的破坏效果,水下核爆时,在爆炸中心区可产生数百万摄氏度的高温和上百万大气压的高压,再加上水的不可压缩性,对舰船的摧毁效果比空爆还大,无需直接命中,只要在一定距离内引爆,就能摧毁想要摧毁的一切舰船。

此外,核鱼雷的面杀伤能力还非常适合用来攻击以航母编队为代表的战斗舰艇编队和护航运输编队。不管什么编队,挨上一发核鱼雷,就算船没沉,龙骨也基本废了,而且船上的人员基本活不下来。这种无差别攻击的打击手段简直无解,只能是你有我也有,确保相互威慑。

> 1940年8月和9月意大利曾组织过两次"人鱼雷"袭击,但在防御体系周密完善的亚历山大港,袭击未达到预期的效果。

> 意大利海军"人鱼雷"的出色战绩和作战效能,引起各国海军的重视,英国、德国和日本都相继组建了专门从事水下奇袭的"人鱼雷"或袖珍潜艇部队。而作为"人鱼雷"的开山鼻祖,意大利海军更是将其进一步发扬光大,1942年意大利的第10MAS部队更是活跃异常,在地中海先后炸沉同盟国运输船10余艘,总吨位近5万吨,甚至还计划用远洋潜艇携带"猪猡"远程奔袭美国纽约。

夜袭塔兰托

走向航母时代

塔兰托袭击战是"二战"期间的一次重要战役。1940年英国海军地中海舰队为夺取地中海制海权,以航空母舰舰载机奇袭意大利海军基地塔兰托,取得重大胜利。

1940年,英国海军为了提升自己在地中海战区的影响力,决定打击意大利舰队的有生力量。为此,英军坎宁安上将决定利用舰载机,向塔兰托港进行空袭。塔兰托位于意大利靴形半岛的后跟部,分为海外港格兰德和较小内港皮克洛,此处港面宽阔,是意大利最大的海军基地。为了达到空袭的目的,英国海军安排了一系列迷惑意海军的行动,分散了意大利海军的注意力,使他们加紧了对地中海西部的巡逻。

英军的攻击舰队于1940年11月6日下午从亚历山大港出航,"光辉"号载舰机航母在4艘巡洋舰和4艘驱逐舰护卫下,离开战列舰主力编队,开往攻击位置。到了19时,"光辉"号在距离塔兰托170海里位置准备就绪。

夜晚的第一波攻击

第一波攻击在19时30分开始,英军12架"剑鱼"飞机在指挥官威廉森海军少校率领下,组成4个箭形小队,从"光辉"号航母起飞后冲进港口。

▼ ["光辉"号载舰机航母]
舰载机是顺应航空母舰的诞生而发展起来的,它是一种以航空母舰为依托,或以其他军舰为基地,对敌军实施空中、水面、水下和地面目标打击的海上飞机。在海上战场,舰载机还能承担预警、侦察、巡逻、护航、布雷、扫雷、补给、救护和垂直登陆等任务,它的出现使飞机在海战中所能发挥的作用越来越大。

▸ [英国地中海舰队司令安德鲁·坎宁安]

1939年，安德鲁·坎宁安被任命为地中海舰队司令，上任后他便开始针对地中海的僵局制订作战计划，试图改变舰队内部拖沓的工作作风，并展开对意大利舰队的一系列打击。夜袭塔兰托正是他制订的作战计划。

坎宁安海军生涯中最伟大的成就是策划并发动了对意大利军港塔兰托的偷袭，给予了意大利舰队沉重的打击，使意大利海军再也无力争霸地中海。为了奖赏他的出色表现，英国女王先后于1939年和1945年授予他二等巴斯爵士和蓟叶骑士称号。

在此次海战中，坎宁安充分发挥了舰载机的优势，让舰载机借助航空母舰强大的续航力，对塔兰托港内的舰队进行了轰击。舰载机成为此战中的最大功臣。在第二次世界大战中，舰载机大显神威，除了在此战中获得胜利，还在珍珠港、珊瑚海、中途岛等多次海战中建功立业。第二次世界大战后，随着超音速喷气飞机和核动力航空母舰的问世，使舰载机的应用范围继续扩大。

在航空母舰出现之前，若要攻击港内的舰队，需要派出数量庞大的机群，在附近海域至少还要有机场和供应燃料的基地。如果攻击目标距离机场太远，这样的空中打击承担的风险就更大，即便空袭顺利，返回机场的过程中，被击中或迫降在海上的概率也会增大。然而航空母舰强大的续航能力，使用舰载机发动攻击，在主力战舰不需要面对面的情况下，就能对港内的敌舰造成沉重打击。同时因为有了航空母舰，舰载机可以在实施一拨空袭过后回到母舰上加载炮弹和燃料，然后继续奔赴目标地点展开轰击。只要敌舰被控制在接连不断的炮火中无法动弹，无法驶出港外，母舰和其他战舰根本不会受到任何损伤。在此战中，坎宁安派出的不是当时最精锐的战机，但即使如此，此战术所发挥的绝对优势弥补了英国舰队的其他弱势，成功突袭塔兰托，给予了意大利海军沉重的打击。

此时港口内意军探照灯的红、黄光柱将港口照射得像喷发的火山。这种光不利于飞机轰炸的准确性确定，于是英2架"剑鱼"飞机投下照明弹，将港口照亮如白昼，随之"剑鱼"飞机轰炸了油库。飞机群穿过弹雨，冲向停泊在格兰德港内的意大利战列舰。

英军飞机群领队威廉森少校率先投下的鱼雷命中了意大利"加富尔"号，不幸的是，他的飞机在向右向爬升时被意大利要塞炮弹击中，飞机坠毁，威廉森身亡。

随后，英军另一个机组投下的鱼雷有2枚击中"利托里奥"号。还有4架"剑鱼"机攻击了皮克洛港内的军舰和水上飞机基地。

第二波攻击

第二突击波的 9 架"剑鱼"飞机在 21 时 20 分起飞,由于一架在起飞时撞坏,另一架起飞不久后副油箱脱落而返航,指挥官司黑尔少校只能率 7 架"剑鱼"机发起攻击,开始由 2 架"剑鱼"机以 15 秒间隔,在塔兰托港的上空共投下 22 枚照明弹,随后 5 架"剑鱼"机在照明弹的帮助下连续投放鱼雷攻击意大利战舰群,它们炸毁了意大利巡洋舰"塔兰托"号。

空袭持续了 1 个多小时,最后一架"剑鱼"飞机才返回"光辉"号。这次突袭击沉意大利战列舰 1 艘,重创 2 艘;击伤意大利巡洋舰及辅助舰各 2 艘,英军只损失 2 架飞机。

英军在塔兰托战役取得了重大战果,这次战役改变了"二战"初期英、意两国在地中海的海军力量对比,使得英军取得了在地中海周边区域的战略优势。

塔兰托战役证明了大型水面舰艇在优势海空力量的打击下,显得多么的脆弱。从某种程度上说,它改变了现代海战的作战模式,初步奠定了航空母舰在现代海战中的主导地位。

这一战役是航空母舰舰载机问世以来首次大规模袭击港内舰艇,突出显示了舰载航空兵的巨大突击威力,成为 1 年以后日本海军袭击珍珠港的预演,使航空母舰取代战列舰成为海军主要舰种,迎来了在海上实施海空一体作战的新时期,使"巨舰大炮,舰队决战"的海战模式成为历史,在世界海战史上占有重要地位。

▲ [塔兰托战役纪念邮票——"光辉"号航空母舰]

▲ [塔兰托战役纪念邮票——"剑鱼"式鱼雷轰炸机]

▲ [塔兰托战役纪念邮票——英国皇家海军陆战队]

▲ [塔兰托战役纪念邮票——RM 孔蒂迪凯沃尔]

马塔潘角海战

闪光计划

1941年3月，英、意两国为争夺地中海的制海权和出海口，在马塔潘角海域展开了一场在第二次世界大战期间最大规模的夜间大海战。英国在这场战役中力挫了德国和意大利的战略意图，英国舰队控制和封锁了意大利出海东进的大门。

自1941年3月25日以后，意大利逐步加强了对英国地中海舰队，特别是亚历山大港的侦察活动。与此同时，英国海军上将坎宁安接到了潜艇发来的报告，得知意大利舰队已经出航，于是他立即命令加强空中侦察。3月27日，坎宁安收到水上飞机发来的报告："敌军1艘驱逐舰出现在西西里岛东端以东80海里海域，正向克里特岛驶去……"

敌人来得如此之快，使坎宁安大吃一惊，他果断命令正在海上航行的运输船队天黑前继续前行，天黑后按原路返回。同时命令从比雷埃夫斯港向南开进的运输船行期取消，天黑以前，战列舰在港内集结待命。

坎宁安的这一举措果然迷惑了敌人。意大利人想当然地认为：英军还蒙在鼓里，丝毫不怀疑有什么事情要发生。然而，在这一系列假象下面，一场大规模的"闪光计划"的战役准备，正在悄悄地进行。英国人正在巧施"明修栈道，暗度陈仓"之计。

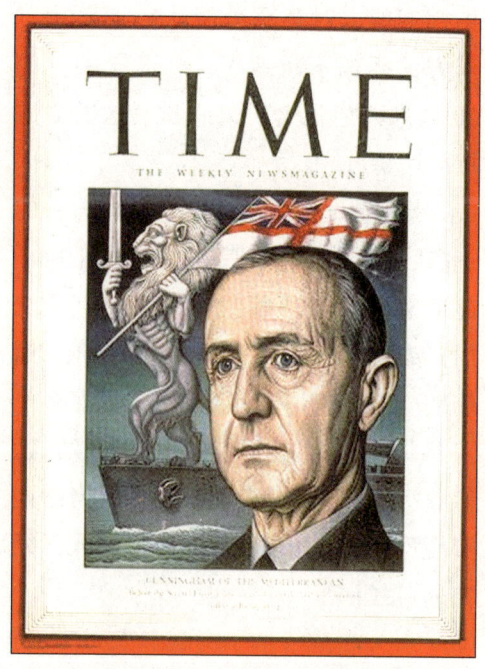

▲ [《时代》杂志上的安德鲁·坎宁安]

指挥英国地中海舰队的是海军上将安德鲁·坎宁安爵士。这位在英国海军中被称为伟大的领导者"ABC"的海军上将，对夺取和保持地中海的制海权抱有十足的信心。他一方面下决心守住马耳他岛，一方面准备采取积极的作战行动，寻机痛歼意大利海军。

近现代海战 | 185

互设陷阱

3月28日早上，英、意两支分舰队在地中海海域相遇，英军分舰队指挥官威佩尔心里很清楚，对方巡洋舰上炮的射程和舰艇航行速度都远远超过自己，因此当即决定将意军舰队引向在东南100海里处的坎宁安舰队主力。

意大利分舰队指挥官桑森尼蒂中将指挥舰船，对英军分舰队穷追不舍，双方的距离不断缩小，意巡洋舰上的20厘米大炮开火了，揭开了这场遭遇战的序幕。

英舰继续逃跑，意军经过40分钟的追击后，突然停止了追踪并改变了航向，此举令英舰疑惑不解，经过慎重的考虑之后，威佩尔调头追踪意军，威佩尔不知道的是，这正是意军为英军设下的圈套。

本来谨慎的意军看到一支分舰队独自航行，就怀疑是英军的诱饵，当看到英舰反过来追击自己时，意大利人已经完全明白了。

意英主力舰队上演追逐大戏

威佩尔发现舰队进入了意大利军舰的伏击圈，见势不妙，立即掉转航向全速撤去。但是很快，意大利军舰一排排炮弹就打了过来，形势越来越危急，为了避免被意大利军舰合围，威佩尔下令：施放烟幕，全速撤离。英舰借助风向，奋力逃跑，但意军并未放弃追赶。

眼看就要被意大利军舰追上，英军

这场战役的失败很大程度上要归结于德国空军的出尔反尔，同时，轴心国情报部门也出现失误，意大利人错误报告英国地中海舰队只有1艘可供作战的战列舰，事实上英国地中海舰队有3艘战列舰，而之前受伤的航空母舰也由1艘全新的航空母舰来代替。

▲ [意大利海军上将——安吉洛·伊亚金诺]

他是意大利海军总司令，马塔潘角海战意舰队指挥官，德军没有对意军做航空护航，使伊亚金诺的部署被打乱，只得仓促应战，结果意海军大败，可以说是被英国海军"屠杀"。

的援军赶到了，8架鱼雷机抵临上空，奉海军上将坎宁安的命令向意军发射了几枚鱼雷，虽然并未打中意舰，但也令意军心有余悸，遂停止追击，全舰返航。

此时剧情又反转了，英主力舰队指挥官坎宁安下令追击意军主力舰队。海面上上演英意主力舰大追逐。英舰要想追上意舰并不容易，坎宁安一面不断派出飞机侦察，一面派出飞机袭击敌舰。

马塔潘角夜战打响

英军的空中轰炸机令意军难以招架，晚上9时，意大利海军上将安吉吉洛·伊亚金诺在马塔潘角海域下令舰队改变航线快速行驶，企图通过队形的机动变化，摆脱英国人或打乱他们的进攻计划。几分钟后，英军飞机借着夜幕再次迅速扑向目标。

随着英军飞机的空中打击，意军舰队主力"波拉"号巡洋舰中弹，完全失去了机动能力，伊亚金诺忙乱中迅速整编剩余兵力，但他没想到的是，英军的大炮此时正瞄准着他的舰队。

夜幕下，英两艘驱逐舰上的强大光柱交叉锁住了意军"阜姆"号，几乎在这同一瞬间，3艘战列舰的24门381毫米巨炮和所有舰上的中、小口径炮一齐开火。如此近的距离，如此突然的打击，如此整齐的炮声，"阜姆"号根本来不及反应，瞬间被敲成一堆废铁，沉入海底。之前受伤的"波拉"号和两艘驱逐舰也被英军的炮弹撕成了碎片，沉入海底。

从马塔潘角夜战开始到结束，英军仅仅用了3分钟的炮火，与其"闪光计划"名称一样，意大利军一败涂地。

在马塔潘角战败后，意大利舰队不敢再进入地中海东部，虽然德国空军保证提供空中掩护，但意大利海军高层已失去信心。因此，马塔潘角海战对反法西斯盟军来说是战略上的重大胜利。

▲ [马塔潘角海战——鱼雷攻击机]

强击机是作战飞机的一种，主要用于从低空、超低空突击敌战术或浅近战役纵深内的目标，直接支援地面部队作战。

> 缺乏雷达装备和空中掩护的意大利舰队遭到了重大损失，损失1.15万吨级的重型巡洋舰3艘，驱逐舰2艘，重型战列舰1艘，阵亡官兵3000余名；而英军仅损失鱼雷飞机1架，伤战列舰2艘。至此，意大利已无力再进行大规模的海战。

> 第一次世界大战结束后，英国人就敏锐地认识到，夜战将是未来海战的一种重要形式。因此，在两次世界大战之间，英国舰队进行了非常认真全面的夜战演习训练，并且成功地解决了许多与夜战有关的棘手的技术问题，为即将到来的夜战做好了装备上的准备。

▲ [马塔潘角海战——被击中的意大利舰船]

近现代海战 | 187

海空围歼超级战舰
击沉"俾斯麦"号

"俾斯麦"号战列舰是第二次世界大战中纳粹德国海军主力水面作战舰艇之一,是第二次世界大战时德国所建造的火力最强的战列舰,此战是爆发于德国海军和英国海军之间的海战。

第二次世界大战爆发后,浩瀚的大西洋成了德国和反法西斯同盟军残酷厮杀的战场。德军海上袭击舰采用伪装、欺骗、东游西击等灵活战术,取得了一些战果。他们时而埋伏在挪威海域数不清的岛屿后面;时而出没于波涛汹涌的北大西洋,伺机干掉盟国护航运输船队。

"俾斯麦"号全长242米,宽36米,排水量4.17万吨;最大航速30节,续航距离1.5万海里;侧舷和炮塔装甲320~360毫米;火力极为可怕,除8门381毫米巨炮外,还有12门152毫米炮和44门高射炮、8个鱼雷发射管和6架水上飞机。

1941年5月,德军海军为了取得更大的战果,指挥官雷德尔决定,把重型舰艇投入到袭击商船的破坏战中去。除了派出"沙恩霍斯特"号等重型战舰外,雷德尔还拿出了最大的赌注,押上了世界上最强大的超级战列舰"俾斯麦"号,作战的行动代号叫"莱茵演习"。

"莱茵演习"行动的重点是想用两支强大的德国舰队夹击北大西洋盟军海运线。将"俾斯麦"号和"欧根亲王"号部署在北方;"沙恩霍斯特"号、"格来森诺"号部署在南方。对于这样钳子般的德军舰队阵形,没有哪支单独的英国舰队敢和它们对抗,也就意味着"莱茵演习"成功之时,就是英国生命线——北大西洋航线被切断之日。

可惜这把钳子还未使用就被打残了。

▲ ["俾斯麦"号战列舰水下残骸]

"俾斯麦"号的残骸位于爱尔兰的科克以南大约610千米,大西洋底4572米左右的地方。尽管在海战中英国军队猛烈的炮火和鱼雷对船体造成了很大的损毁,船只的沉没也对其造成了明显的破坏,令人吃惊的是,沉船的残骸仍然保持着良好的状态。

停在布勒斯特港候命的"沙恩霍斯特"号和"格奈森诺"号不断遭到英国飞机的空袭，舰体损坏，难以出航，"欧根亲王"号也因躲让空袭触了水雷。"莱茵演习"被再三推迟，北方舰队"俾斯麦"号看到已经无其他舰队配合行动，只能靠"俾斯麦"号自己来完成演习，就让智勇双全的吕特晏斯将军指挥此次行动。

▲ [英国约翰·托维海军上将]

◀ ["俾斯麦"号战列舰指挥官吕特晏斯]
吕特晏斯是"二战"德军最杰出的水面舰艇指挥官，曾参加日德兰海战，1941年在特加特海峡和卑尔根附近海域，击沉英国"胡德"号战列巡洋舰，后屡遭英国舰艇追寻围歼，5月27日，随着"俾斯麦"号的沉船，吕特晏斯毙命。

5月18日，"俾斯麦"号离开港口开往北冰洋，但它刚一离港，就被英军盯住了。

英国皇家海军舰队司令约翰·托维海军上将在旗舰"英王乔治五世"号上亲自指挥战斗。考虑到德军"俾斯麦"号的强大，英国海军把从直布罗陀到斯卡帕弗洛内所有的战列舰、航空母舰和其他重型水面舰艇都调去堵截它。

由于北海被英国人封锁，为了进入大西洋，"俾斯麦"号指挥官吕特晏斯只能将舰艇驶入丹麦海峡水路，企图从这里进入大西洋。

5月24日，在丹麦海峡上德国"俾斯麦"号与英国皇家海军遭遇了。在战斗中，巨大的"俾斯麦"号呼啸着炮弹，向英众舰砸去，"俾斯麦"号这头巨兽发出的炮弹使得好几条英舰伤痕累累，所幸的是英国皇家海军"威尔士亲王"号在被击中的同时发出的两发炮弹也击中了"俾斯麦"号，其中1发不偏不倚正好击穿了它的燃油舱，造成燃油大量泄漏。"俾斯麦"号指挥官吕特晏斯上将下令舰船驶往法国的布勒斯特港补充油料。

托维命令英海军不惜一切代价，一定要击沉这艘凶恶无比的纳粹战舰。英国大西洋周边海域的各类战舰纷纷聚拢，它们得到的命令是："追击、追击、再追击。"

其后英国人差点失去了"俾斯麦"号的踪影，但吕特晏斯以为英军知道他在哪里，所以向本土发了电报，该电报被英军截获，使英情报部门在距布勒斯特港690海里处再次发现了"俾斯麦"号。英国皇家海军舰队一哄而上，全部赶到了"俾斯麦"号前方约100海里处，切断了"俾斯麦"号的去路。英舰队包括战斗巡洋舰"荣誉"号、航空母舰"皇家方舟"号、巡洋舰"谢菲尔德"号和6艘驱逐舰。其中"皇家方舟"号是英国最大的航空母舰，排水量2.3万吨，可载机70架。

5月26日，在"皇家方舟"号航母

近现代海战 | 189

非凡海洋大系 影响历史的海战

▲ ["剑鱼"式鱼雷轰炸机]

击沉"俾斯麦"号的正是这种轰炸机。"剑鱼"式的主武器是鱼雷,由于它是慢速的双翼飞机,在攻击时需要一段较长的直线路径用于俯冲投射鱼雷,这使它很难准确地攻击到防空火力强以及速度快的军舰。在歼灭"俾斯麦"号以后,"剑鱼"式轰炸机的问题逐渐暴露。尤其在1942年2月,德国进行了"雷霆·瑟布鲁斯"行动,英国海军为了将大西洋上的3艘大型水面战舰穿越英吉利海峡调回威廉港,派出了大量"剑鱼"式飞机,但其战绩极为糟糕,因为鱼雷没有一枚命中目标,而且大多数飞机被击落或重伤。

> "剑鱼"式飞机从1944年开始被淘汰,战争时期这种机型一共制造近2400架。1945年5月21日,在德国投降之后,最后一个"剑鱼"轰炸机中队解散,最后一个训练中队则到1946年夏季才正式解散,至此"剑鱼"式鱼雷轰炸机完全退出战争舞台。

上的"剑鱼"式飞机猛烈的攻击下,"俾斯麦"号被鱼雷击中了舰尾,炸坏了螺旋桨和船舵,"俾斯麦"号指挥官吕特晏斯知道"俾斯麦"号无法逃脱了。当天夜里,他以"莱茵演习"舰队司令的名义,向柏林发了诀别电:"船已无法操纵,会战至最后一颗炮弹。"希特勒的回电是:"战列舰'俾斯麦'号的全体将士们,全德国与你们同在。拿出你们坚决的勇气来,把能做的尽力而为。你们只要能恪尽职守,一定能激励为德国生存而战的德国国民。"

随后,英舰队数千发炮弹雨点般地向"俾斯麦"号砸去,火光中不时传来爆炸声。1941年5月27日10时36分,这艘被称为"德国海军的骄傲"的庞然大物,翻转着沉入波涛滚滚的大海,包括吕特晏斯在内的2200名官兵,除113人被救活外,其余全部随舰战死。而"俾斯麦"号在短短几日内也击沉了英国海军的"胡德"号战列巡洋舰,重伤"威尔士亲王"号战列舰。

此刻,"俾斯麦"号离布勒斯特港仅有400海里,还不到一天的航程。

这场在冰冷的北大西洋上展开的规模空前的海上追歼战,英国"剑鱼"式鱼雷轰炸机立下了赫赫战功,海战正式进入了飞机、军舰多军兵种协同作战的阶段。

▲ [英国海军"威尔士亲王"号战列舰舰桥中弹冒起浓烟的景象]

▲ [被击沉的"俾斯麦"号]

190 | 近现代海战

瓜岛争夺战
东所罗门海空激战

瓜达尔卡纳尔岛是所罗门第二大岛，日本人将防御放在了此岛，同时美国人也将瓜岛作为志在必得的目标，这注定是在南太平洋战场上的一场惨烈战争。

瓜岛全称瓜达尔卡纳尔岛，是所罗门群岛第二大岛，第一次世界大战时隶属于美国，后来太平洋战争爆发，日军占领了瓜岛。由于它是澳大利亚的门户，并且地理位置靠近日本，对于美国来说，它是攻打日本的一个绝佳跳板。

日、美瓜岛争夺计划

美国方面：正打算派一支部队登陆瓜岛，用来遏制日军南侵，还能将瓜岛作为攻打日本本土的反攻起点。当时美军已经制订了一个代号为"瞭望台"的反攻计划，要执行此计划，必须夺下瓜岛。

日本方面：自中途岛海战之后，急需一场胜利来挽回颜面。日本人的海军进攻目标是南太平洋，并计划夺取所罗门群岛。所以，在1942年6月，日军以惊人的速度在瓜岛上修建了机场。

首战告捷

1942年7月31日，美军舰队从斐济经过7天航程后，到达距瓜岛约60海里的海域，美军登陆编队借助恶劣天气的掩护，直到登陆开始，一直未被日军发现。

在获得登陆命令后，美军登陆舰艇

▲ [《细细的红线》电影剧照]

瓜岛战役对于美军来说也是一场非常值得纪念的战役，对于以美军为主的盟军来说，心理上的胜利如同军事上的胜利同样重要。《细细的红线》根据美国作家詹姆斯·琼斯的同名小说改编，以瓜岛战役为背景，以一种貌似松散、混乱的叙事来完成故事。导演泰伦斯·马力克透过一场胜得艰苦的战役，对"战争"和"死亡"发出天问式的疑惑。

近现代海战 | 191

▲ ["复仇者"鱼雷轰炸机]

"复仇者"鱼雷轰炸机是由格鲁曼公司在"毁灭者"鱼雷轰炸机基础上开发改造,于1942年投入战场的舰上鱼雷轰炸机。这款鱼雷轰炸机的攻击能力比日本的"九七舰攻"更强悍,机上搭载了一枚Mark13航空鱼雷、1枚900千克或4枚230千克炸弹,因其襟翼配备了减速板设计和煞车减速板,所以具有和俯冲轰炸机一样的俯冲攻击能力。

向瓜岛源源不断地运送兵力,同时美军航空部队出动轰炸机对所罗门群岛的日军进行了压制空袭。

在轰炸持续了大约2个小时后,美军就登上了瓜岛,并快速向岛内纵深推进。

被炮声惊醒后手忙脚乱的日军,救出了一些轰炸机,迅速组织应战,对美军的海面战舰进行了轰炸,在美国空军的反击下,日本空军的轰炸效果不大,而美陆军也在持续的推进,几个小时过去后,瓜岛以北图拉吉岛的日本守军全部撤离,图拉吉岛被美军控制住。

日美增援兵力

美国如此迅速快捷的登陆瓜岛,令日军司令部大惊失色,于是迅速增派部队并进行疯狂的反扑。

日本方面:大将山本五十六亲自带领联合舰队赶赴瓜岛战场。这样日方的军力配置要比美军稍微占优,由此可知

老鼠特快:这个称号来自山本五十六的无奈。由于日本海军在瓜岛以北海战中损失很大,山本五十六不愿再派出大型军舰进入瓜岛海域,只使用驱逐舰在夜间偷运补给,日本人戏称这种像老鼠一样只能在晚间行动的运输方式为"老鼠特快"。

然而,"老鼠特快"不能在运送军队的同时大量运输物资,其实际供应量只能维持标准定量的1/5到1/3。由于长期补给不足,岛上日本官兵体力消耗殆尽,食品极度匮乏,热带疾病流行,加上缺乏药品,伤病员大量死亡,加剧了日军的非战斗减员。

▲ [瓜达尔卡纳尔岛战役纪念邮票]
票面上表达的是在海空军掩护下,美国海军陆战队在海滩上登陆的场面。

项链运输:到1942年11月下旬,日军夜间运送物资的驱逐舰又发明并实验了"铁桶运输"的新办法。日军把药品、粮食装入铁桶,但不装满,使铁桶刚好能浮在海面上,然后进行密封,用绳索连接,固定在舰艇的甲板上,在指定海域投入水中,利用潮汐漂向瓜岛,再由岛上的部队用小艇回收。由于这些小桶呈项链状挂在舰舷上,因此又被称为"项链运输"。当驱逐舰驶近瓜岛时,将绳子割断,铁桶"项链"留在瓜岛海岸,驱逐舰立即返航。

瓜岛将会成为最为激烈的战场。

美军方面:获知日方山本五十六来到瓜岛战场后,美军司令部派出了骁勇善战的哈尔西将军出任美南太平洋战区司令,负责对瓜岛作战。哈尔西上任后,立即从南太平洋守军中抽调一个团,出兵增援瓜岛。同时派出"大黄蜂"号航空母舰和刚修复的"企业"号航空母舰,还有诸多巡洋舰、护卫舰、驱逐舰,命令舰队全力奔赴瓜岛战场,并护送更多的陆军登陆。

日军增援部队反扑开始

山本五十六的出现,令日军士气大振,连续三天三夜通过炮火狂轰滥炸,逼迫得登陆美军部队不停地逃窜,只在此轮轰炸中,美军就有31架"无畏式"轰炸机、16架"野猫式"战斗机和全部的"复仇者"鱼雷轰炸机被日本人的炮火摧毁。

日军见第一次反扑很顺利,随之又出动了二波攻击,出动轰炸机直扑美军航母编队,被美军战斗机拦截在距航母25海里处,双方发生了激烈空战,日机被击落6架。

山本五十六企图一举歼灭美军舰队，他指挥日本舰队与哈尔西指挥的美国南太平洋舰队爆发了多次海战，包括萨沃岛海战、泰纳鲁河口之战、东所罗门海战、埃斯帕恩斯角海战、圣克鲁斯群岛海战、瓜达尔卡纳尔海战、塔萨法隆格海战等一系列战役，双方互有胜负，总体来说哈尔西率领的美军稍占上风。

哈尔西和山本五十六的对抗战争，持续到1943年1月4日，日军军部终于下令从瓜岛撤离。至此，历时半年的瓜岛战争就此结束，日本人灰溜溜地逃走了。

瓜达尔卡纳尔岛战役是以美军小型登陆战为开始，随后日军为夺回岛屿而逐次增兵，并与美军在海上、陆地、空中展开了空前的争夺，从而演化成了日本与盟军的决战。双方历时半年多的争夺，均损耗了大量的战舰、飞机，而日本的人员伤亡也远超美军。最终，日本因无力进行消耗作战而选择撤军。美军最终完全占据瓜岛，尔后夺取了所罗门群岛，最终是整个南太平洋地区的制海权，美军因此开始进行战略反攻。

瓜达尔卡纳尔岛战役是继中途岛战役之后日本的再次失败，也是日本从战略优势走向劣势的转折点，从世界范围来看，1942年底盟军在瓜岛的反攻和胜利，与同时期的斯大林格勒会战、阿拉曼战役一起，成为同盟国进入战略反攻阶段的开始。

▲ [在瓜岛休息的美军]

瓜岛争夺战中，美、日双方海空交战30多次，各损失驱逐舰以上的战斗舰只24艘，日军损失飞机600架，超过美军。参战的6万美陆军和海军陆战队官兵有1600人阵亡，4200人受伤。岛上的3.6万日军，阵亡及失踪1.4万人，病死9000人，被俘1000人。

马里亚纳海战
日本对抗美国的火鸡大捕杀

马里亚纳海战也被称为菲律宾海海战,是历史上最大的航空母舰决战。美军为了进一步扫清进攻日本本土的障碍,决定夺取马里亚纳群岛。由于战斗中日军飞机被美军战斗机轻易击落,被美国人戏称为"马里亚纳猎火鸡大赛"。

1942年下半年到1943年上半年,盟军在瓜达尔卡纳尔岛战役取得胜利,夺得太平洋战场主动权,开辟了两条新的战争线:一条由美国太平洋舰队总司令切斯特·威廉·尼米兹海军上将在中太平洋展开攻势;另一条由道格拉斯·麦克阿瑟陆军上将自澳大利亚向印度尼西亚、菲律宾发动跳岛作战,1944年上半年两条战线都已迅速接近日本,势不可挡。

为了进一步削弱日本的工业潜力,盟军需要占领地位重要、在日本"绝对国防圈"上的马里亚纳群岛作为远程轰炸机基地,遂派出中途岛战役英雄雷蒙德·斯普鲁恩斯海军上将,率领由15艘航空母舰组成的第5舰队,执行攻占马里亚纳群岛的任务。

斯普鲁恩斯首先指挥美军在塞班岛成功登陆,由于战场推进顺利,斯普鲁恩斯乘胜攻占关岛。

从1943年起,日本决定沿千岛群岛→小笠原群岛→马里亚纳群岛→加罗林群岛→新几内亚群岛西部等绵延400多千米的弓形群岛建立"绝对国防圈",随即便开始了对此处的防务军备。

跳岛战术,也作蛙跳战术,是第二次世界大战后期,美军为收复日军占领的亚洲和太平洋地区岛屿时所贯彻的战术,一般认为由麦克阿瑟发明,但实际上美国海军五星上将哈尔西以及其参谋长布朗宁亦拥有至少一半的发明权。

所谓跳岛战术,即是不采取逐一收复各岛的战法,而是收复一个岛屿后,跳过下一个岛屿,而攻占下下一个岛屿,特别是跳过防守比较坚固的日军岛屿,通过跳岛占领,以海空封锁的方式来孤立日军占领的岛屿,迫使其最后不得不屈服(或宁死不从的饿死),如此大幅度提升了收复岛屿的进度与成效。

▲ [马里亚纳海战]

马里亚纳海战是历史上最大的航空母舰决战。由于战斗中日军飞机被美军战斗机轻易击落,被美国人戏称为"马里亚纳猎火鸡大赛"。

近现代海战 | 195

▲ [雷蒙德·斯普鲁恩斯海军上将]

美国海军第 5 舰队司令斯普鲁恩斯上将，被称为美国海军中最聪明的人，美国海军上将中的上将。由于为人低调，又被称为沉默的提督。

▲ [丰田副武]

作为日本联合舰队司令长官的丰田副武虽然让人感觉斗志旺盛，但却留下了指导航空母舰作战受挫、延误了战争的印象。

日本司令部的指挥官们意识到了斯普鲁恩斯的企图，日本联合舰队总司丰田副武于 1944 年 5 月 20 日发起"阿"号作战命令："在美军攻击马里纳之际，命小泽治三郎中将带领的 9 艘航空母舰组成的机动部队，给予美军第 5 舰队进行致命打击。"

接到命令的小泽治三郎，派出第一波攻击机群从航母起飞，去轰炸美国部署在关岛海面的航母。可是，在美国战机与美舰强大的防空火炮的拦截下，日本第一波攻击机群损失轰炸机 42 架，没有一架飞到美国航母上空。

之后日方又派出第二攻击机群，再度被美国战机拦截。直到战斗结束为止，美方取得史上最大舰载机空战的压倒性胜利。由于日军飞机轻易地被击落，于是被美国人戏称为"马里亚纳猎火鸡大赛"。

美国在这场海战中重创日本海军舰队，一举夺得西太平洋的制海权同时巩固了在塞班岛建立起的阵地，美军仅付出阵亡 76 人、损失 123 架飞机、轻伤 4 艘军舰的极小代价，击毁日军 3 艘航空母舰、2 艘油轮及 600 架飞机。

马里亚纳海战后，日本航空母舰部队无力再与美军抗衡，在 4 个月后的菲律宾莱特湾海战中被全数歼灭。马里亚纳群岛完全被美军控制。

空袭达尔文港

太平洋航母的空中冲突

日本空袭达尔文港是历史上外国军队对澳大利亚规模最大的袭击,也是"二战"太平洋战争中重要的一次军事行动,给澳大利亚人带来了巨大的心理打击。数周之后澳大利亚对日本的敌对情绪开始蔓延。这一事件通常被称为"澳大利亚的珍珠港事件"。

近现代海战

▲ [电影《澳洲乱世情》——空袭达尔文港]

作为"通往亚洲的大门",1942 年的达尔文港有海军及空军基地,并驻守着 1.5 万名盟军士兵,是澳大利亚及其盟国(主要是美国)的一个重要的战略枢纽。

1941 年底的珍珠港事件拉开了太平洋战争的序幕,达尔文港也开始了频繁的兵力调动。但令此地军民没有想到的是,澳大利亚版的"珍珠港事件"正在逼近。

致命的多个巧合

此时达尔文港的防守情况令人担忧:防空武器极度缺乏,只有 20 毫米口径以

▲ [《澳洲乱世情》剧照]

近现代海战 | 197

下的全自动轻武器，驻守当地的澳大利亚皇家空军已被派往欧洲、北非和中东战场。

而在盟军方面（主要是美军），这里只有12架刚刚执行完护航任务的P-40E战斗机，其飞行员几乎全部是新手级别，只有一名叫奥斯特莱克的中校拥有20小时以上的战斗经验。发生在1942年2月19日的突袭达尔文港海战，是由多个致命的巧合促成：

第一个巧合：原本达尔文港有一座调试中的雷达站，这一天不知何故竟然没有开启。

第二个巧合：受袭当天早晨9时，美军10架P-40E战斗机护送一架B-17E空中堡垒轰炸机前往印度尼西亚爪哇岛。由于当地天气恶劣，10架飞机被迫返航。返航方向恰好与日军攻击方向致命地吻合。

第三个巧合：达尔文港无线电至少收到两次飞机入侵警告，但当时执勤的军官以为这只是中途返航的10架美军P-40E战斗机而并非敌军。

空袭达尔文港

2月19日上午，由日本海军中将南云忠一率领的航空母舰舰队抵达帝汶海海域，而后81架中岛"九七"式水平轰炸机、71架爱知"九九"式俯冲轰炸机和36架三菱"零"式战斗机从航母上起飞，总共188架舰载机由曾参加过偷袭珍珠港的渊田美津雄海军中佐带队向目标扑去。珍珠港的一幕在达尔文港再度上演……

虽然达尔文港在军事战略上的重要性不如珍珠港，但这里所遭受的炸弹数量却超过了日军空袭珍珠港时所使用的炸弹。日军的此次闪电式攻击以极其微小的代价给澳大利亚及其盟国造成了巨大打击，共造成盟军约700人伤亡，23架飞机被摧毁，35艘军舰或商船被击沉击伤，达尔文军事基地内的基础设施更是被摧毁殆尽。虽然"二战"期间达尔文港曾遭受过多达59次轰炸，但由于这次毫无防备，所以此次空袭造成了最为严重的破坏。

> 空袭达尔文港给澳大利亚造成了极大的恐慌，因为这是澳大利亚本土有史以来第一次遭受外国攻击，随之而来的是在全国范围内逐渐蔓延的对日本的敌对情绪，而这也进一步使澳大利亚与美国结成了紧密的军事同盟。

▲ [空袭达尔文港的舰载机中佐渊田美津雄]

渊田美津雄是日本海军航空兵，曾经参加过偷袭珍珠港。

> 南云忠一率领的舰队包括"赤城""加贺""飞龙"和"苍龙"4艘大型航空母舰以及其他10多艘战舰。

萨沃岛海战

日军的海上屠杀

萨沃岛海战也称第一次萨沃岛海战，日方称为"第一次所罗门海战"，发生时间起于1942年8月8日半夜，至8月9日凌晨，战斗在90分钟内结束。

瓜岛的失利让日本海军司令三川军一大为光火，于是迅速组织舰队，意图袭击从瓜岛撤退的美国海军。

在瓜岛西北方向，有一个名叫萨沃岛的小岛，它位于拉包尔至瓜岛的必经之路上，并在瓜岛和图拉吉之间分隔出南北两道海峡。

▲ [日本艺术品描绘的萨沃岛海战]

日军出动夜袭舰队

1942年8月8日，日本海军中将三川军一乘坐旗舰"鸟海"号，率领舰队驶出拉包尔，他计划从瓜岛和萨沃岛之间突入美军腹地，趁夜色突袭美军舰队后从萨沃岛另一侧脱离。虽然风险极大，但夜战是日军的强项，这为三川军一增添了不少胜算。

美军致命失误

此战中美军有几次致命的失误：

第一次失误：美国盟军一架澳大利亚侦察机观测到了日本舰队，但飞行员错辨了舰种，导致这一信息未被重视。

第二次失误：日舰的侦察机曾在萨沃岛附近被美军发现，但依旧没被美军当回事。

第三次失误：当三川军一舰队于9日凌晨驶近萨沃岛时，美军巡洋舰的雷达已关闭，而执行西部水道警戒任务的驱逐舰的雷达又较为落后，受萨沃岛地形的干扰而未能发挥作用。

近现代海战 | 199

▲ [受损起火的美舰艇]

萨沃岛海战爆发

一系列致命失误，导致了三川军一舰队近在眼前，美军竟丝毫未察觉。

日本舰队以"鸟海"号为先锋，排成一列纵队，趁美军在萨沃岛附近巡逻的2艘驱逐舰相对驶离的间隙高速穿插入美军腹地，日本海军开始疯狂扫射、轰炸，屠杀开始了。

在萨沃岛海战中，美军方面损失了4艘重巡洋舰，1277名水兵阵亡；而日军伤亡不过200人。

从美军战略层面上看，萨沃岛惨败并未影响全局，因为美军最终赢得了瓜岛战役。但是，萨沃岛海战也使得美军经历了糟到不能再糟的战败教训。

这场海战是整个瓜岛战役中数场空前惨烈的海上对决中的一场。

> 在萨沃岛海战中，日军以其擅长的夜战与盟军对战，击沉美军3艘及澳大利亚1艘巡洋舰，这场战败震惊盟军海军，仅剩的1艘盟军巡洋舰也中途损毁回航。

▲ ["二战"纪念邮票上的三川军一]

票面描绘的是正在开炮射击的日军战舰、日本军旗、鱼雷，以及日方指挥官三川军一。

"不沉战舰"的沉没

英国"Z"舰队的覆灭

1941年12月10日,就在珍珠港上空的硝烟滚滚燃烧、余烟未尽之时,马来亚海面又起战端。战争史上第一次大规模的岸基航空兵对海面舰队进行攻击的海空战在日英之间爆发了。

马来亚也叫西马来西亚,是马来西亚的一部分,位于马来半岛的南部,东临南海,北临泰国,西南与东印度群岛(现印度尼西亚)的苏门答腊岛相望,此地控制着太平洋和印度洋之间的主要航道——马六甲海峡,是南下东印度群岛、北上缅甸的跳板。不仅如此,马来亚也是英国在远东的主要海军基地和战略据点,因此,进军马来亚就成了日军在南方作战的重要组成部分。

组建"Z"舰队

1941年底,为了制止日本的扩张侵略,英国首相丘吉尔不得不从本就十分紧张的海军兵力中挤出一部分,组成以皇家海军参谋部副参谋长、海军少将托姆·菲利普斯爵士为司令的远东舰队,代号为"Z"舰队,开赴远东战场。

"Z"舰队的舰员之"威尔士亲王"号,是第二次世界大战前新建造的新型战列舰之一。该舰1937年动工,1939年下水,1940年服役,全长227米,最大排水量为43 000吨。该舰速度快、装甲

▲ [马来亚海战的守方:英国]

英军参战兵力为远东舰队(战列舰1艘,战列巡洋舰1艘,巡洋舰3艘,驱逐舰9艘),海岸航空兵飞机约250架。

▲ [马来亚海战的攻方:日本]

日军参战兵力包括第25军团、第3航空队和马来亚战役联合编队。其中部署各型飞机约600架。

近现代海战

▲ ["威尔士亲王"号]

厚、火力猛,素有"不沉战舰"之美称,曾在击毁德国最新式战列舰"俾斯麦"号的海空战中大显神威。另外,1941年8月,美国总统罗斯福与英国首相丘吉尔还在该舰举行了著名的"大西洋会议",并一起做礼拜。

"Z"舰队的舰员之"反击"号,此舰全长242.1米,最大排水量36 800吨,1916年下水,虽然舰龄比较长,但该舰曾于1922年和第二次世界大战前夕先后进行了2次现代化改装,是一艘颇具威力的主力战舰。

"不沉战舰"的沉没

12月10日,日本海军小泽治三郎的侦察机在马来亚海上空,发现了素有"不沉战舰"之称的"威尔士亲王"号战列舰和"反击"号高速战列巡洋舰,这支满载着英国皇家海军荣誉的"Z"舰队,做梦也没想到噩梦就在眼前。

在日军鱼雷轰炸机的猛烈打击下，从 11 时 45 分日机发现"Z"舰队，到下午 14 时 20 分，短短时间内"反击"号和"威尔士亲王"号就被击沉海底，使全世界都不禁为之一震。

"Z"舰队遭到全歼的消息传到伦敦，英国首相丘吉尔听到这个噩耗时，不禁惊呼这是对他"一生中最为沉重和最痛苦的打击"。并下令马上重新组建一支新的远东舰队，番号仍为"Z"舰队，立即开赴太平洋海域。

新远东舰队——"Z"舰队

新远东舰队——"Z"舰队由赫赫有名的重型战列舰"厌战"号担任旗舰，另有 4 艘经过第一次世界大战战火考验的老战列舰和"无敌"号、"竞技神"号、"可怖"号 3 艘航空母舰以及 8 艘巡洋舰、驱逐舰加盟，规模要比第一支舰队大得多，并且由深受丘吉尔信任的詹姆斯·萨默维尔爵士接任新的司令官，誓与日本人再较量一番。

日军兵力部署

1942 年 3 月底，日本人在得到新组建的英国远东舰队东进的消息后，立即

▲ [日本轰炸机]
在马来亚海战中，小泽治三郎使用了穿梭战术，迅速、快捷地轰炸了英方的战列舰。

▲ [马来亚海战日本方指挥官小泽治三郎]
1941 年 12 月 2 日，在南遣舰队护卫下，小泽治三郎奉命指挥第 25 军从中国海南岛的三亚港出发，12 月 8 日登陆马来半岛，南遣舰队为此战提供海空支援，在马来亚海战中，重创了英国皇家舰队，取得了压倒性的胜利。

近现代海战 | 203

命令南云忠一中将率一支包括6艘航空母舰、4艘战列舰、1艘巡洋舰和11艘驱逐舰在内的舰队南下印度洋海域，前去截击英新"Z"舰队，力争将英国舰队在海上彻底摧毁。

新"Z"舰队的覆没

日机在阿杜环礁海域发现目标，日本航母获得消息后，立刻派遣轰炸机群疯狂投出炸弹和鱼雷，狂轰滥炸之后，日本战列舰、巡洋舰和驱逐舰一哄而上，将刚受飞机轰炸的"Z"舰队围在阿杜环礁海域，多兵种、多舰众炮齐发，英国的第2支"Z"舰队同样没有逃离厄运，几乎被全歼。

"Z"舰队的覆没是美英继珍珠港事件之后所遭受的又一次沉重打击。

英远东舰队被击溃对当时英国在远东的军事地位产生了灾难性的影响。从此，在海上称雄数百年之久的大英帝国在这一地区失去了制海权，日舰队的胜利则为日军海上输送任务的顺利完成提供了保障。更为日军全面占领马来西亚、新加坡等国提供了有利条件。

▲ [第二任"Z"舰队指挥官詹姆斯·萨默维尔]

詹姆斯·萨默维尔是显赫的萨默维尔家族的一员，该家族在英格兰南部和英帝国海外殖民地拥有大量财产。他与丘吉尔私交甚深，萨默维尔的性格、才能，深受丘吉尔的赏识。

在这次作战中，英国战舰面对着速度奇快的日军鱼雷机真是束手无策。习惯了剑鱼式90～100千吨投雷的时速，面对日机150～190千吨投雷的时速真是吓呆了。

英国"Z"舰队的覆灭，可以说是武器发展的必然结果，过去的海上霸主——战列舰终究不敌新兴的航空力量。

珊瑚海海战
历史上第一次航母和航母的对决

珊瑚海海战是战争史上航空母舰编队在远距离以舰载机首次实施交战，也是日本海军在太平洋第一次受挫。

珊瑚海海战是日本自 1942 年 5 月开始发动的妄图征服南太平洋战役的一部分。

日本联合舰队向珊瑚海海域派出了"翔凤"号、"瑞鹤"号和"翔鹤"号 3 艘航空母舰。美军截获并破译了日本海军密码，得知了这一重要情报。为报珍珠港被偷袭的仇，美国海军立即就近火速派出"列克星敦"号和"约克城"号航母迎战日军。

日本痛失一艘航母

5 月 7 日，日本海军指挥官高木武雄指挥战机从"瑞鹤"号起飞，共 78 架日机，攻击并炸沉了美军的"尼奥肖"号和"西

▲ [电影《珊瑚海歼灭战》剧照]

以珊瑚海海战为背景的电影，主要讲述航空母舰之间的第一次对决。

"祥凤"号不仅是日军在太平洋战争中第一艘损失的航母，也可能是沉没得最快的航母——前后不到 35 分钟。

▲ [起火的"祥凤"号航空母舰]

近现代海战 | 205

非凡海洋大系 影响历史的海战

▲ ["列克星敦"号航空母舰上的飞机]

"列克星敦"号航空母舰可容留72架飞机，图中为绑扎固定好的飞机。

姆斯"号驱逐舰。而此时美军将领弗莱彻率领的航母主力正在向西行驶，发现了日本航母的所在位置，美军"列克星敦"号派出共计93架飞机，轰炸了日军舰队，日军"祥凤"号航母不幸中弹沉没，这是日本帝国海军在太平洋丧失的第一艘大型舰只。

美军被击沉一艘航母

5月8日凌晨，美国"约克城"号和"列克星敦"号共82架飞机扑向日本舰队，此时，日鱼雷机队已经飞临美舰"约克城"号上空。如此良好的攻击机会，日军绝不会错过。日军飞机对美"约克城"号、

◀ [法兰克·杰克·弗莱彻]

美军中将，曾参与珊瑚海、中途岛和瓜达尔卡纳尔岛战争。

弗莱彻是美军第二次世界大战中击沉日军航母最多的一位海军将领，包括"祥凤"号、"赤城"号、"加贺"号、"苍龙"号、"龙骧"号在内，他一共指挥击沉了5艘日本航母。

"列克星敦"号进行了俯冲投弹,一颗360千克的炸弹击中了美舰"约克城"号,此时"约克城"号仍能继续战斗。而"列克星敦"号被如雨般的炸弹击中,发生爆炸并引起大火沉没。

此时天色已晚,美军将军弗莱切无意再战,遂率队撤离战场。

珊瑚海海战,美方被击沉一艘大型航空母舰"列克星敦"号、一艘油轮、一艘驱逐舰、65架飞机、死亡543人,另一艘航母"约克城"号受伤;日本损失一艘轻型航母、69架飞机、死亡1074人,另有一艘航母受伤。从伤亡角度看,日本海军显然取得了珊瑚海海战战术上的胜利。但从长远的角度来看,把珊瑚海海战的后果同后续的事件联系起来,那么美国毫无疑问取得了决定性的胜利。弗莱切海军少将的部队成功地挫败了日本南下控制珊瑚海和澳大利亚的海上通道的战略计划。

珊瑚海海战是第一次航空母舰之间的决斗。双方的军舰没有开炮或者发射鱼雷,也没有进入对方的视线之内,而是从上百海里以外的远距离用所携带的舰载机来取胜。

美国海军从中深刻地感受到航空母舰编队作战将是未来海战的主要模式,于是开始大力在随后的实战中进行推广,并最终赢得了太平洋战场上的胜利。

▲ [日本零式战斗机]

零式战斗机的正式名称是"零式舰上战斗机",简称零战,是日本军方从1939年开始生产投入使用的战斗机。零战是第二次世界大战太平洋战争中日本海军的主力战斗机,刚一投入战斗就以其出色的爬升率、转弯半径小、速度快、航程远等优势给了美军战斗机重创,对盟军飞行部队造成重大损失。

◀ [高木武雄]

高木武雄,日本帝国海军少将。战前海军军备计划的主持者,泗水海战的胜利者。1944年成为潜艇舰队司令。同年战死,追晋海军大将。

在珊瑚海海战中,双方从一开始制订的方案就是轰炸对方的航母,以击沉对方的航母为目标派出侦察机、鱼雷机和轰炸机实施行动。发现航母后,双方的空中激战就此展开,此战不仅考验飞行员的飞行技巧,还考验其投掷鱼雷和炸弹的技巧,如果在此期间无法躲避敌机的火力或者速度不够快,势必会丧生于大海之中。这是一场双方舰载机的硬件较量,但同时,航母本身性能的优劣也很重要。

中途岛海战
美日海空大厮杀

非凡海洋大系 影响历史的海战

　　珍珠港事件在美国人和日本人心里都烙下了深刻的印记，美国海军一直在伺机报仇，日本海军则试图将美国太平洋舰队彻底消灭。山本五十六押上了日本海军的全部家当，准备在中途岛和美国人决一死战。只是这一战日本并未受到眷顾，大败后的日本海军辉煌就此结束。

　　中途岛海战是人类历史上唯一一次航母战斗群对航母战斗群的战争，也是美国海军以少胜多的一个著名战例。

　　此战于1942年6月4日展开，美国海军不仅在此战役中成功地击退了日本海军对中途岛环礁的攻击，还得到了太平洋战区的主动权。日本方面的很多资料都认为这场惨败是因为运气太不好，美军飞机正巧在日军航母舰载机加油换弹的节骨眼上发动了攻击，只要日军战机能起飞，这仗就不会输，事情果真如此吗？

　　中途岛距珍珠港1135海里，是美国在中太平洋地区的重要军事基地和交通枢纽，也是美军在夏威夷的门户和前哨阵地。面积只有4.7平方千米，其特殊的地理位置决定了它战略地位的重要性。该岛距美国旧金山和日本横滨均相距2800海里，处于亚洲和北美之间的太平洋航线的中途，故名中途岛。

　　对美国而言，中途岛一旦失守，美太平洋舰队的大本营珍珠港也将唇亡齿寒。

▲ [《中途岛海战》剧照]

中途岛海战中情报起到了决定性的作用，正是因为美国在紧要关头破译了日本联合舰队的"AF密码"，才一举取得最后的胜利。

日军部署

　　日本在珊瑚海海战之后的仅仅一个月就把中途岛拟定为下一个攻击目标。这不仅能报美国空军空袭东京的一箭之仇，还能打开夏威夷群岛的大门。为了

▲ [日本"赤城"号航空母舰]

防止美军从夏威夷方面出动并攻击日本。日本海军想借此机会将美国太平洋舰队残余的军舰引到中途岛一举歼灭。为达到该目的，日本海军几乎倾巢而出，投入大半兵力，舰队规模甚至超越后来史上最大海战莱特湾海战时的联合舰队，是日本海军在"二战"中最大规模的战略进攻。

日本海军在联合舰队司令长官山本五十六的指挥下，用4艘航母266架舰载机（另外航母上还搭载有准备在占领中途岛后进驻岛上机场的56架飞机）来对阵美军3艘航母233架舰载机，再加中途岛岸基航空兵121架飞机。

发动攻击

1942年6月4日凌晨，日本第一攻击波机群36架俯冲轰炸机、36架水平轰炸机和36架零式战斗机开始从4艘航空母舰上同时起飞，108架舰载机在友永丈市海军大尉的率领下出发，目标直指中途岛。

同时，日本海军中将南云忠一命第

"赤城"号航空母舰的命名源自日本关东北部的赤城山，这与大部分是使用飞翔的动物作为命名的其他日本海军航空母舰有点不同，这主要是因为"赤城"号原本设计是一艘战列洋舰，中途改建为航空母舰，却没有再行改名而沿用原本的巡洋战舰命名所致。

> 日本"赤城"号航空母舰部分战绩：
> 1932年1月第一次淞沪抗战中，"赤城"号、"加贺"号轰炸上海。
> 1937年"七七事变"爆发，"赤城"号先后在长江流域、华南、海南等地作战。
> 1942年6月中途岛海战中，"赤城"号是机动部队指挥官南云忠一海军中将的旗舰，被美国海军"企业"号航空母舰的舰载俯冲轰炸机命中两颗炸弹，引起甲板上刚加满油的舰载机和摆放在甲板上的鱼雷爆炸，执行护卫任务驱逐舰"舞风"号、"荻风"号、"野分"号和"岚风"号各自发射了一条鱼雷，"赤城"号于次日凌晨沉没。

二攻击波飞机准备随时迎击美国舰队，并命令侦察机搜索东、南方向海域，但是重巡洋舰"利根"号的2架侦察机因为弹射器故障，起飞时间耽误了半个小时，"筑摩"号的1架侦察机引擎又发生故障中途返航（这架飞机本应该正好搜索美国特混舰队上空），给日本舰队埋下祸根。

近现代海战 | 209

破获日本通讯密码

天色将亮，中途岛美军派出的"卡塔林娜"式侦察机发现日军航空母舰，美军斯普鲁恩斯少将立即做出反应，准备攻击日军航母。此前美国舰队因为已经破解了日本海军"JN-25"的通信密码，所以对这次日本的计划了如指掌。

◀ [南云忠一]

南云忠一在中途岛海战中失去了4艘航空母舰，为此受到众多的批评，很多日本海军人士认为他没有把重点力量放在中途岛之战。之后，他被调往指挥在马里亚纳群岛的日本海军，最后在塞班岛自杀。

双方对决

在日本轰战机群到达之前，驻扎在中途岛的美军战斗机都已全部升空，迎击来犯的日本战机第一轰炸机群。同时美军还有一个战机群飞向了日本航空母舰。此时，日军第二攻击波的飞机，正在卸下炸弹换上攻击军舰的鱼雷。正常情况下，卸下炸弹，再换上鱼雷，一直到加满油等整个过程准备就绪，最少需要两小时，日军第二攻击波的起飞准备还没完成，美国太平洋舰队的飞机已经朝日军航母开始投弹了！

对于中途岛海战，很多资料尤其是日方资料，都将日军的惨败归咎于"命运五分钟"，也就是说当美军的俯冲轰炸机攻击日军航母时，日军航母正在为第二轮攻击的飞机进行加油换弹，再过5分钟就可以完成所有准备工作起飞，若真如此，5分钟时间很可能会改变胜负的结局。

▲ [美军"无畏"俯冲轰炸机]

SBD"无畏"式舰上俯冲轰炸机，正如其名，希望驾驶它的飞行员可以不畏惧的勇往直前，此机在珊瑚海海战与中途岛海战当中创下空前的战绩，尤其是击沉了日本引以为傲的海上主力："赤城""加贺""苍龙""飞龙"4艘航空母舰。至1944年由于后继机种SB2C地狱俯冲者式的服役，才慢慢退居第二线。

但是事实是，在战役发起前，日军的密码即被美军破译，美国早已经做好了一切准备，致使在中途岛战役美军只损失一艘航空母舰、1艘驱逐舰和147架飞机，阵亡307人；而日方却损失了4艘大型航空母舰、1艘巡洋舰、330架飞机，还有几百名经验丰富的飞行员和3700名舰员。

泗水海战
保障日陆军登陆占领爪哇岛

泗水海战发生于 1942 年 2 月 27—28 日,日本南遣舰队击破荷兰、美国、英国和澳大利亚四国联合舰队,保障了陆军登陆并占领爪哇岛。

日军偷袭珍珠港后,迅速扩大了在东南亚兵力的部署。随着马来西亚、菲律宾、香港、马尼拉和甲米地的沦陷,整个东印度群岛已敞开在日军的炮口之下。虽然荷兰、美国、英国和澳大利亚相继向日本宣战,但并没有阻挡住日军的神速推进。

> 泗水海战已经显露出各国重巡洋舰的局限性。参战的重巡洋舰已经接近了双方重巡洋舰的最高水平,因此可以得出这样的结论。即泗水海战,很大程度上预示着火炮装甲巡洋舰已经发展到了顶点,本身已难以有巨大突破。巡洋舰的未来,只有求助新技术了。

成立盟军海军联合突击队

鉴于日本海军的猖狂,盟军司令部于 1942 年 2 月初开始组织一支海军舰艇的联合突击队,由荷兰海军少将杜尔曼指挥。

联合舰队在杜尔曼将军指挥下积极抗击日军舰队,但日军依靠空军轰炸,依旧一个又一个的攻取战略要地。而盟军的空军却始终没能与海军达成配合。这时日军向爪哇岛发动进攻的部队已经出发,按联合舰队指挥杜尔曼的要求,附近的美国空军部队派出轰炸机和侦察机实施空中援助,然而赶来援助的一艘美国航空母舰被日军击沉,该舰上载有 32 架战斗机,对于杜尔曼来说,此举几乎使联合舰队完全失去了空军的配合。

◀ [泗水海战四国联合舰队指挥官——杜尔曼]

杜尔曼时年 53 岁,在荷兰海军中任职 36 年,具有丰富的作战经验,尤其重视海空配合作战。

◀ [泗水海战日方指挥官——高木武雄]

日本海军司令官是高木武雄,时年 50 岁,海军生涯已达 34 年,曾在潜艇上服役 13 年,是一位战功卓著的海军指挥官。

▲ [联合舰队旗舰"德鲁伊特尔"号轻巡洋舰]

日本海军横扫联合舰队

2月27日下午，杜尔曼的联合舰队与由高木武雄指挥的舰队相遇于马威安。

从数量上看，日军并不占太大的优势，但却有着配合密切的空军。而杜尔曼方的联合舰队连一架侦察机都没有，通信能力也较差；日军不断派出飞机侦察敌情，而且利用日军的远航程鱼雷，在远距离有效地攻击联合舰队的舰船和潜艇。

经过一夜的战斗，日军仅损失一艘扫雷艇和一艘商船，其他舰只连受伤的也不多，而盟军方保卫爪哇岛的海上力量几乎崩溃。他们拼命试图阻止日军在爪哇岛登陆，只不过使日军的登陆时间比原计划推迟了24小时。联合舰队的杜尔曼将军和他的参谋们一起与旗舰"德鲁伊特尔"号一起同归于尽，沉入大海。

此战如果不是杜尔曼少将坚定的战斗意志，同盟国舰队早就能逃之夭夭，事实上4艘美国驱逐舰战争开始后就已经无故离开了战场。

▲ ["德鲁伊特尔"号轻巡洋舰正面照]

"德鲁伊特尔"号轻巡洋舰舰上的高大桅杆、双联装炮塔和单装主炮的混搭结构。在泗水海战中，成为日军的绝佳识别和瞄准目标。

1942年3月1日，日军在原指定的4个地点顺利登陆。3月5日，荷属东印度政府已在考虑投降。

3月8日，荷属东印度政府同日军举行会谈，决定无条件投降。日军原估计要用6个月的时间来攻占东印度群岛，结果只用3个月便达到了目的。

巴布亚半岛海战
日本与美澳海军的漫长对峙

太平洋战争初期，日本海军战果辉煌，为了扩大战果，对澳大利亚、夏威夷、印度采取积极攻势，增强自己的作战能力，而美国、澳大利亚方面组成联军，共同抵抗日军，双方都将海、陆军队协同作战，日本发动巴布亚半岛海战的目的是占领澳大利亚东部的莫尔兹比等地区。

▲ [美澳联军指挥——罗伯特·艾克尔伯格]

罗伯特·艾克尔伯格是陆军上将，人称"残忍的普鲁士人"。

▲ [日本方面指挥——百武晴吉中将]

百武晴吉为日本战犯、军国主义分子。世家出生，排行老六，其三哥、五哥都是海军大将。百武晴吉曾受专业的密码分析训练，曾于1934年成功破译苏联红军的密码，随后1941年又破译了苏联空军密码，颇有成就。

中途岛海战后，日军仍企图攻占战略要地莫尔兹比港，以切断美国与澳大利亚的联军交通线。巴布亚半岛对日本来说，是登陆澳大利亚的天然跳板，而对于美澳联军来说，它是保卫澳大利亚的前哨和反攻日本的出发点，双方都志在必得。

1942年7月，日本海、陆两军同时出兵巴布亚半岛，海军在巴布亚半岛北部登陆，以协同陆军作战，日军陆军在接下来的一个月时间内，将在巴布亚半岛的作战兵力增加到1.3万人。

美澳联军开始反击，此时日本和美澳两军双方兵力相差不多，战争进入了僵持状态。

到10月下旬，美国西南太平洋战区总司令麦克阿瑟将军调集美澳联军约3万人增援巴布亚半岛，由罗伯特·艾克尔伯格将军率领，此举打破了僵持局面，令战局发生了变化。日军由于缺乏支援，渐渐败退，全部停止抵抗并撤出巴布亚半岛。

巴布亚半岛海战结束时，日本方面损失约1.2万人，而美澳联军伤亡8300人左右，美澳联军在巴布亚半岛的胜利，彻底粉碎了日军占领莫尔兹比港的企图。

近现代海战 | 213

登陆西西里岛
肉馅计划

登陆西西里岛是进攻意大利的行动之一,但为了骗过德军,使他们相信盟军的主攻方向在撒丁岛和伯罗奔尼撒,对西西里岛仅仅是采取佯攻,此计划为"肉馅计划",不但瞒天过海,同时达到了调虎离山的目的。

呈三角形的西西里岛,像一艘巨大的航空母舰,飘浮在波涛汹涌的地中海上。由于它地处要冲,战略地位十分重要。德、意等法西斯轴心国的军队在这个面积仅 2.5 万平方千米的小岛上,修筑了 10 个飞机场,部署了 13 个主战师和 1400 多架飞机,总兵力达 36 万多人。尽管如此,反法西斯同盟军(以下简称盟军)对西西里岛依然志在必得。

实施"肉馅计划"

"肉馅计划"是由英国海军情报部的尤恩·蒙塔古制订的,他们首先找到一具酷似威廉·马丁少校的尸体,然后将尸体抛入海中,并随身携带相关证件,以及一份"接下来反法西斯同盟国将要主攻撒丁岛和伯罗奔尼撒,佯攻西西里岛"的作战计划。

由此,希特勒对盟军可能登陆的地点作了错误的判断,把德军主力调往撒丁岛和希腊。一场瞒天过海的大戏,在英德间上演了。

▲ [空降兵]

西西里岛登陆战初期,同盟军首次使用师、旅级空降兵。在德意军海岸防御浅近纵深空降,配合登陆部队的行动,是大规模空降作战的一个典型战例。

突然登陆西西里岛

1943年7月9日，英军舰队在离西西里岛不远的马耳他岛集结，在准备登陆时天气骤变，德、意军因此放松了警惕。10日凌晨，英军空降部队突然发动攻击，同盟军美军的空降师共5400名官兵搭乘366架运输机和滑翔机从突尼斯出发，飞向西西里岛。

由巴顿和蒙哥马利两位将军所率领的16万美英登陆大军在1000架飞机掩护下，在西西里岛的西南部和东南部实施登陆作战。至中午时分，美军部队顺利登上了各自的目标位置，并保持着进攻姿态。

遇到顽强反击

西西里岛守军在意军古佐尼中将指挥下进行了反击。德军共派出1个装甲师、

▲ [巴顿上将]

小乔治·史密斯·巴顿，美国陆军四星上将，是第二次世界大战中著名的美国军事统帅，1909年毕业于西点军校，以作战勇猛、快速进攻闻名，在第二次世界大战中立下了赫赫战功。曾三次荣登《时代周刊》，并有《狗娘养的战争》一书。

◀ [蒙哥马利元帅]

伯纳德·劳·蒙哥马利是第二次世界大战期间盟军最杰出的将领之一。蒙哥马利以成功掩护敦刻尔克大撤退而闻名于世，著名的阿拉曼战役、西西里登陆、诺曼底登陆，为其军事生涯的三大杰作，曾荣登《时代周刊》2次。

近现代海战

非凡海洋大系 影响历史的海战

▲ [盟军登陆西西里岛——纪念邮票]
本套票由一个四联张构成；
左上图是美军指挥官小乔治·史密斯·巴顿将军；
右上图是英军指挥官伯纳德·劳·蒙哥马利将军；
左下图是美军在利卡塔登陆；
右下图是英军在岛东南的锡腊库扎登陆。

2个摩托化步兵师和481架飞机作战。激烈的战斗持续了一天，德军装甲师几乎推进到距美军阵地不足2千米处。巴顿亲临前线战至傍晚，德军损失巨大，被迫撤退，美军趁机攻占杰拉城。

由于希特勒在判断盟军登陆地点时出现失误，德军装甲师的反击被盟军粉碎，意军几乎未加任何抵抗便仓皇撤退，海岸防线很快被摧毁。美英盟军部队先后战胜德、意联军，占领全岛。西西里岛登陆战役宣告结束。

双方战果

此战中，法西斯轴心国共伤亡2.9万人及14万人被俘。同盟军中：美军共有2237人阵亡及6544人受伤及被俘；英军共有2721人阵亡及10 122人受伤及被俘；加拿大军共有562人死亡及748人受伤及被俘。

虽然面对同盟军如此强大的海空优势，轴心国军仍成功地从西西里撤出超过10万人及10万辆车辆，这个成功仍不可小觑。

西西里岛战役是盟军自第二次世界大战爆发以来在敌领土上实施的一次重要战役，盟军不仅在军事上获取了直接进攻意大利的跳板，而且在政治上强烈震撼了已经动摇的意大利政府，直接导致后来意大利的投降，为盟军打开了从南部登陆欧洲的大门。

▲ [轻型巡洋舰模型]

奥古斯塔皇后湾海战

美军"'二战'最出色的轻巡洋舰"

奥古斯塔皇后湾海战是太平洋战争中布干维尔岛登陆战的一部分,此战令美日双方各有损伤,但在战斗中4艘"克利夫兰"轻巡洋舰表现出众,面对日本海军的重巡洋舰并不落下风,使该型舰获得"'二战'最出色的轻巡洋舰"称号。

轻型巡洋舰具有多种作战能力,主要用作海上攻防作战、掩护航空母舰编队和其他舰队编队,保卫己方或破坏敌方的海上交通线,攻击敌方舰艇、基地、港口和岸上目标,在登陆作战中进行火力支援,担负海上编队指挥舰等。

> 重巡洋舰,即重型巡洋舰,是巡洋舰的一种,一般指在排水量、装甲和火力方面强于轻巡洋舰但弱于战列舰的舰只。

美军抢占奥古斯塔皇后湾

1943年下半年,美、日在所罗门群岛展开激烈争夺,美军希望夺取布干维尔岛,用于修建轰炸机和战斗机机场。

为了夺取布干维尔岛,美军在布干维尔岛西岸的奥古斯塔皇后湾强行登陆。此处是日军防御的薄弱之处,美军陆兵上岸时,只有约300名日军进行抵抗,登陆战斗非常顺利,到傍晚时分,美军已有14 000人和6000吨物资被运送上岸。

日军决意反扑并组建舰队

美军登陆奥古斯塔皇后湾不久,日

近现代海战 | 217

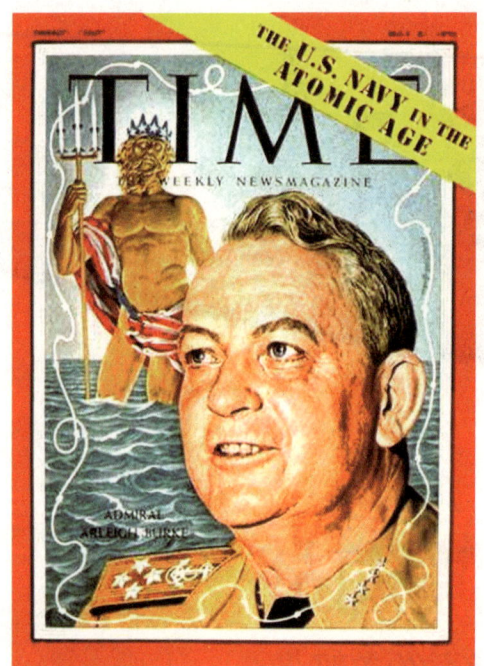

▲ [梅里尔少将]

此时的梅里尔就是后来的阿利·艾伯特·伯克上将，第二次世界大战美国的23驱逐舰队司令，昵称为31节伯克。阿利·艾伯特·伯克是速度、力量和战无不胜的代名词。

> "妙高"级重巡洋舰装有5座双联装203毫米主炮，该炮射程远、威力大，并配以高航速，堪称巡洋舰炮战利器。

> "妙高"级重巡洋舰是日本帝国海军建造的万吨级巡洋舰。由日本海军著名的军舰设计师平贺让主持设计。"妙高"级在火力和航速方面十分突出，日本海军为了追求单舰的威力优势甚至不惜采用隐瞒的手段超出《华盛顿条约》对排水量的限制，尽管如此，建成后重量还是超出计划。

军即仓促间组成一支由重巡洋舰、轻巡洋舰和驱逐舰组成的海军舰队，指挥官由大森仙太郎少将担任，前往奥古斯塔皇后湾，舰队任务是歼灭美国运输队舰队及护航舰，并炮击登陆场，摧毁美军滩头阵地、设施和物资。

双方兵力对比

日方：日本这支舰队的核心旗舰为"妙高"级重巡洋舰"妙高"号和"羽黑"号，并且将两艘重舰安排在一起，由"阿贺野"号轻巡洋舰带领3艘驱逐舰担任右翼前导；左翼前导由"川内"号轻巡洋舰带领3艘驱逐舰担任。

美方：登陆后驻守奥古斯塔皇后湾的美军只有1个巡洋舰分队和2个驱逐舰大队，共4艘巡洋舰、8艘驱逐舰，指挥官是梅里尔少将和驱逐舰大队指挥官伯纳德·奥斯汀。

从实力对比上看，日方略占优势，但是美军的4艘巡洋舰，因为性能一致、火炮射击参数相同，便于协调互动，并且由于舰况良好，雷达设备也较为先进，美军状况也不太差。

战争开始了

美军巡逻机及时发现了这支日军编队，并立即向南太平洋司令部作了准确报告，随后大森仙太郎的编队利用夜暗和暴风雨的天气条件，驶到离奥

◀ ［登陆布干维尔岛］
纪念邮票

票面上表现的是美军士兵在布干维尔岛抢滩登陆的场面。

古斯塔皇后湾不远的托罗基纳角附近，集结待命。

因为此前早就获知日军这支舰队到来的消息，所以梅里尔少将早就在皇后港的岸边布设了对空炮群，加强了各处防线。

11月2日2时27分，集结于托罗基纳角的日本舰队，终于开始向皇后港挺近，此时的美军驱逐大队指挥官伯纳德·奥斯汀，早就准备好了，看到日军到来后，立即指挥48门152毫米舰炮开火，集中轰击来犯日舰。皇后港海战打响了。

日军海上受阻，大森仙太郎随即派出舰载轰炸机和战斗机约100架空袭美舰，梅里尔舰队对空炮火立即进行封锁，击落其中的好几架飞机，剩下的飞机穿越了海面炮火的封锁来到皇后湾后，还没来得及投弹，就被岸边密集的炮弹轰掉了几架，猛烈的炮火使日本飞机根本无法靠近，只能撤回，在撤回的过程中又被美国海上舰队的对空炮火轰掉了好几架。

眼看飞机失利，海面也受阻，日本指挥官大森仙太郎只能率领残余舰只全速撤回。

此战美军击沉了日军的1艘轻巡洋舰、1艘驱逐舰和十几架飞机。而美军方面则有数艘舰船受伤，其中包括1艘轻巡洋舰。

日本少将大森仙太郎的失败，令日军司令官非常气愤，当即被撤职，改由栗田健男中将率领一支更强大的巡洋舰驱逐舰队从特鲁克南下，以挽回大森仙太郎所造成的败局。

奥古斯塔皇后湾海战中，美舰虽然战斗并不完美，但他们终究保卫了登陆场，达到了战斗目的。

近现代海战 | 219

闹心的海上歼灭战
被前盟友击沉的舰艇

意大利投降之后,"罗马"号在去投降的路上,就被前盟友德国的轰炸机炸沉,舰上的搭载千余官兵也随之葬身海底。

> "维内托"级战列舰是意大利皇家海军在第二次世界大战前夕建造的主力战列舰。

> "罗马"号于1938年9月18日开始铺设龙骨,1940年6月9日下水试验,1942年6月14日正式服役。"罗马"号是世界上在实战中被制导炸弹击沉的首艘战舰。

意大利是"二战"中最早屈膝投降的法西斯国家。意大利虽然没有强大的意志力,他们的海军装备却不容小觑。有着装备性能优良的庞大战舰,这便是赫赫有名的"维内托"级战列舰,其中以首都命名的"罗马"号,便是其中的一员悍将。不过,"罗马"号却生不逢时,在投降反法西斯同盟的路上,被自己昔日的盟友德国人击沉,成为"二战"中最悲惨的战列舰。

"罗马"号战列舰队

"罗马"号与意大利之前的战列舰相比,在火力、防护等方面有所改进,排水量也有小幅提高,并搭载三座三联装381毫米的主炮,用来发射超重式穿甲弹,炮口穿深高达814毫米,其威力仅稍次于日本"大和"级与美国"衣阿华"级战列舰。

1943年9月8日,由巴多格利奥组成的意大利新政府正式宣布,无条件向反法西斯同盟投降,使得德、意、日组成的法西斯轴心国解体。

而意大利原倾向法西斯的总理墨索里尼已于两个月前被迫辞职。

▲ [巴多格利奥]

巴多格利奥,意大利近现代历史人物。曾担任意大利首相(1943—1944年),元帅。历任意大利参谋总长、意大利驻利比亚总督、意大利侵略阿比西尼亚总司令等职。
1943年继墨索里尼组阁,任内宣布解散法西斯党,与盟军签订停战协定并对德宣战。

[青年墨索里尼]

墨索里尼的父亲是一名社会主义者，而墨索里尼的名字就来自墨西哥左翼总统贝尼托·华雷斯。他的两个中间名——米尔凯尔和安德里亚则分别来自意大利社会主义先驱米尔凯尔·齐帕里安尼和安德里亚·科斯塔。在意大利军队服役两年后，他重回教师和记者的老本行。在他的文章和演讲中，墨索里尼总是鼓吹暴力革命，盛赞共产主义哲学家卡尔·马克思并批评爱国主义。两年后，他因支持"一战"而被开除出党。1919年，墨索里尼的思想发生了彻底的改变，并发起了法西斯运动，这便是后来的法西斯党。

由"罗马"号组成的舰队，指挥官为卡罗·博刚明尼海军上将，其庞大舰队包括3艘"维内托"级战列舰、8艘巡洋舰和8艘驱逐舰。这支精锐力量从拉斯佩齐亚港出发，意图航行至英国控制的马耳他岛，向盟军缴械屈膝投降，并参与攻击以德国为首的轴心国。

来自前盟友的攻击

"罗马"号组成的舰队在驶往马耳他岛的海上，遭遇德国轰炸机猛烈的轰炸。"罗马"号组成的舰队上的防空炮虽然猛烈反击，但由于飞机处在高炮的有效射程之外，反击并不太奏效。

之后，"罗马"号被昔日的同盟国德国飞机炸毁，"罗马"号指挥官博刚明尼海军上将、舰长阿多尼·德尔·西玛以及搭载的1849名船员中有1253人葬身鱼腹。意军的"罗马"号巨舰就这样被前盟友的飞机击沉了。

["罗马"号战舰主炮]

"罗马"号战舰搭配的是三座三联装的主炮，两座在前、一座在后。

莱特湾海战

世界海战史上规模最大的海战

莱特湾海战是发生在菲律宾莱特湾（莱特岛东部和萨马岛南面）附近的一次海战。就参战双方投入战场的军舰总吨位而言，莱特湾海战堪称历史上最大的海战，也是最后一次航母对战，此战彻底摧毁了日本的航母力量。

▲ [小威廉·弗雷德里克·哈尔西]

哈尔西因作战勇猛而获绰号"蛮牛"，因为人随和又被称为"水兵的海军上将"。哈尔西上将是"二战"中美军人气最高的将领之一，深受部下爱戴。

日本最高统帅部内阁高层听到越来越多的坏消息，还有日本陆军在中国遭受挫败的消息。尽管他们不愿承认，但是他们感受到了恐惧：第二次世界大战就快结束，日本帝国的时日不多了。日本海军部的大臣们命令参谋人员制订了一套"必胜"计划，日本海军将使出最后的力量和美军决战到底。

日本在塞班岛、马里亚那群岛等战役相继失利后，若再丧失菲律宾或台湾，其帝国"南线"资源输送本土的命脉将断绝，在东南亚与中国、朝鲜、本土的联系将被切断。日本因此决定孤注一掷，企图击退盟军在莱特岛的登陆部队，并打败其海上力量。而盟军几经考虑后，放弃攻打台湾而先从菲律宾登陆，并决心以优势军力掩护登陆，一举击溃前来支援的日本帝国海军。

美决定登陆莱特岛

1944年8月底开始，美军哈尔西上将率领第三舰队的快速航空母舰和战列舰，不断袭击菲律宾最南的屿棉兰老岛到菲律宾北部的吕宋岛区域的日军基地。

美军在菲律宾群岛上几乎没有遭遇日军的抵抗。尼米兹上将接到了哈尔西的报告后判定这一片区域的日军无力还击，随即决定取消攻打雅浦岛（太平洋板块接邻菲律宾板块的区域的岛屿），逐步向菲律宾南部棉兰老岛推进而后北上的计划。他决定提前两个月，在 1944 年 10 月 20 日这天，派出一支舰队登陆菲律宾中部的莱特岛。

击杀南路舰队

日军南路舰队司令官西村祥治中将率领南路舰队于 1944 年 10 月 25 日清晨 3 时进入苏里高海峡，在离莱特岛的海岸还有好几个小时航程的海域，不料闯进了美国第 7 舰队为他们设置的圈套。

美军杰西·奥尔登多夫少将的 6 艘战列舰、8 艘巡洋舰、29 艘驱逐舰和 39 艘鱼雷艇已经严阵以待。激战中日方的"扶桑"号战列舰和"山城"号战列舰被击沉，指挥官西村祥治战死。

苏里高分战场是最后一次发生在战列舰之间的海战，是海战史上组织最成功的战例之一。美军以 1 艘鱼雷艇为代价，获得了击沉 2 艘战列舰，1 艘重巡洋舰，3 艘驱逐舰，重伤 1 艘重巡洋舰和 1 艘驱逐舰的骄人战绩。

歼沉中央舰队

日军第二舰队司令长官栗田健男中将率领日军最强大的"中央舰队"，包括 5 艘战列舰：它们是"大和"号、"武藏"

▲ [五星上将尼米兹]

尼米兹早期以研究潜艇为主，而后成为美军中柴油引擎技术的专家，太平洋战争爆发后，尼米兹担任了美国太平洋舰队总司令、太平洋战区盟军总司令等职务，主导对日作战。

▲ [栗田健男]

日本海军中将。生于茨城县水户藩士家庭。

▲ ["大和"号战列舰模型]
"大和"号战列舰是日本海军建造的"大和"级战列舰的一号舰,是其建造历史上最大的超级战列舰之一。

▲ [莱特湾海战纪念邮票]
票面是日军和美军舰艇在海上激战的景象。

号、"长门"号、"金刚"号和"榛名"号,加上10艘重巡洋舰、2艘轻巡洋舰和15艘驱逐舰。

美军第三舰队司令官哈尔西上将命令集结第三舰队的三支航空母舰分舰队集中攻击栗田健男的舰队。

10月25日上午9时38分,栗田健男的"中央战舰"于圣伯纳底奴海峡聚集,美军所有的飞机纷纷起飞,向日本"中央舰队"舰队发动猛烈攻击。美机不约而同地集中全部火力轰炸当时世界上最大的战列舰"大和"号和"武藏"号,在猛烈的炮火下,这2艘战列舰受创发生泄漏。

日军栗田健男的10艘重型巡洋舰中已有4艘身负重伤,而美轰炸机连喘息的机会都没给他,又将密密麻麻的炮弹落了下来,"武藏"号在美军的第二次空袭中被4枚炸弹、3枚鱼雷击中,舰艏差点沉入海中,只能慢慢减速,渐渐脱离了大部队。

此时,日军"大和"号的炮塔,也被美军轰炸机抛出的2枚炸弹击中了,引起了大火,幸好"大和"号的舰身坚固,舰员奋力扑灭了大火。在美军的第四次空袭中,"大和"号再度中弹,摇摇欲坠。与此同时,正当"武藏"号转身想逃的时刻,美军鱼雷机发出的10枚鱼雷击中了它,"武藏"号忽然减速,舰身的一半几乎都没入了海中。

日本的"中央战舰"基本上被美军歼灭。而指挥官栗田健男却悄悄地率领其他舰队消失了。

小泽舰队成功诱敌

作为配合"中央舰队"指挥官栗田健男的小泽舰队，执行诱敌计划：边战边跑。

美军哈尔西为了扩大战果，带领着值守在圣伯纳底奴海峡的部分舰队，拼命追击逃跑的小泽舰队，而此时，圣伯纳底奴海峡（进入莱特湾，可经两个海峡：圣伯纳底奴海峡，苏里高海峡。）没有任何舰只防守，栗田健男率领着舰队冲了过去，接近了莱特湾，小泽舰队的诱敌计划充分完成了任务。

航母舰队的覆没

固守莱特湾的金凯德中将和第七舰队的大部分人员还认为日本的舰队仍在与哈尔西交战。

金凯德中将在自己的旗舰"瓦塞赤"号上听到消息：日本舰队离莱特岛滩头只有3小时的航程了。

已经来不及思考太多的金凯德中将命令港内舰只转向，全速逆风向东后撤，并立即发报请求支援，同时下令所有飞机紧急起飞。

虽然是仓促应敌，但美国驱逐舰没有退缩，它们等待着日本舰队靠近，然后自杀般地对敌发射鱼雷，目的正是为了吸引日舰的火力。在前面一战中已经受重伤的"大和"号为了躲避2枚平行的鱼雷，想要转身却难以完成，浪费了

▲ [美军金凯德中将]

▲ [远藤三郎题字的神风特攻队员头箍]

面对日本全线崩溃的危局，日本战斗机特编的敢死攻击队名曰"神风特攻队"，命令每架飞机带上约250千克炸药，俯冲撞击美军航母，企图通过这种自杀式的攻击挽救危局。

如果不是因为美国海军在关键时刻放出烟雾扰乱了栗田健男的视线，日本海军本是有机会给予美军舰队沉重打击的，然而从此战的整体战局上来看，日本舰队仍然不可能占据莱特湾海战的主动权。

美军选择了正确的时机施放烟雾，这就使得烟雾成为了他们吓退栗田健男的关键武器。当时美军知道有不少从中路和南面分队护航航空母舰上起飞的飞机正在赶来，因此敢于施放大量烟雾，使得日军看不清己方的情况，营造出一种神秘的反攻态势，最终达到了迷惑日本舰队的目的。

> "大和"级战列舰是日本帝国海军设计建造的战列舰，历史上该级舰艇计划建造4艘，建成了2艘，分别是"大和"号战列舰和"武藏"号战列舰。大和级战列舰配备：
>
> **主炮**："大和"级战列舰以其装备的9门460毫米口径巨型主炮闻名于世，是当时口径最大的战列舰主炮，为隐瞒其真实口径命名为"九四式四十厘米炮"。
>
> **设施**：大和级战列舰还是当时日本帝国海军中条件最好、设施最全的舰艇，全舰成员2500～3000人，1/3士兵可以享受专用卧铺，军官全部是双层卧铺（2人或4人/间），人均居住面积3.32平方米（长门号战列舰上大概是2.6平方米，一般驱逐舰上只有1平方米）。

10分钟左右的时间，在这10分钟内，美军护航的飞机全部起飞。此后，美军舰队和日军舰队展开了追逐战，渐渐向拥挤的莱特湾靠拢。美军的护航航空母舰北面分队已被日本战舰团团包围，一顿炮轰后，美军16艘护航航空母舰上损失了105架飞机。

就在这时，美军军舰上开始施放烟雾。日本人的视线渐渐不清晰了，同时他们看到天空出现了许多美军战机，对他们实施攻击。美军飞机令日军眼花缭乱，有的轰炸机弹药用尽了也仍然在日舰的桅顶之间穿来穿去，扰乱日军的注意力。

由于栗田健男舰队未完成整编队形便发动进攻，加上美军驱逐舰的攻击将他的队形打乱了，各战队散乱在广阔的海面上。栗田健男丧失了对战事的战术指挥，他并不知道此刻自己已经胜券在握了，他错以为哈尔西庞大的舰队就在附近，就此错过了歼灭美军更多战舰的良机。

栗田健男感觉美军支援舰队正向他包围过来，在美军不停的空袭下他只得向北撤退，然后向西穿过圣伯纳底奴海峡。

在日舰队撤退的过程中，哈尔西上将全歼了小泽的航母舰队之后，回师增援金凯德中将，并派遣轰炸机跟随日军撤退舰队轰炸，使得日舰艇损失惨重，在栗田健男舰队回到日本时，只剩下一艘舰艇还有战斗力。

莱特湾海战严重打击了日本海军的实力，从此日本联合舰队在太平洋战争中不再是一个战略力量。此战役也为后来美军成功攻下菲律宾群岛、冲绳岛等地打下基础。

> **莱特湾海战兵力：**
> **美国**：17艘航空母舰，18艘护卫航空母舰，12艘战列舰，24艘巡洋舰，141艘驱逐舰，其他舰只、鱼雷艇、潜艇若干，约1500架飞机。
> **日本**：4艘航空母舰，9艘战列舰，19艘巡洋舰，34艘驱逐舰，约200架飞机（另有驻菲律宾、台湾的约500架陆基飞机提供支援）。

诺曼底登陆战
海战史上规模最大的登陆战役

诺曼底登陆战是世界历史上规模最大的两栖登陆战役,为开辟欧洲的第二战场奠定了基础,对加速法西斯德国的崩溃以及确立欧洲战场局势,都起了重要作用。

1944年6月5日夜,英吉利海峡狂风恶浪肆虐。美英盟军发动的诺曼底登陆战役在此时打响。从6月5日午夜到次日5时,盟军先是出动2500架轰炸机对登陆地域及其附近地区实施航空火力轰炸,投弹弹药约1万吨。然后由美国陆军上将、欧洲同盟国远征军最高司令艾森豪威尔指挥以英美两国军队为主力的盟军先头部队总计17.6万人,从英国跨越英吉利海峡,抢滩登陆诺曼底。

为了配合苏军大举反攻,彻底打破德国法西斯称霸世界的梦想,早在1943年11月,美、英、苏三国首脑就在德黑兰会议上确定于1944年5月初发动代号为"霸王行动"的战役,即诺曼底登陆作战计划。1943年12月5日,美国总统罗斯福正式任命艾森豪威尔就职欧洲盟军最高司令官,统一指挥西欧的登陆作战,并把时间定为1944年6月6日,这

▲ [艾森豪威尔]

艾森豪威尔,在第二次世界大战期间担任盟军在欧洲的最高指挥官,1944—1945年负责计划和执行监督进攻维希法国和纳粹德国的行动。
1948年2月退役,任哥伦比亚大学校长至1953年(但从1950年起一直缺席而担任北约司令)。
1952年作为共和党总统候选人参加竞选总统获胜,成为美国第34任总统,1956年再次竞选获胜,蝉联总统。
1969年3月28日在华盛顿因心脏病逝世。

法西斯,原指中间插着一把斧头的"束棒",为古罗马执法官吏的权力标志。现象征强权、暴力、恐怖统治,对外侵略掠夺,是资本主义国家的极端独裁形式。

近现代海战 | 227

▶ [《六月六日登陆日》]
《六月六日登陆日》，又被译为《诺曼底登陆战》，是以此战为原型的电影。

▲ [德国元帅——隆美尔]
隆美尔，纳粹德国的陆军元帅，世界军事史上著名的军事家、战术家、理论家，绰号"沙漠之狐、帝国之鹰"，他与曼施坦因和古德里安，被后人并称为第二次世界大战期间纳粹德国的三大名将。

就是本文开头的那一幕。

6月6日清晨，欧洲同盟军大部队开始全面登陆，但因涨潮涌大，登陆困难。当天下午，美方第三集团军大部，分乘坦克登陆舰"帝国标枪"号和"查尔斯亲王"号，以及数十艘突击登陆艇，在格朗康地区冒着德军的炮火狙击而强行登陆。只有1艘小艇触雷爆炸，100余名官兵丧生，其余登陆艇在登陆舰和战舰炮火的掩护下，顺利登上海滩。

面对着海、空并进的轰炸，驻守在前沿的德军还未反应过来，就被盟军打得七零八落，溃不成军，不少德兵纷纷举手投降。

当天下午，德军第21装甲师师长费希丁格赶回师部，集结所属部队向朱诺

◀ [加拿大军事公墓]

艾森豪威尔在诺曼底登陆后说："毫无疑问，诺曼底战场是战争领域所曾出现过的最大屠宰场之一，那儿一带的通道、公路和田野上，到处塞满了毁弃的武器装备以及人和牲畜的尸体，甚至要通过这个地区也极为困难。我所见到的那幅景象，只有但丁能够加以描述。一口气走上几百码，而脚步全是踩在死人和腐烂的尸体上……"

近现代海战

> 德黑兰会议是第二次世界大战期间，美、英、苏三国首脑罗斯福、丘吉尔和斯大林在伊朗首都德黑兰举行的会议。1943年反法西斯战争各主要战场形势发生根本性转折，盟国已经取得战略进攻的主动权。为商讨加速战争进程和战后世界的安排问题，美、英、苏三国首脑于1943年11月28日至12月1日在德黑兰举行会晤。

海滩和剑海滩之间的卢克镇发动反扑。当时盟军在这两个海滩之间尚有数千米的空隙，德军在此地的进攻，准确地打在盟军的要害上，正当德军第21装甲师推进时，盟军的500架运输机从头顶飞过，该机群主要是为英军运送后续部队和补给，而德军误以为盟军空降伞兵是要前后夹击自己，惊慌失措下不战自乱，放弃反击匆忙后撤。

1944年6月7日，希特勒将西线装甲集群的5个装甲师的指挥权交给隆美尔，希特勒决心凭借这支精锐部队大举反击，但面对严峻的局势，他不得不把反击的第一个目标定为先阻止盟军在5个登陆滩头连成一片的大登陆场。可惜隆美尔率领的这支装甲部队从100～200千米外赶来，一路上在欧洲盟军猛烈空袭下，根本无法成建制投入作战，即使零星部队到达海滩，也在盟军军舰炮火的轰击下伤亡惨重，就这样在盟军海、空军绝对优势火力下，隆美尔的滩头反击梦碎，德军再也无力发动大规模反击。

历时43天的诺曼底登陆战役，以盟军的胜利而告终，共消灭德军有生力量40万人（其中半数被俘）、坦克1300辆、军车2000辆、大炮1500门。尽管盟军也有损失，但终究取得了辉煌的胜利，为开辟欧洲第二战场奠定了基础，且对盟军在西欧开展大规模进攻，加速法西斯德国的崩溃以及决定欧洲战场的胜利形势起到了重大作用。

> 所谓空海联合护航，即是水面护航和空中护航部队进行联合护航，保护运输船只的防御性战术，它是在德国潜艇部队对运输船只造成了严重打击下诞生的特殊作用方式，这种护航舰队和空中部队有着良好的默契，且能够在进行火力防御时相互配合，这种战术发展到战争的后期时还依靠了航空母舰的支援，从而更具威力。

夺取冲绳岛
太平洋战场最后一战

冲绳岛战役，代号为"冰山行动"，是在琉球群岛中的冲绳岛进行的一场战役，也是第二次世界大战太平洋战场中规模最大的两栖登陆行动。

▲ [电影《冲绳决战》剧照]

此片以"二战"时盟军夺取冲绳岛为背景展开，讲述日本军方的故事。此片中战争场面描绘的十分血腥，不时有血肉横飞、肝肠涂地的场面。此外，对征召学生兵也有详细的描述，征召的1685名男生中732人战死，543名女生死249人，这些女生称为"姬百合部队"。

经过跳岛战役后，以美国为首的反法西斯同盟军的战线逐渐接近日本本土，并计划利用冲绳这个距离日本本土仅5474米的岛屿作为空中作战基地，以实行进攻日本国土的计划（此计划又称为"没落行动"）。冲绳被誉为日本的"国门"，因此冲绳岛登陆战就被称作"破门之战"。

美军派出兵力情况

此计划分别派出了海、陆两军，其中：美国陆军派出了第10军团的5个师为主要战队；

美国海军派出了3个陆战师，其中陆战队第1和第6师提供在陆地上必要的支援；第2陆战师则作为两栖预备队。

日方对此岛的重视程度

对于日本而言，冲绳岛一旦失守，本土、朝鲜以及中国沿海地区的制海权、制空权将悉数丢失，日本通往东南亚的海上交通线将被彻底切断。因此，自1944年7月马里亚纳群岛失守后，日本就开始重点加强冲绳岛的防守兵力和防御工事。

▲ [平和公园]

▲ [平和基石]

上图来自冲绳平和公园，平和基石是为纪念冲绳岛一战死亡的英灵，这里铭刻着20多万冲绳战役的死者，既包括当地平民，也包括战死的日本、美国、韩国、中国台湾士兵。"超越国籍、不论军民，铭记所有战死者"，这是平和基石建立之初就确定的宗旨。

攻取日本"桥头堡"：冲绳岛

1945年3月19日起，美军航母编队出动了近千架舰载机对吴港、大阪和神户的飞机制造厂，以及后续对九州、四国等地的机场进行轮番轰炸，使得日军海空军对冲绳岛的增援力量受损，美军达到了削弱日本空中火力的目的。随后美军顺利地完成了登陆，日军根本没有任何抵抗。原本计划15天完成的登陆任务，仅4天就顺利实现。

1945年5月8日，德国宣布战败投降（此前意大利已经退出轴心国，德国宣布投降标志着法西斯联盟已经彻底瓦解了）。在日本无任何增援的情况下，美军又投入了新型的喷火坦克和重型坦克，在战场上碾压着日军，使其防线逐渐被突破，日军防区逐步缩小。

在冲绳岛战役中，"大和"号是按照"自杀性"作战方式运行的，在与上百架美机交战中，日本联合舰队与最强战列舰"大和"号最终全军覆没。

▲ [菊花标]

"水上菊花"是14世纪初日本著名武士楠木正成所佩戴的纹章，当时楠木正成在众寡悬殊的作战中有"平生报国"之语，意思是与敌人同归于尽。

日本人自杀式的反击

从4月6日开始，气急败坏的丰田副武决定使用数千名日本青少年搭乘自杀式飞机，对美舰实施轰炸。此次自杀式计划被称为"菊水行动"，由青少年组成的自杀式飞机的袭击方式，这种玩命的战法是很多美军没有遇到过的，使得日本轰炸机屡屡得逞，并成功地摧毁了3艘美军驱逐舰、1艘坦克登陆舰和2艘万吨级军火船……

近现代海战 | 231

非凡海洋大系 影响历史的海战

[冲绳岛战役纪念邮票]
票面上显示的是美军士兵向敌人投掷手雷、掩护战友冲锋的场面。

日本的"菊水行动"确实吓到了美国人，见到此法奏效，丰田副武又开始了"菊水2号"行动，出动392架飞机，其中有202架自杀式飞机。

此行动一共执行了10次，共击沉和击伤美军军舰多艘。

不过在美军密集的炮火之下，"菊水行动"的威胁慢慢地变小了，最后日军被彻底围困，直到冲绳岛的守将牛岛满切腹自杀，战役宣告结束。

此战日军死亡4万余人，被俘1万余人，岛上居民死亡约10万人，损失飞机783架，舰艇被击沉16艘、击伤4艘。美军则伤亡3万余人（含非战斗减员1万人），损失飞机763架，被击沉舰艇36艘，击伤368艘。这是美日两军在太平洋岛屿作战中规模最大、时间最长、损失最重也是最后一次战役。虽然损失重要，但美军打开了日本的门户，达到了为进攻日本本土建立战略基地的目的。

冲绳岛战役是第二次世界大战太平洋战争中伤亡人数最多的战役。而在冲绳战斗结束数星期后，美军使用原子弹轰炸广岛及长崎，直接导致日本投降。

[牛岛满]
牛岛满是日本帝国最后一个陆军大将，是日本法西斯的死硬分子。1938年武汉会战时，手上染满了中国军民鲜血。

▲ [战胜的美军将国旗插在冲绳岛上]
美军第一营指挥官查德·罗斯中校在1945年5月30日将美国星条旗插在冲绳岛首都首里。

马岛海战

现代海岛争夺战

历时74天的马岛海战将现代化海战的形态第一次呈现在了人们面前。

马尔维纳斯群岛简称马岛，它是由200多个岛屿组成的大型群岛，总面积约1.19万平方千米，英国人称它为福克兰群岛，阿根廷人称它为马尔维纳斯群岛。历史上，这座群岛的归属权一直都没有得到确定，英国和阿根廷都曾宣称对这座群岛拥有主权。

蓄意登岛

1982年3月19日，阿根廷当局雇佣了一群所谓的"五金商人"向马岛进发，强行登陆了位于马岛以东1390千米处的南乔治亚岛（简称南岛）。这批人当中应当是有阿根廷军人，他们迅速在南乔治亚岛建立了营地，将阿根廷的国旗插在了那里的高地上。

闻听消息的英国皇家海军觉察到了阿根廷有入侵马岛的意图，立刻派出"坚忍"号破冰船前去拆毁这个营地。随后发生了什么谁也说不清楚，总之在不久后，《英国国籍法》中宣布，限制给予马岛居民全面的公民权，这一消息让阿根廷认为，这是用武力夺取马岛控制权的最好时机。

马岛备战

1982年4月1日，阿根廷发动代号为"蓝色"的进攻计划。4月4日阿根廷将英国驻马岛政府攻占。

英国立即宣布与阿根廷断交，成立以首相撒切尔夫人为首的战时内阁，并制定了代号为"共同作战"的反攻军事战略方针。

4月5日，英军以"竞技神"号和"无敌"号航空母舰为核心组成特混舰队，此舰

英国参战兵力		阿根廷参战兵力	
航空母舰	3艘	驱逐舰	5艘
核潜艇	12艘	护卫舰	9艘
两栖舰	3艘	常规潜艇	3艘
驱逐舰	7艘	导弹艇	4艘
护卫舰	17艘	其他	20余艘
其他	39艘	固定翼飞机	30余架
各式飞机	约250架	直升机	余60架
陆战队	约6000人	陆战队	约2个旅
战斗机	332架	战斗机	21架
教练机	506架	攻击机	56架
直升机	153架	教练机	83架
运输机	82架	运输机	60余架
预警/巡逻机	35架	兵力	11个旅
兵力	10.7万人	坦克	400余辆
坦克	386辆	装甲车	870余辆
步兵战车	670余辆	自行火炮	147辆
装甲车	约4000辆	其他火炮	若干
各式火炮	2986件	反坦克武器	若干
飞机	约300架		

近现代海战 | 233

队共有 37 艘战舰，20 架"鹞"式战斗机，58 架各型直升机，3500 名海军陆战队员。由朴茨茅斯和直布罗陀起航开往马岛，另外，在大西洋的 4 艘核潜艇也全速赶往马岛。在特混舰队 1.3 万千米的航程途中，英军参战部队完成了制定作战方案、战斗序列编组、战术演练等一系列准备工作。包括征租 58 艘民船，作为舰队的后勤支援力量，同时对征用的民船按需要进行快速改装，像将"伊丽莎白女王二世"号和"堪培拉"号客轮都改装为运兵船，将"大西洋运送者"号和"大西洋堤道"号滚装船改装为飞机运输船，特别是"乌干达"号客船正载着 940 名学生在地中海航行，接到征用命令后立即在就近港口停靠，让学生上岸，随即驶向直布罗陀，仅用三天就改装为医疗船。英国的这些高效迅速的临战准备，奠定了取胜的基础。

4 月 17 日，英军舰队到达阿森松岛，在休整一天并补充物资后，进行实弹射击，校正了枪炮。同时英国战时内阁提出把战争控制在争议地区，不进攻阿根廷本土的原则，并积极展开了外交和政治攻势，使美国、欧共体等都表示支持英国，并中断了与阿根廷的军火贸易，实行对阿根廷的军火禁运，向英国提供后勤保障、通信、卫星情报等便利。

5 月 2 日，经战时内阁批准，英军"征服者"号，向跟踪三天的阿军"贝尔格诺将军"号巡洋舰发射三枚 MK-8 鱼雷，命中两枚，"贝尔格诺将军"号巡洋舰在 45 分钟后沉没，阿军有 321 人阵亡或

▲ ["飞鱼"导弹]

1982 年马岛海战中，阿根廷军队发射"飞鱼"导弹击沉了英国"谢菲尔德"号驱逐舰和"大西洋运输者"号运输船。后来在两伊战争中，伊拉克发射"飞鱼"导弹对伊朗的油船和石油设施发动了攻击。

"飞鱼"导弹是法国航宇公司从 1970 年开始研制、1978 年定型投产的亚音速近程掠海飞行的舰对舰导弹。这种导弹不但体积小、质量轻、精度高、掠海飞行能力强，还具有超视距攻击能力和全天候作战能力。作战时，先由直升机探测目标，将测得的目标数据转发给发射舰，再发射"飞鱼"导弹。"飞鱼"导弹的扇面发射角较大，因此只要发射舰的两端都装有发射架，那么不管目标出现在什么方位都可以及时发射导弹，对其发动攻击。

▲ [撒切尔夫人]

玛格丽特·希尔达·撒切尔，第 49 任英国首相，1979—1990 年在任，她是英国第一位女首相，也是自 19 世纪初利物浦伯爵以来连任时间最长的英国首相，被称为"铁娘子"。

> 马岛战役一打响，英军就开始实施海空一体作战方案，他们迅速做出反应，对马岛展开了三层相互连接的立体封锁。
> 首先，英军在最外层靠近阿根廷大陆的区域，投入核潜艇对阿实施海上封锁，并负责监视阿本土基地、港口和主要航道，"构成无处不在的威胁"。
> 接着，英军布置了中层封锁线，派出水面舰艇和"海鹞"式舰载机对进入封锁区的阿方飞机进行拦截。
> 最后，在距离马岛最近的内层，也就是马岛周围海域，英军派出水面舰艇小编队和"鹞"式战斗机实施了火力封锁，并选择适当的时机对岛上重要目标发起攻击。
> 这三层封锁线形成了从海上到空中、从空中到海上的立体火力网，并且三层封锁线能够相互联系，相互支援，充分发挥了英军的优势，将阿军占领马岛的优势一一削弱。

失踪。由于该舰被击沉，大大打击了阿军的士气，并使得阿根廷海军主力撤离马岛海域，在整个马岛登陆战争前期的接触战期间都龟缩于本土，再未出战。

5月25日，阿空军倾全力出击，全天出动约200架次，取得击沉"考文垂"号驱逐舰、"大西洋运送者"号混装船，击伤1艘驱逐舰，1艘护卫舰的辉煌战绩。阿空军英勇战斗，给予英军沉重打击，由于阿空军飞机性能不及英军，同时得不到海、陆军的有力支援，另外阿根廷100多年来没有经历过战争，战备较差，投下的炸弹很大一部分没有爆炸，所以无法阻止英军的登陆。

三天里，英军登陆马岛部队达5000人，滩头阵地扩大到150平方千米，建立起了补给基地、通信枢纽，并铺设了简易机场和起降跑道。

5月27日，英军开始发起陆上进攻，战果不断扩大，沿道马岛的格拉斯、蒂尔湾，直取马岛首府斯坦利。

6月15日，英军继续攻击，阿军丢弃重武器退入斯坦利港市区，斯坦利港内残余的9000多阿军投降。英阿两军达成非正式停火协议，至此战斗基本平息。阿根廷总统加尔铁里宣布马岛的战斗已经结束。英国也宣布阿军投降，夺回马岛。

至此，历时74天的马岛战争正式结束。

▲ [曾参加马岛海战的英国"竞技神"号航母]